智库报告

上海发布　权威报告　每年新版

2019年
上海民生发展报告

2019 Shanghai People's livelihood Development Report

王泠一　主编

上海社会科学院出版社
Shanghai Academy of Social Sciences Press

序一　五院：老闵行人最熟悉的好医院

方文轩

2019年1月28日，我去瑞丽路的五院采访吕飞舟院长。外婆曾对我说："五院，是我们老闵行人很熟悉的一家医院，你和你妈妈，还有你妹妹都是在这里出生。"

我在采访吕院长之前，看了很多有关五院的资料。五院的全称是"复旦大学附属上海市第五人民医院"。五院以前并不叫"五院"，也不在闵行区，原来，这是在1904年的时候，英国人在上海旧公共租界建立的"西人隔离医院"。如今的五院已经115岁了，而上海的一些三甲医院都没有它历史长呢！1945年，医院改名为"上海市立第五医院"，这就是"五院"名字的由来。1960年，因为闵行卫星城成立，上海市政府决定把五院搬到闵行。从此，五院就服务闵行人民直到今天。

我也特意在网上查了吕院长的名字。"飞舟"，取自毛主席写的《沁园春·长沙》最后一句"曾记否，到中流击水，浪遏飞舟？"对这首词我们华二紫竹的晚会上正好以文艺形式表演过，我在参加表演之前老师特地给我们讲解过呢，所以我有印象。

吕院长不仅是五院的院长，他还是华山医院骨科的领军人物，所以平时的工作非常忙。但是，吕院长特意抽出了节前时间，在他五院的办公室里接受了我的采访。这可是一个名医辈出的地方，吕院长先给我介绍了五院历史上的两位名医。

第一位名医是俞庆庆先生，他是浙江湖州人，和我爸爸是同乡。俞庆庆是1949年前上海第一医学院的毕业生，曾被评为"上海市卫生系统先进工作者"和"上海市劳动模范"。俞庆庆也当过五院的院长，除了医术精湛，最主要的贡献是作为国际医防服务队十八队大队长,去了抗美援朝前线一年多。我当然知道战争是非常危险的,但吕院长很坚定地告诉我,这就是医生的使命和奉献。还有一位名医是"防治中国热带病的鼻祖"应元岳。我觉得学医是很难的,学好英语也不容易,而应元岳先生1921年就在美国获得医学博士,这也太厉害了吧!作为中国第一代热带病专家,应元岳选择在那个年代并不出名的五院工作,我觉得他很伟大。

在我看来,吕院长也是五院的名医,而且,这样的名医五院有很多。因为现在的五院和以前不一样了,自从2016年"华山-五院-闵行"医疗联合体成立以来,老闵行的病人也能找名医看病了。因为五院是三乙,但三甲的华山医院也会源源不断送名医来五院。说到这个,吕院长非常自豪。他告诉我,闵行区的医疗改革,可以说走在了上海社会事业发展的前列。"很多闵行的医改模式,在全国也很出名。"这一点,我查过相关的新闻报道,现在的闵行已经有8个"医联体"、4个专科联盟和4个社会办医"医联体",数量种类在上海都是领先的。

吕院长很看好"健康闵行"的前景。他说,闵行接下来要做康联体,"以前医联体是看病,而康联体则是关注健康。坚持预防为主,强化'治未病'"。吕院长还具体解释说:以前我们是生了病去医院,希望有好的医疗资源,现在是希望大家强身健体少生病。我想,如果康联体做好了,我就不用经常去五院看儿科了。

因为妹妹还小,我就打听了儿科。说到五院儿科,我问吕院长:"儿科是否真像传说中的不受重视?"吕院长马上回答:"其实不是这样的,传说也是不对的。儿科一直是五院非常重视的学科!"吕院长告诉我,长期以来,儿科医生人数不多,但病人非常多,因此医生压力就很大。我记得妹妹3岁时一次去五院看感冒,不愿抽血做检查,哭得像消防龙头一样。这样的"麻烦病人",真是难治疗啊!吕院长告诉我,五院儿科被列入上海卫生计生系统重要薄弱学科建设计划。"通过医联体建设,我们把儿科年轻医生送到美国培训,再把先进理念带回来,做好儿科发展。所以,儿科对于五院而言非常重要,五院也是非常重视儿科。"

儿科看来会越来越好,那么,我还想知道五院最好的科室是什么?吕院长说是泌尿外科和内分泌科,这两个也是上海市重点学科。我知道内分泌科，是因为有长辈去年糖尿病住院，看的就是内分泌科。在五院医生的建议下，她现在每天测血糖、注意吃的东西，晚上还出门散步1小时，现在她的糖尿病已经好多了。

2019年是我们中华人民共和国成立70周年，也是五院成立115周年。我问吕院长有什么新年愿望，他说："五院要做大量工作，包括新大楼的建设，科室的搬家运营等。我们还需要把学科、人才培养得更好。最重要的是，五院要给周围老百姓提供更好、更优质的服务。在新的一年，我们要把五院医疗水平提得更高，服务的能量和技术更加完善！"说到"搬家"，我问吕院长，五院还会搬走吗？他说："不会再搬家了！"这样我就放心了！衷心祝愿五院前景越来越光明！

（作者单位：华东师大二附中附属紫竹双语学校二年级三班）

序二　梅陇三村：都市新时尚的取经之处

王泠一

我对尚艳华的先进事迹十分熟悉，熟悉到什么程度呢？许多方面熟悉到比她本人还熟悉。为什么呢？一是口碑，口口相传到我耳熟。二是徐汇区委宣传部典型事迹的阶段性总结很丰富，吕晓慧部长也亲自向我介绍过这位全国环保典范的核心理念。三是市委宣传部曾经组织主流媒体对梅陇三村的蝶变做过经典推介，我是审稿人之一。我也经常向海内外朋友介绍梅陇三村案例，但我没见过尚艳华。

2018年12月19日下午，凌云街道党工委帮助我实现了和楷模面对面的夙愿。街道党工委副书记杨海英先是把梅陇三村党总支书记陈新垠介绍给我，陈当起了导游，介绍起情况来如数家珍，我临渊羡鱼。墙面新、绿化美、人和气……宛如漫游在油画中。

其实，11年前时为徐汇区政协委员的我，曾经因小区停车难的提案问题在这里调研过一阵；我所在的调研小组发现了"潮汐规律"，即上午8:00～9:00是早潮（小区车出，外来车入），下午5:00～6:00为晚潮（外来车离，小区车回）。调研小组认为做好平面几何（划线停车位）和精细化泊车时间段管理，是可以解决矛盾的。我们还主张收费，因为小区不是慈善机构，同时场地和绿化也需要养护费用，否则再多的空位也经不起"免费停车"诱导而来的滚滚车流。我对于后来报道中曾经的"垃圾三村"倒没啥印象，调研的那时只觉得外来停车乱、群众火气大、尘土总飞扬。这一年，尚艳华来到了梅陇三村，开始了历史性变革的起点。

这是位润物细无声的当家人，"潮汐律"停车公约就是她来后的第二年即 2008 年具体落地的。这回我再到旧地采风，小区的车辆管理已经十分精确、娴熟了。地面上有着漂亮而醒目的直线、斜线，很想再做几道平面几何的应用数学题呢。自行车、助动车，也管理得井井有条；地下空间得到了充分的运用，这应该是立体几何的应用题，答卷也是十分圆满。忽然想起谷超豪院士在 2006 年对我说过的话——数学是中华民族最擅长的学科，人们总是从生产实践中找到方法。

在梅陇三村，最引人注目的是一个个智能化的积分兑换亭。亭子的外观自然美轮美奂，最关键的是核心理念的引导性，即居民们垃圾分类执行得好，每一道活都有积分计量，累计到某个数值就可以随时换取可口的小食品、软饮料或者是精美的家用器皿，这对于小孩子来说真是个很好的激励措施，由此也"小手拉大手"地推动了垃圾分类的习惯化。如今，垃圾分类已经被习近平总书记 2018 年 11 月 6 日在上海考察时，精辟地赞誉为"都市新时尚"。而我在观摩时，一批接一批的外区和外省市的社区工作者以及党校学员，也在不断地涌入梅陇三村，纷纷拍摄录像。

在著名的绿主妇编织社，我看到了一长排鲜艳亮丽的毛衣，做工精细、图案考究、花纹斑斓。如果在西方，这绝对是最好的圣诞礼物了吧。杨海英介绍说这是居民群众自己采购绒线、集体交流编织的，这些成品都是义务捐助给高寒山区孩子的。屋里有幅祖国的地图，标明给各地捐赠毛衣的数量（累计已经超过 1.5 万件了）；再仔细看看，主要是集中在西藏、云南、贵州、新疆等多民族地区，徐汇区在那些地方也多有国家援助使命。这真是全国文明城区的强大群众基础啊！编织社的隔壁是健康屋，是居委会主要为老龄化居民服务的；还有负离子设备，陈新垠介绍说这是为了应对哮喘；居委会同时还安排了专门人员对老人进行血压测试和心理咨询。这个健康屋也是个社区阅览室，订阅了多种报刊。

很快在尚艳华工作室，我见到了楷模本人。亲切的笑容、坚定的神态、谦虚的语气，将绿主妇的故事和盘托出、娓娓道来。虽然我熟悉这些内容，但换步移景如同再度观摩经典影片。她的工作室是一个系统组合，是一个关于可持续生活创意的设计场。如我看到了两台小时候常见的缝纫机，这是为了将牛奶盒子铺平后剪裁成为环保袋，派上了用场，我据了好几下还很结实；还有手工刺绣，充分利用原本的废弃物而成为绣花框。最有意思的是在议事室,桌子周围的有靠背的椅子居然都是用废纸箱的硬纸板做的,很朴素也很牢固,我一开始坐着有点不踏实,尚艳华笑笑说这纸椅能够承载300斤的分量呢。而这屋子已经有6万多人次来开过会了,真是群策群力、社区为家啊!韩正等国家、市、区领导以及俄罗斯总统办公厅的客人都光临过。正好照片上那些俄罗斯客人,我也接待过。记得他们告诉我,餐余垃圾精制炼油技术在俄罗斯已经很成功了,这油甚至已经在运兵装甲车上使用了。

尚艳华总是在创新,还成立了垃圾减量联盟,参与的居委会近100家,每月都标明减量成效,精确到人均的千克。不过,这样一来她的工作量猛增了。一边的凌云街道党工委书记朱龙霞则很是心疼地介绍,尚艳华工作室每年大概要接待250批左右的客人,都是慕名而来。尚艳华觉得垃圾分类和减量化是场持久战,她有时也感到累,但更有一种使命般的担当感;家人也倾力支持她,因为她还要常去高寒地带,率团从事公益活动。朱龙霞还告诉我,尚艳华的家住在闵行,上下班挺费时间的,群众都佩服她的敬业精神和公信力;她在梅陇三村工作10周年时,街道曾经出面开过座谈会,结果群众以为她要调走了而纷纷请求将她留下来。

尚艳华很乐意群众把如今的小区称之为"花园三村",她还带我参观了著名的迷你花园兼菜园;这其实也是个植物学的科普基地,我就因此知道了萝卜秧子的模样。园子里居然还有雨水净化循环设施,是由绿主妇的合作伙伴单位设计并捐赠的;尚艳华说以后还可以养鱼——景观化,而我在琢磨可以养些小龙虾美食多好。座谈时,尚艳华请我喝了杯香浓扑鼻的自制咖啡,没有加糖,我就觉得很甜蜜。她很客气地让我提提意见。意见没有,感想有二:一是车辆停泊规则意识很强,文明已成习惯、完全服从保安的指挥;而我在杨浦的小区,常看到车辆生猛地冲上并停在绿化地带(斜坡)。二是宠物管理得法,小狗很文明,不像我在自己小区里巡逻时,小狗们看到我表面上战战兢兢,但实际上随时随地会胡闹。

临走,我送了自己主编的2018年《上海民生发展报告》给尚艳华;序正好是她写的。这是她出席"汇讲坛"活动的演讲稿,由吕晓慧同志推荐给我的。我还按她熟悉的《军港之夜》的曲调唱了歌给她听,赞美她的歌词是我4月19日写的:

凌云之美

王泠一

凌云的美啊尚艳华

从来就不畏惧艰和难

她团结同伴满腔的热情

同伴们都说美丽的心灵

美丽的心灵,高贵

自由的灵魂,清纯

都市里寻梦放飞希望

一年年执着百姓的期盼

如今的凌云呵焕然一新

凌云的美啊绿主妇

那是春天带来的馈赠

她们把工作干出了事业

她们把邻里织成了家园

梅陇三村多奇妙

大江南北扬美名

我们的主妇充满魅力

待到桂花飘香了新村

看我们又要舞起绣花针

歌毕,告别,握手。天很冷,我却觉得很温暖,我知道,那就是上海的温度!

(作者为本书主编)

序三　为祖国自豪：一名进博会一线工作者的感言

顾思思

在单位推荐下，经过区级、市级层层遴选，我于2018年7月正式成为首届中国国际进口博览会接待外国政要团组的上海联络官。外事联络官的主要职责是在进博会期间独立接待外国政要团。包括收集传递国内外信息、接送机、陪同参加公务活动等。经过外事接待礼仪、经济知识、保密工作等一系列培训后，上海联络官们于2018年10月10日起脱产上岗，开启了近一个月的集中办公，凝心聚力备战进博。

集中办公时期，我被安排在联络官三组，主要任务是对接西亚和非洲的政要团组。一开始，我负责的国家是布基纳法索，主要负责布基纳法索工业、商业和手工业部长一行在华期间的接待服务工作。布基纳法索于2018年5月和我国恢复邦交，习近平总书记曾在9月的中非合作峰会上热烈欢迎布方加入中非大家庭。我深感布方与中国复交对我国外交、以及中非共同体完整性的重要意义。因此，我格外重视对布方的接待工作，在接待前期详细收集信息，包括布方代表团成员信息、抵离航班信息、行程安排意愿、个人习惯偏好、宗教信仰与禁忌等相关信息。我根据布基纳法索的国情和需求，有针对性地精选上海参观考察路线，整理并翻译成英文，希望可以尽我所能让布方代表团愉悦地度过中国之旅，传递中国对布方的欢迎之意。

距开幕式不到一周，布方代表团团长因国内事务取消此次的中国进博会之行，布基纳法索政要团也因此取消行程。但我没有因此停下进博会工作的脚步。在与西亚非组组长商量沟通之后，我开始协助组长管理组内事务，协助西亚非37个政要团的接待工作，学会站在多方政要团而非单个政要团的角度思考、处理事务。此外,我还积极向组内外各国联络官推荐金山进博会考察线路,希望给金山带去更多的资源。最终,我协助区投资促进服务中心与各国联络官对接,促成了塞拉利昂、叙利亚、冈比亚、乌干达、南苏丹五国政要团来金山考察事宜。当天,我全程陪同外宾,向他们介绍金山工业园区的产业布局,带他领略枫泾古镇的江南风韵。金山人民的热情与朴实、金山进博保障工作的专业、金山别具韵味的风土人情都给外国政要留下了深刻的印象。

外事接待工作不是简单的交际和应酬、迎来送往的工作,它是关系到党的对外方针、政策和路线能否顺利实现的大问题,这就要求所有外事工作人员必须具有高度的组织性和纪律性。我所处的西亚非小组,接待的多是来自非洲与西亚地区的国家,甚至有一些国家今年刚与中国建交,有一些国家政要是首次来访中国。于他们而言,上海联络官是他们入境下飞机后见到的第一位中国人,是他们认识上海、认识中国的第一张名片。我们的一举一动都关系到外宾对进博会、对上海、对中国的印象。联络官们无比重视这次外事接待任务,提前几个月就开始准备,熟悉掌握上海的历史、文化、社会、经济等基本情况,在笔记本上一一整理记录进博会相关信息,以便在接待时及时准确地回答外宾的提问。

"外事无小事,样样要请示。"即使准备得再周全,外事工作中也会遇到许多意料之外的情况,这就需要我们具有高度的原则性和灵活性。不同国家的外宾有着不同的生活习惯和行为方式,我们要善于区别不同对象,采取不同方式方法,在原则范围内,尽可能地让他们有宾至如归的感觉。但同时也要坚定我方"主人"的立场,一视同仁,不盲目地迎合外宾不合理的诉求,不搞特殊化待遇。我们要以充分的准备、热情的微笑、委婉的语气、坚定的态度,做好做活外事保障工作。

改革开放40周年之际,进博会的召开标志着中国新一轮的高水平开放,表达了中国与全世界共享未来的美好愿景。作为一名进博会一线工作者,作为一名中共党员,我庆幸自己生逢其时,身处盛世,为祖国的开放与发展而自豪。我们要以充分的准备、热情的微笑、委婉的语气、坚定的态度,投身于未来的进博会历程,做好做活外事和其他一切保障工作。

(作者单位:金山区委党校)

目录 | Contents

序一　五院：老闵行人最熟悉的好医院　　　　　　　方文轩 / 001
序二　梅陇三村：都市新时尚的取经之处　　　　　　王泠一 / 001
序三　为祖国自豪：一名进博会一线工作者的感言　　顾思思 / 001

总报告一

对口帮扶工作立法专题调研报告　　上海市全国人大代表专题调研组 / 003

总报告二

大数据共享与安全专题调研报告　　上海市全国人大代表专题调研组 / 017

总报告三

徐汇区衡复历史风貌区精细化管理调研报告
　　　　　　　　　　　　上海市人大代表专题调研组 / 029

总报告四

流动的中国充满活力　流动的凌云初心闪烁　　田筱匀　杨海英 / 039

总报告五

杨浦区养老护理员队伍建设的问题与对策
　　　　　　　　　　　　上海市人大代表专题调研组 / 049

总报告六

社会责任视野下的环卫行业品牌建设实践　　倪军民　王雪梅 / 057

城市温度篇

上海完善托幼公共服务体系的调研与建议
　　　　　　　　　　　　闵行区市人大代表专题调研组 / 065
留学生崇明行：零距离地感受上海温度　　　　　　　要　英 / 070
都市新时尚：妈妈做垃圾分类的故事　　　　　　　李槿琳 / 076
唐凌峰：以"睦邻文化"打造熟人社区　　　　　　　张　欢 / 079
劳模创新工作室的探索与思考　　　　　　　　　　徐　颖 / 083
与时代同行：新闻生产的情感进阶　　　　　　　　薛唯倪 / 089

创新发展篇

助推嘉定世界级汽车产业中心建设的思考
　　　　　　　　　　　　嘉定区市人大代表专题调研组 / 097
创建国家公共文化服务体系示范区的嘉定报告　　嘉定区文广局 / 102
党建引领业委会　社区治理焕生机　　黄浦区打浦桥街道党工委 / 108
陈强口述：环同济知识经济圈涌出创新之泉　陶雪松　夏　飞（整理）/ 112
不忘初心：营建阔步迈向新时代的同心品牌　　民建上海市徐汇区委 / 118
探索精准服务模式：天平路街道营商工作回顾　　　　沈佩青 / 124

徐汇之光篇

和《新民晚报·夜光杯》的缘分：如同结识大方的邻家姐姐　　姚　虹／131
感受知识的魅力：协助孩子尽快适应高中生活　　李怡婷／134
军训日记：在东方绿舟感慨团队协作的力量　　徐可风／138
细微事物中的人生哲理：你幸福吗？　　金子青／141
规划科学是最大效益：沪宁城市规划异同点观察
　　　　　　　　　　　　　徐汇中学2016级课题组／145
接天莲叶无穷碧　映日荷花别样红　　张羽凡／149

教育实践篇

高一小学：自主快乐成长为新时代好队员　余闻婕　朱海燕　赵树平／155
党建引领：关于加强小学生意识形态教育的思考
　　　　　　　　　　　　　上海市实验小学党支部／160
中学生对于荧屏"阴柔风"现象的看法　　赵　卿／165
市二初中"身边的知识产权"科技实践活动管窥　　崔　鹏／169
南模体育导向：实现有卓越价值的教育人生　　王　斌／174
对外汉语本科专业如何迎接新时代的教育春天？　　要　英／179

金色年华篇

读《新民晚报·夜光杯》：聆听月亮和云朵的对话　　王淇仪／191
天鹅湖般的笛子课和我所喜欢的姜红燕护士长　　徐相麒／195
美食美景的顿悟和被我所战胜的拖拉　　叶梓宸／199
梅园香暖蝶自来：努力绽放自己最美的光彩　　任思雨／204
站在青葱岁月之始：轻狂无比却拥有无限勇气　　王文瑾／212
如何破解耶律仁亮一天三场考试之困局　　要　英／218

聚焦金山篇

上海市固体废物处置情况的调研报告
　　　　　　　　　　　　　金山区市人大代表专题调研组 / 225
金山年轻一代非公经济人士教育培养研究　　　　陈光普 / 230
从内在要素看"民营企业家是我们自己人"　　　　李长虹 / 238
就业促进：努力打造群众满意窗口的朱泾案例　　褚莉萍 / 243
以"四零式服务"铸造金山供水新品牌　　　　　　陈碗仲 / 248
穿越大唐：朱泾第二小学的课外活动记趣　周立寅　樊灏然　顾嘉艺 / 254

人文随笔篇

紫花悦读会记趣及为进博会献一计　　　　　　　方文轩 / 261
在哈佛、麻省、耶鲁体验古老学府的魅力　　　　林君文 / 265
孔乙己为什么一直要去咸亨酒店呢？　　　　　　俞润央 / 268
在天津《五大道》探寻这座城市的记忆片断　　　杨思颖 / 272
感悟《伯罗奔尼撒战争史》的"非战争叙事"　　　洪韵佳 / 274
留学生们如何从古代文学中寻找中华文化基因　　要　英 / 278

天平德育篇

爱天平　爱德育圈　　　　　　　　　　　　　　杨承龄 / 289
袁赟：以支教的情怀走进孩子心灵　　　　　　　徐　吉 / 293
让科学的种子向阳而生　　　　　　　　向阳小学鲁迅知己社 / 298
从流年可忆到未来可期：建襄小学发展论坛侧记　郝心榕 / 305
长颈鹿班和我的第一次读书节活动　　　　　　　孙梦琪 / 308
野生动物的感受、生活方式与自由权　　　　　　徐诚鸿 / 311

《新民周刊》篇

追梦1000期：回答1998年的初心　　　　　　　　刘　琳 / 317

光华楼里的别样导读	金　姬/	322
了解一个无限广阔的中国	要　英/	328
外国青年对"一带一路"的期待	金　姬/	336
环保课上的震惊：高一小学《新民周刊》班探微	翁黠懋/	339
朱国顺专栏：复旦留学生的阅读知音	要　英/	342
跋一　怀念母亲	秦万年/	348
跋二　步履蹒跚	余闻婕/	352
跋三　大医徐迎佳	翁黠懋/	356

总报告一

对口帮扶工作立法专题调研报告

上海市全国人大代表专题调研组

为了促进我国对口帮扶工作更加持久、有效的开展,在沪全国人大代表组成专题立法调研组,分赴北京、新疆、青海、云南三省一市,围绕对口帮扶工作开展了一系列的立法调研。其中,考察调研了4个地州、市,6个县级市、镇,3个乡村,31个企事业单位,召开了8场各级政府层面座谈会,上到国务院扶贫办,下到边陲民族村,广泛听取各个层面和方面的意见建议,最终形成此报告。

一、推进完善对口帮扶工作的思考建议

应该充分认识到,我国的对口帮扶工作经过几十年的发展实践已经取得了巨大的成绩,对于推动欠发达地区经济社会发展起到了重要作用,对于推动全国区域统筹协调发展奠定了重要基础。但是,按照"中央要求、受援方所需、援助方所能"的整体格局和发展趋势,我国对口帮扶工作仍然还需要进一步推进完善,尤其应该在以下诸多"注重"方面下功夫:

(一)注重顶层设计和统筹协调

从战略角度和长远角度来考虑,对口帮扶的顶层设计和统筹协调需要进一步加强。如果在全国人大层面能够推动对口帮扶立法,对于避免部门利益冲突、减少部门间利益协调有非常大的好处,效果好,见效快。同时,如果能够在国家层面立法,也可以很好地解决对口帮扶由谁来执行、主体是谁等一系列相关问题,尤其是在2020年我国建成小康社会之后,更好地推动对

口帮扶工作的开展。

(二) 注重工作机制建设与高层互访

对口帮扶工作,高效顺畅的工作机制十分重要。因此,需要进一步建立完善指挥部、地区政府和县政府共同参与的项目推进联席会议工作机制;进一步完善项目前期、实施、资金拨付、审计等4项工作流程;进一步实施月度通报制度,对项目审计全覆盖,结余资金统一管理使用,重点领域重点工作先调研后形成方案和计划。

(三) 注重制定完善各类制度规范

例如,上海对口援疆喀什地区建立了各项工作规章制度50多项。其中资金监管和重大专项制定制度14项、重点工作实地调研制度3项等。同时,双方高层多次召开联席会议,考察访问,确定相关事宜,有效地推进了对口帮扶工作。从全国来看,一些已经形成的、行之有效的制度规范,应该在对口帮扶各地进行复制、推广。

(四) 注重对口帮扶规划先行

对于对口帮扶工作,不论是支援方,还是受援方,都非常重视,也非常投入,但毕竟牵涉援受双方,因而需要规划先行。例如,今年7月27号,新疆扶贫工作出台了《农村扶贫开发条例》,使扶贫开发工作更加规范。云南西双版纳同上海松江区前期召开11次联席会议,签署了一系列扶贫协作协议、"十三五"扶贫工作规划、三年工作计划、扶贫工作要点等,促进有章可循、有规可依,并且不轻易变更。

(五) 注重对口帮扶精准为先

三年脱贫攻坚战形成的精准扶贫宝贵经验,就在于开展工作的精准和量化。例如,西双版纳州详细分析贫困成因,不是缺钱、缺土地、缺资源禀赋,而是27.6%的人缺技术,14%是因病致贫,12.6%是自身动力不足,三项占了贫困人口一半以上。扶贫办通过各个系统大数据比对,以及一线扶贫干部的反复核实调研掌握情况,建立了一个精度极高的精准扶贫数据库,可以说这是开展工作最明确的导向,极大地提升了工作效率。

(六)注重民生项目资金投向

解决当前资金分散聚焦不够的问题,要坚持把人民群众对美好生活的向往作为落实项目资金的方向,在规划编制、项目筛选以及对口支援资金使用上坚持确保80%以上的资金用于县及以下基层,80%以上资金用于保障改善民生。直接用于脱贫攻坚资金不少于县级资金额度的50%。在规划落实上,要坚持改善基础设施条件,提升基层教育、医疗服务水平。在执行机构上,要争取一口管理。

(七)注重推进智力对口帮扶

从受援方来讲,尽管造成当地经济欠发达的因素很多,但其中一个十分重要的原因,就是普遍缺乏各类人才,缺少推动经济社会发展的智力支撑。因此,进一步推动援助方、受援方人才的双向交流、挂职锻炼,可以弥补受援方的人才短板。同时,还要进一步推进援助方和受援方的职教联盟建设,培养更多合格的技术人才和产业工人。

(八)注重援受双方市场互动

援助方利用本地市场资源和优势,通过各类博览会、推荐会、建立飞地经济、培育当地特色品牌等,帮助受援地特色产品开拓援助方市场,促进经济发展。例如,上海建立以"富平"(扶贫谐音取意富贵平安)为品牌的对口帮扶特色产品研发基地和实体展销窗口,将诸多特色产品归入"富平"大平台中集团化推广,取得很好效果。同时,援助方还要与受援方一起,注重培养受援地的市场环境,促进受援地市场体系的形成,进一步改善受援地的企业营商环境,增强市场的动力和活力,充分挖掘市场潜力,形成"造血"机制。

(九)注重补齐受援方产业短板

受援地区之所以经济欠发达,主要是因为产业发展方面还有很多短板。

因此，援助方和受援方尤其是援助方，应该通过政策扶持、资金支持、机制平台建设等，把受援地区的产业发展起来，尤其要利用受援地区的资源禀赋和资源优势，进一步发展当地的特色产业。当然，也可以结合供给侧结构性改革，推动两地扩大合作范围和合作力度。例如，深化产业促进就业模式，引入龙头企业，筑巢引凤扩展劳动密集型产业，推动全面电商进农村示范县建设等。

二、全国层面的对口帮扶立法是众望所归

（一）对口帮扶的统筹性和协调性

当前，对口帮扶工作在体系上主要包含扶贫协作和对口支援两大板块。即由国家发展和改革委员会牵头的对口支援工作，重点是援疆、援藏、援青、对口支援革命老区脱贫攻坚、对口支援东北老工业基地振兴、对口支援三峡库区、南水北调、地震灾区等；由国务院扶贫开发办公室牵头，从1996年起至今的东西部扶贫协作。除了两个牵头部门，几乎所有职能部门实际上都参与到方方面面的工作中去，因此，需要国家从法律层面予以统筹协调。

（二）对口帮扶的全面性和长期性

帮扶是好对差、强对弱的帮助工作，也是好与差、强与弱的计划调节，更是以全体人民共享改革发展成果，全面建成小康社会为出发点进行的资源配置。因此，对口帮扶是全方位宽领域的系统工程，而非某个特定领域。实践证明，结对帮扶是促进落后地区发展的重要举措，并且只要有差别的存在，帮扶工作永无止境。由于对口帮扶的全面性和长期性，应该通过法律的形式得以固化。

（三）对口帮扶层次丰富

对口帮扶工作，从国家、省（自治区、直辖市）、市（自治州、区）、县（自治县）、乡（镇），一直到村乃至村民小组，可谓是全方位、各层面的对接参与。目前，尽管国家相关部门、有关省市已经出台了各个层级的一系列的相关条例、规定、意见，在实践中确实也发挥了很好的作用，但由于对口帮扶工作几

乎涉及了我国所有的行政层级,层与层的上下之间、横向之间需要统筹,需要协调,更需要国家层面进行规范立法。

(四) 对口帮扶条线众多

仅每年开展一次的东西协作扶贫考核,就需要会同中央组织部、中央统战部、国家发改委、教育部、国家民委、财政部、人力资源社会保障部、国家卫生计生委、全国工商联等参与。地方工作上,产业条线上的发改委、经信委、环保局,社会条线的人社局、民政局,教育条线的教育局、学校,安全条线的公安,卫生条线的卫计委、医院,建设条线的住建局、交通运输局,文化条线的文广局等等,实际上都应通过法律层面予以必要的规范。

(五) 对口帮扶形式多样

主要表现为:

1. 产业合作,尤其是支援地帮助受援地发展各类产业,推动当地经济发展,改变落后面貌。
2. 劳务协作,建立和完善劳务输出精准对接机制,提高受援地劳务输出组织化程度。
3. 人才支援,选派优秀的干部双向挂职锻炼,促进观念、思路、技术、作风交流。
4. 资金支持,列入年度预算,逐年增加扶贫协作和对口支援的财政投入。
5. 社会动员,组织民营企业、社会组织、公民个人积极参与对口帮扶。

总之,这些形式多样的对口帮扶工作,有必要通过法律形式进行规范。

三、对口帮扶立法工作的必要性和紧迫性

(一) 社会主义事业的本质要求

我国宪法序言中明确指出:"把我国建设成为富强民主文明和谐美丽的社会主义现代化强国,实现中华民族伟大复兴""国家尽一切努力,促进全国各民族的共同繁荣""推动构建人类命运共同体""为维护世界和平和促进人

类进步事业而努力"。从这个高度出发,对口帮扶工作无论是对国内消除贫困、共享发展成果,还是对外贡献中国经验,都是最直接的中国特色社会主义伟大实践。因此,对口帮扶工作作为一项国家意志,需要通过法律形式予以固化和规范。

(二)国家发展战略的客观要求

我国到 2020 年全面建成小康社会,到 2035 年基本建成社会主义现代化,到 21 世纪中叶 2050 年建成富强民主文明和谐美丽的社会主义现代化强国。但新时代人民日益增长的美好生活需要和不平衡不充分发展之间的矛盾将会长期存在,这意味着对口帮扶工作在 2020 年脱贫攻坚战结束后依然还会长期存在,也更需要通过立法统一思想,统揽全局。

(三)更好发挥国家的制度优势

实践证明,对口帮扶工作只有在我国社会主义制度下才会有大范围的推动和执行,才会充分体现制度的优越性,才会取得如此大的成绩。只要地区不平衡存在一天,帮扶工作必将持续推进,制度优势也会进一步发挥。因此,把已经在我国实践几十年的伟大体系工程上升到国家法律层面,将制度优势法制化,有利于更好地凝聚共识推进工作。当然,我国对口帮扶中所积累的扶贫经验,也可以为全人类贡献中国智慧和经验。

(四)对口帮扶工作经验需要固化

我国的对口帮扶工作开展了几十年,特别是东西帮扶协作开展 22 年来,全国上下在实践中已经形成了一系列很有效、很成熟的制度、经验和做法,并且发挥了很大的作用。应该说,这些实践的制度、经验和做法,是对口帮扶工作几十年积累起来的宝贵财富,很有针对性和操作性,如果通过立法的方式进行必要的固化,也必将对未来的对口帮扶工作起到重要的推动作用。

(五)完善对口帮扶工作顶层设计

国家发改委与国务院扶贫办各自牵头对口支援和扶贫协作,存在着"小马拉大车"现象。例如,财政方面涉及财政部,人才方面涉及中央组织部、人社部、科技部,金融方面涉及"一行两会",生态方面涉及农业农村部,社会帮扶涉及工商联、民政部,健康方面涉及卫健委、残联,兜底保障涉及民政部,饮水安全涉及水利部,住房安全涉及住建部,教育扶贫涉及教育部,基础设施涉及交通运输部、能源局、工信部、农业农村部,土地方面涉及国土资源部。很多的组织、协调工作,如果用法律形式固定下来,将会起到更好的效果。

四、对口帮扶立法的基本原则和主要内容

对口帮扶立法基本原则:

(一)强调建立健全长效机制。

(二)强调规划先行和统筹协调。要全国一盘棋,科学规划并且有效统筹资源整合力量,避免九龙治水。要"保护支援方,促进受援方",立足受援所需,支援所能。各类规划要和各地规划相衔接,避免各自为政和资金项目不配套。

(三)强调精准执行。帮扶政策从中央传导到地方,配套措施很关键。地方上要有针对性和时效性,对口帮扶地区所处的社会情况不同,要因地施策,精准帮扶。

(四)强调帮扶主体责任。目前,国家发改委与扶贫办,以及其他部门在工作上有契合,但缺乏深度,因此,要从法律层面解决部门之间,央地之间,政府和社会、企业之间的主体责任和边界。

(五)强调对口帮扶"不能包,只能帮"。授人以鱼不如授人以渔,要讲求"助人自助",通过"扶上马、帮一程"的前期"输血",赋予其自我"造血"的能力。

对口帮扶立法的主要内容:尽管对口帮扶立法涉及面比较广,内容十分丰富,但关键还是要在立法中明确回答以下5个最核心的问题:

(一)谁来帮扶的问题

东部发达地区对口帮扶西部相对不发达地区,仅仅是一个大概念,实际上东部地区也有能力不足的风险。广东省把广州、深圳、佛山、珠海、中山、

东莞都拿出来承担东西扶贫协作帮扶任务,然而珠海就没有能力单独帮扶四川凉山。上海的每个区在云南都有对应的对口帮扶地区,只有奉贤没有任务。这就涉及援助方内部如何选定帮扶主体的问题。同时受援方在协调的过程中,还有很多矛盾和利益调整。

(二) 谁被帮扶的问题

精准扶贫的体系并非生而有之,而是经过摸索来统一标准、统一程序、统一政策,制作出一个庞大的数据库。为了确保精准性,建档立卡、不断回头看,整合税务、住房、金融部门、车管所、工商部门等各种信息大数据并进行综合比对,同乡村的熟人社会、隐藏财产等形式进行了坚决斗争,明察暗访,处理了一批违纪干部,这样才形成了精确数据。这套经验在后续确定帮扶主体对象的时候依旧是十分重要的。随着扶贫阶段的提升,在地域上,不仅仅是西部,包含东北、中部甚至是东部的欠发达地区的相对贫困人口也成为被帮扶主体。

(三) 帮扶目标与方法问题

一批批对口帮扶干部,带着资源和自身的经验长期驻点开展工作,工作开展的原则和方向是什么?是输血还是造血?疾风暴雨的运动式帮扶或者以5年、10年、20年的中长期规划,都要根据帮扶所要达到的目的因情况而论。涉及国家安全、边疆稳定,则需要雷霆万钧的运动式对口帮扶;涉及产业发展、盘活资源,则需要长期规划,久久为功,不能因为时间到了就半途而废。

(四) 对口帮扶的标准问题

简单的经济指标一刀切虽然简单,但不切合实际。就如同无法用经济指标定义中产阶级、小康家庭一样。当前脱贫攻坚阶段的标准是:"两不愁、三保障",即稳定实现农村相对贫困人口不愁吃、不愁穿,义务教育、基本医疗和住房安全有保障。在脱贫攻坚结束之后,我们的标准又是什么?如果标准定得太高,则会出现"养懒汉"的现象,会把好事办成坏事。同样一个村里的人,劳动的过得反而不如不劳动的,那就会严重挫伤对口帮扶在老百姓心中的形象,且社会福利具有"不可逆"的特性,从长远来看,社会福利标准定得过高,国家的财政负担会过大,要避免陷入福利国家陷阱。

(五) 对口帮扶的效果问题

从效果来看,当前阶段以脱贫为成效,2020年全面建成小康社会,从脱贫转化为奔小康是题中应有之义。但是,目前的动态调整在标准、操作规范、要素采集上都不够明晰规范。从考核评价指标上来看,组织领导、人才支援、资金支持、劳务协作、携手奔小康五大块内容下的细分考点也需要进一步优化。有的干部就反映,在得分点中,在扶贫地区真的有效果、占用大量时间精力的产业脱贫、项目落地中的沟通协调等方面,考评占比不高。

上海市全国人大代表"对口帮扶工作立法"专题调研组
召集人:张兆安　黄迪南　曹立强
组　员:殷一璀　王安忆　王秀峰　朱国萍　刘小兵　刘　艳
　　　　寿子琪　李　丰　沈　彪　陈国民　陈　靖　杭迎伟
　　　　金　锋　柴闪闪　徐如俊　徐　征　章伟民　廖昌永

附: 　　　　　毛驴县长

王泠一

读小学前,我在北京郊区居住过一段时间。关系最好的宠物,不是鸽子、不是黄狗,而是一条兢兢业业的小黑驴。鸽子要吃黄豆,黄狗想啃骨头;物资短缺的那时,我总是感到很无奈、很无助。只有这小黑驴,日常干的都是家务重活,如拉磨(制作面粉)、运煤(好几里地)、送人去汽车站(行李沉重)……要求的饲料只是青草、干草和间或几把玉米。在我最初的印象里,它一直是勤劳的象征。

回上海市区读小学之后,我对于毛驴念念不忘。不久老师告诉我,康健公园里就有毛驴跑圈的游玩项目。那得花费一毛钱,还得排队;不过,孩子们都乐此不疲。长大后,知道那里属于徐汇区、属于康健街道。2005年,我成为徐汇区的政协委员,就认识了在区政协机关工作的萧兆铭。他很开朗,对啥事情都很热情、很乐观。大学本科学历史的他,最早告诉我乌鲁木齐南路上的区政协办公楼曾是剧作家夏衍的故居。而当设立夏衍故居进行专项保护的提案通过之后,我和他都离开了徐汇区政协。区委为了培养年轻干部,任命他为康健街道党工委副书记。我应邀去康健街道调研过,我们聊起过康健公园,当然已经没有了驴。

奋斗者的日子,总是过得飞快。当康健邻里汇项目初有眉目时,萧兆铭的身份已经变成了远在祖国西南边陲的屏边县常委、副县长。与越南接壤的这个山区县属于云南红河州管辖,红河州和徐汇区是对口支援伙伴关系;电影《芳华》的很多质朴场景就取材于屏边的中越边境,但这电影并没有带动当地的旅游业。而从实干兴邦的角度来看,必须寻找到投入扎实的、后续有市场需求的产业支撑。

屏边的发展条件远远不如它的风景。地域面积辽阔的屏边(全县国土总面积1 906平方千米),是全国592个、云南省88个扶贫开发重点县之一。全县共有7个乡镇,其中5个贫困乡镇、1个已脱贫乡镇(玉屏镇)、1个非贫困乡镇(新现镇),有建档立卡村76个,目前脱贫出列11个,未脱贫65个。全县有建档立卡户19 831户78 458人,目前未脱贫户8 290户32 916人,已脱贫户11 541户45 542人。而屏边县总人口为15.8万人,从这个近半的比例来看难度不言自明。

光看材料,很容易看得头皮发麻。但那双信步上海历史风貌保护区的脚,一落屏边就开始翻山越岭,朴实的苗家乡亲、执着的当地干部、徐汇区的坚强后盾和中央的扶贫政策,似乎给了书生萧兆铭无穷的力量。他像战士一样,顾不得山高路远坑深。第一双厚实的山地运动鞋报废时,协作项目绣娘扶贫车间落地。即动员苗家女子在发展资金的扶持下,通过自己过硬的刺绣技能,创办集开发、设计、生产、销售为一体的民族工艺制品厂,主要开发苗族旅游产品、家居用品等。

绣娘扶贫车间,是面对全县的特色项目;当地妇联、徐汇区妇联以及上海市慈善基金会徐汇区分会等机构发挥了重要作用;而寻找战略突破口则是重中之重。就在第二双山地鞋"牺牲"之际,萧兆铭落实了新现镇的姬松茸种植示范基地。基地位于一个叫落水洞的村小组,距镇政府所在地2.1千米。总投资300余万元,其中徐汇区定点帮扶资金200万元。示范基地水、电、路等基础设施配套齐全,搭建集中示范大棚68个,占地面积20.4亩,辐射带动农户姬松茸种植大棚33个,带动建档立卡贫困户59户236人,吸纳贫困群众临时务工就业1 200余人次。这在按市场合同形成稳固的销售关系的同时,还解决了"死资源"变"活资产"问题。贫困户既可以入土地股、现金股,可以按股分红,又可以在企业务工挣得收入。截至目前,该基地已产姬松茸400余吨,实现产值320万元,实现利润20万元。创造就业岗位200余个。带动近60户贫困户实现稳定脱贫,从而增加贫困户"造血"能力,实现脱贫致富,为2020年稳固脱贫提供了坚强的保障。当第三双山地鞋"光荣"之后,萧兆铭心里更踏实了。经过群策群力、专家论证以及对山东东阿集团的专程造访和寻求合作,驴产业的蓝图开始变得清晰起来。他和同志们发现:落水洞小组具有气候适宜、水资源丰富等区位优势,是一个建设养殖场的理想地段;且距昆河二级公路只有0.8千米。新现镇毛驴养殖示范基地很快就在此布局了,在徐汇区和云南省有关部门的关心和帮助下,这一基地于2018年4月开工建设,总占地面积6 000平方米。其中,徐汇区慷慨提供建设资金115万元,云南省有关部门援建50万元,屏边县委、县政府整合65万元。主要建设目标有新建驴舍2 668平方米、饲料青贮室216平方米以及兽药房、管理房、环保设施等厂房建设。经过比对,萧兆铭还带队从云南楚雄引进种毛驴68头,其中,种公驴3头,种母驴54头,仔毛驴11头。一场新探索就此展开。

萧兆铭曾经长期在徐汇区政协工作,经年调研形成的习惯就是可行性分析和风险预防;在康健街道党工委任职期间,又实践过基层党建战斗力课题。如今在屏边,他牵头的新现镇毛驴养殖试验示范基地,就采取"党总支+合作社+基地+贫困户"的新型模式,有效将村集体、合作社、党员、贫困户与市场紧紧联系在一起,为精准扶贫的实施提供了新的结合点。按照规划养满260头,一年预计出栏160头,可产生收益100万元,净利润46万元,届时将帮助贫困人口和村集体经济增加收益,加快打赢脱贫攻坚战的步伐。而从效益比较上,养驴优于家禽。但养惯了家禽的群众对新鲜事有畏难情绪怎么办呢?于是,萧兆铭和当地干部请来行业高手,对贫困群众实行"一对一"帮扶,如从饲料、繁育、饲养和技术等方面,解决贫困群众养驴过程中的难题;从配种到饲养管理,提供全程技术服务,并签订收购合同,保证不低于市场价格收购。效益分配的设计,在我看来也相当合理。如基地由屏边县联富种养专业合作社派人负责管理,收益按村集体5%、贫困户60%、合作社35%进行分成。目前示范基地共有社员248户,覆盖新现、水田两个村委会,带动贫困户168户562人,搭建了农民增收致富新渠道。

而关于2019年的养驴目标,萧兆铭对我表示说:得不断发展规模化、标准化养殖,努力研究良种提纯复壮、品种改良技术,引进驴肉加工厂,不断增加毛驴养殖附加值,探索出"一条驴"产业链,以增强带动和辐射能力,实现群众产业化、实体化的稳固脱贫。为此,徐汇区政府和各界自然将倾情投入、全力帮扶。

徐汇区,是萧兆铭内心充满激情的强大后盾。2018年10月,徐汇区政府代表团就曾对红河州进行过专项考察。在屏边县、元阳县、泸西县、石屏县,方世忠区长一行,分别深入贫困户家中走访慰问,促膝交谈,围着火塘嘘寒问暖,拉拉家常,详细了解他们的家庭情况、健康状况、经济来源、生活开支、存在的困难和问题等,与他们面对面作交流、谈发展,积极为他们出谋划策,商讨脱贫致富项目,鼓励他们"树立信心,在党和政府的帮助下,依靠自己勤劳的双手一定会过上美好的生活"。方世忠区长还要求徐汇区援滇干部,要进一步深入群众、融入群众,了解群众所思所想及家庭的实际情况,与老百姓建立真挚的感情,带着感情扶贫,才更有利于激发群众的内生动力,更好引导他们靠自己努力改变命运。

是的,靠自己努力改变命运,这既是红河当地的课题,也是整个国家扶贫战略的关键。我们的道路自信、制度自信、文化自信、理论自信,归根到底还需要群众自信来实践、来落实、来巩固、来丰富。衷心希望2020年的屏边风景更美好!

(作者为本书主编)

总报告二

大数据共享与安全专题调研报告

上海市全国人大代表专题调研组

大数据是信息化发展的新阶段,与物联网、云计算、人工智能等新一代信息技术相互融通共进。全球数据量爆发增长、海量集聚,对经济发展、社会治理、国家管理、人民生活都产生了重大影响。

一、调研背景:加快建设数字中国

党中央、国务院高度重视大数据及数字经济发展,习近平总书记作出了"要加快完善数字基础设施,推进数据资源整合和开放共享,保障数据安全,加快建设数字中国","围绕建设网络强国、数字中国、智慧社会,全面实施国家大数据战略,助力中国经济从高速增长转向高质量发展",以及"推动大数据技术产业创新发展,构建以数据为关键要素的数字经济"等重要指示。国务院发布实施《促进大数据发展行动纲要》《政务信息资源共享管理暂行办法》《大数据产业发展规划(2016—2020年)》等重要文件。

全国层面及部分地区围绕大数据的技术创新、应用推广、产业发展以及建章立制等,都开展了有益的探索与尝试。然而,当前存在的"信息孤岛""数据烟囱",数据共享不足、开放利用不够、质量标准不一,以及数据流通与交易中存在的权属关系不清、安全保障缺失、个人信息滥用等问题,都需要国家和地方加强大数据共享与安全相关的立法工作,实现以规范促发展、以安全保发展、以统筹谋发展。基于上述考虑,上海市人大召集全国人大代表共40人,组成"大数据共享与安全"专题调研组。于2018年7—9月,对上海、贵州、杭州等地大数据发展情况进行实地考察,面向政府部门、企业和个人开展了问卷调查;并借鉴美欧大数据发展的立法实践,从立法建议、体制机制、标准建设等角度,提出推动大数据发展的有关对策措施,形成此调研报告。

二、社会数据流通与安全:现状、经验及问题

数据资源的流通性与安全可控,是推动大数据应用与产业发展的必备前提。目前大数据流通与交易、数据安全与个人信息保护等领域,均缺乏完备的法律法规保障及制度安排。一方面导致数据服务提供者谨小慎微,制约了数据资源的有效合规使用;另一方面对数据非法流通、个人隐私侵犯等,相应的民事、行政与刑事责任界定与衔接不够,因此亟需加强企业与个人层面的数据治理与合法保障。

(一)加强大数据治理的规则要求

1. 现状与经验

大数据治理从宏观层面看,是通过制定战略政策、建立组织架构、明确职责分工等,实现大数据的风险可控、安全合规、绩效提升和价值创造;从微观层面看,是从企业数据获得、交易到开发利用、安全保障等全生命周期管理的组织策略或程序。

2. 存在的问题

(1)数据治理相关法律法规系统性不够。

(2)GDPR(《通用数据保护条例》即 General Data Protection Regulation,简称 GDPR)为欧洲联盟的条例,前身是欧盟在 1995 年制定的《计算机数据保护法》给企业数据治理带来极大挑战。一方面,企业需要投入大量的人财物,从机构制度、岗位培训、自查整改、技术保障等方面,建立完善企业数据保护治理体系;另一方面,GDPR 部分表述比较模糊,企业在实施过程中很难把握"度",对业务模式、市场策略等都必须作出相应调整,除了承担高昂的合规成本,还面临退出欧盟市场的风险。

（二）商业数据的合法交易及流通

1. 现状与经验

国务院《促进大数据发展行动纲要》明确提出，要引导培育大数据交易市场，鼓励产业链各环节市场主体进行数据交换和交易，促进数据资源流通、规范交易行为。国内基于企业的数据交易不断增长，数据交易平台和市场快速发展。

2. 存在的问题

(1) 对数据的权属性质没有明晰法律规定。

(2) 数据交易深度不够、标准规范不健全。

(3) 数据黑市制约数据交易健康发展。一方面，针对用户信息的非法收集、窃取、交易和利用问题严峻，个人信息被买卖的现象频繁发生；非法交易获得的数据价格低、信息量大，对正规交易渠道经严格脱敏的大数据产品形成挤压；国家层面对数据交易地下产业链的监管及治理，还没有形成有效合力。

（三）小数据与个人信息保护

1. 现状与经验

个人信息(聚焦于个人的小数据)受保护，已经成为法律共识。目前《全国人大常委会关于维护互联网安全的决定》《刑法修正案(七)》《关于加强网络信息保护的决定》《消费者权益保护法》《网络安全法》《民法总则》和相关司法解释，以及《征信业管理条例》《电信和互联网用户个人信息保护规定》等行政法规和部门规章，均对个人信息保护有所涉及。

2. 存在的问题

(1) 个人信息保护立法缺乏整体统筹。

(2) 立法目的及保护模式定位模糊。

(3) 刑事、民事和行政责任的衔接不够。依据刑法规定，"违反法律规定、情节严重"的个人信息出售或提供行为即可入刑。但违法法律规定的行为不一定具有刑法意义上的社会危害性，也可通过民事责任和行政责任加以解决；而"情节严重"包括了信息类型、信息数量、获利数额等因素，容易将基于合法经营目的的个人信息使用行为纳入刑法调整。现实应用场景中，个人信息利用行为合法与非法、罪与非罪边界不清,个人信息利用及保护仍然面临法律上的不确定性。

(四) 数据安全的界定及法律保障

1. 现状与经验

数据安全主要是指维护信息(数据)保密性、完整性、可用性,保障信息或信息系统免受未经授权的访问、使用、披露、破坏、修改、销毁等。随着我国《信息安全等级保护管理办法》《信息安全技术个人信息安全规范》等法规标准的逐步落地,进一步完善了我国数据安全保护制度体系。

2. 存在的问题

(1) 数据安全保障体系与生态环境不完善。据本次调研问卷分析,70%以上的社会公众对数据环境缺乏安全感。

(2) 数据应用和保障安全的平衡需要探讨。如何运用大数据安全分析技术洞悉系统中潜藏的隐蔽攻击和入侵,提高信息安全监控的效率和态势感知能力,继而提高网络空间治理能力,仍需要政府部门、企业及社会各方在实践中不断进行探索。

(五) 跨境数据流动的制度建设

1. 现状与经验

随着全球数字经济的迅速发展,各国均高度重视跨境数据流动问题,加强维护国家数据主权,通过数据本地化存储、强制性反加密制度等加强对数据的控制权。从国内来看,跨境数据流动探索起步相对较晚,《网络安全法》中对涉及关键基础设施和个人隐私的数据跨境流动明确了监管要求。

2. 存在的问题

主要表现在:对争取数据主权重视和参与不够。跨境数据流动法律规制需要实现国内法和国际法的统筹安排,不可偏废。国际社会各国互联网产业发展水平高低有别,意在实现自身数据利益最大化的国际规则也各有侧重,这阻碍了跨境数据流动全球协议的进程。从现实来看,欧美作为全球信息强国,其缔结的《隐私盾协议》影响力很大。我国作为跨境数据流动的重要参与者,主动参与制定跨境数据流动国际规则、为企业发展跨境数字产业争取有利条件做得还很不够。

三、加强大数据共享与安全统筹的若干建议

面对大数据共享与安全遇到的实际问题,我们应采取积极审慎的态度,既要把握机遇、精心谋划,在发展过程中超前布局、力争主动,加快培育发展数字经济;也要张弛有度、加强管理,重视提升技术、完善制度,推动大数据发展步入法治轨道。进一步促进大数据的资源统筹、充分利用与综合治理,提升有关部门与机构的管理与服务效能,实现政府、企业与个人共同分享"数字红利"。

(一)将数据资产权属界定作为大数据治理的法律基础

1. 对数据信息权利进行分级分类界定

在法律上明确数据作为一种资产,设立数据资产权或信息资产权,纳入一般资产管理体系;明确用户、控制者等权限,对数据的确权、流通、保护形成法律支持。基于法理上人身权利、财产权利属性的强弱及数据安全风险控制要求,建议对包含用户个人信息、使用痕迹的底层数据,赋予用户所有权;对经过匿名化处理的数据,由数据控制者拥有受限制的使用权、谨慎使用;对经清理加工的衍生数据,数据控制者拥有使用权。

2. 明确政府数据资产权属及法律效力

通过立法明确政府各类数据资产不同属性,行政机关对采集的数据依法应享有管理权和使用权,作为促进数据共享、流通及应用的基础。建议国家层面建立数据资产登记管理制度,采用审慎包容的态度鼓励各部门开展数据资产化(包括开发和交易)探索,对可能引发的问题予以救济和保护;在全国建立统一的登记机构之前,鼓励交易平台试行开展确权登记。另外,对文书类、证照类、合同类政府数据,应赋予与纸质文书原件同等法律效力,以作为行政管理、服务和执法的依据。

(二)从国家层面优化政府数据采集与共享的基本制度

即加强对数据资源的集中统一管理:贯彻落实习近平总书记的指示要

求,加快建设全国一体化的国家大数据中心,促进技术、业务和数据的融合,实现跨层级、跨地域、跨系统、跨部门、跨业务的协同管理和服务。公共管理和服务机构在履职过程中获取的公共数据资源,建议由全国大数据中心按需集中统一管理,对公共数据的数量、质量、归集、汇聚与更新等工作进行实时监测和全面评价,实现数据状态可感知、数据使用可追溯、安全责任可落实。

(三)以公共数据的开放利用促进大数据技术产业发展

1. 推动开放数据交易及综合利用试点工作

注重充分利用现有资源,减少平台重复建设,防止数据垄断。鼓励政府主导、国有企业为主,积极参与大数据资产顶层设计、构建交易流通体系,开展面向应用的数据交易市场试点;探索建立大数据产业数据资产治理联盟,建立健全数据资源交易及定价机制,加强市场有效监管。选择一批有基础、有条件的单位,开展数据资源综合利用试点,探索完善数据分类、元数据标准、开放利用、质量控制等方面的工作规范;建立数据开放容错机制,帮助政府和企业规避数据开放交易中存在的风险,进一步激发大数据产业生态系统活力。发挥第三方征信机构的引领作用,大力发展数据、中介、服务等衍生产业。

2. 引导推动政府数据资源的开放应用

修订《政府信息公开条例》,明确新时代数据开放的基本规则要求和具体内容。通过政府购买服务、专项资金扶持和数据应用竞赛等形式,鼓励和支持公民、法人及其他组织,利用政府数据创新产品、技术和服务。引导基础好、有实力的企业利用公共数据开展示范应用,带动各类社会力量对包括政府数据在内的数据资源进行增值开发利用,鼓励企业通过与政府部门开展数据合作提升经营服务水平;促进数据资源在法律法规的框架下充分流通与共享,形成高效安全的数据产业链条。

(四)明确网络及数据服务提供者的权利责任义务关系

1. 尽快建立面向企业的数据清单制度

针对目前部分企业获取数据来源渠道"各显神通",拿到数据也不敢用于开发产品服务等现象,应当建立面向企业的"正面数据清单"和"负面数据清单"制度。其中"正面数据清单"包含但不限于政府部门公开的数据、用户知情同意的数据、通过合法交易等取得的数据;"负面数据清单"包含个人隐私等未经用户授权的数据、侵害用户权益的数据、非法取得的数据等。

2. 加强符合国际规则的数据合规建设

应当明确指导企业等信息控制人或使用人加强数据合规治理,建立相关的机构、岗位及规范制度,承担数据安全、隐私保护、应急处置等义务;采用必要策略、技术和措施,防范数据伪造、泄露或者被窃取、篡改、非法使用等风险。建议有关部门加强对企业数据合规建设的监督管理,开展持续性培训宣传,进一步提高企业和公民的数据保护意识;在此基础上,与欧盟等积极开展平等对话协商,减少不必要的贸易纠纷与处罚。

(五)加强跨境数据流动规则制定,积极开展先行试点

1. 立足实际积极参与国际规则制定

跨境数据流动必须将保护国家安全放在首位,在坚持数据主权的前提下,保证跨境数据自由安全流动。建议在完善国内法律法规的基础上,积极依托移动支付、网购等中国方案,率先与"一带一路"沿线国家展开双边谈判、主张中国规则,其后再积极参与多边谈判。

2. 支持上海加快跨境数据流动试点

建议允许上海等基础较好、条件成熟的地区,先行开展跨境数据流动试点;探索将数据审批权下放,建设跨境数据流动平台,建立数据分级分类管理"白名单"制度,鼓励强跨境数据流动技术研发及产品开发,加强安全风险防控等。国家层面对地方跨境数据流动试点给予指导,加快形成可推广应用的经验模式。

(六)加快建立大数据时代个人信息保护法律框架体系

1. 明确个人信息保护规制的核心内容

应明确将网络和数据服务提供者设定为个人信息保护的责任主体,与现行国际规则及美欧立法实现理念上的接轨。建议个人信息保护法律规范以个人信息控制者的义务规则、行为准则和违法违规惩戒为核心,明确各方

的法律责任。同时,将个人信息使用环节作为重点规制对象,对个人信息的收集、使用、流通规范,融入以风险为导向、应用场景为基础的理念,实现个人信息保护风险可控、责任可追溯,加大违法的成本。

2. 加大对信息主体的赋权和保护力度

建议加快出台《个人信息保护法》,参照GDPR等规定,确保信息主体的知情权、访问权、更正权、退出权、拒绝权等,细化个人信息使用规范,实现"以事先干预为主"向"以事后救济为主"的转变。同时,加强对个人信息保护在民事、行政、刑事责任上的衔接,针对侵害个人权益的行为,建立切实有效的司法救济体系,完善对个人信息控制者违反信息保护法律规范的行政处罚等相关制度规定。

(七)确定和实施大数据相关立法的基本策略及扩大地方作为空间

1. 以公共数据作为立法的切入点

公共数据作为公共管理和服务机构采集、存储与应用的数据,与经济发展、社会管理、公共服务等密切相关,可作为大数据立法的切入点和规范重点。建议立法统筹考虑大数据全流程管理的关联性和系统性,涵盖政务服务平台建设运营、数据共享、事项管理、业务协同、网络安全保障等各环节;同步推进现有法规、规章和规范性文件立改废释工作,抓紧制修订电子印章、电子证照、电子档案等方面的法规及规章。

2. 注重隐私保护与产业发展的平衡

参照GDPR等做法,以保护个人数据权利及促进数据流通、兼顾发展与安全作为二元立法目标。在立法中,要立足产业发展的角度,充分调研了解企业需求,为企业开发利用大数据留下空间;同时,产业经济发展中必须注重保护个人隐私及数据安全,积极探索人工智能、区块链等新一代信息技术与个人信息保护制度的规范方式相互融合应用。

3. 支持地方在重点领域立法先行

依托国家大数据综合试验区,结合各领域的先行试点,鼓励地方针对大数据共享与安全中存在的问题及经济社会发展的需求,开展相关立法的先行先试,探索相应的解决方案。比如借鉴已出台的《贵州省大数据发展应用促进条例》、处于立法调研阶段的《杭州市政务数据共享开放条例》、正在制定的《上海市公共数据和"一网通办"管理办法》等,为上位法的研究制定和加快出台,提供可供参考的运行经验。

上海市全国人大代表"大数据共享与安全"专题调研组
召集人:陈鸣波　樊　芸　陈　力
成　员:殷一璀　丁光宏　丁仲礼　马　兰　王　伟　王建宇
　　　　王俊峰　王　霞　朱芝松　朱建弟　刘晓云　刘新华
　　　　汤　亮　许立荣　许宁生　花　蓓　李　林　李　斌
　　　　吴光辉　沈春耀　张本才　陈　力　陈国民　陈鸣波
　　　　陈　虹　陈晶莹　陈　靖　邵志清　呆　云　周燕芳
　　　　顾　军　徐珏慧　唐海龙　曹可凡　董传杰　廖国勋
　　　　樊　芸　潘向黎　宋元俊　张　雄

总报告三

徐汇区衡复历史风貌区精细化管理调研报告

上海市人大代表专题调研组

改革开放以来,上海城市工作重心逐步变化演进,目前已进入新的发展阶段。上海以习近平新时代中国特色社会主义思想为指导,接连发布《中共上海市委、上海市人民政府关于加强本市城市管理精细化工作的实施意见》《贯彻落实〈关于加强本市城市管理精细化工作的实施意见〉三年行动计划(2018—2020年)》,把城市管理放在更加突出的位置,把提高城市管理精细化水平作为推动高质量发展的重要举措、创造高品质生活的必然要求。在这样一座极具海派文化和人文底蕴的城市,精细化管理必然触及中心城区的12片风貌区,尤其是衡山路-复兴路历史文化风貌区,为上海中心城区最大的成片风貌区,总计占地约7.75平方千米,其中徐汇区部分约4.3平方千米,位于湖南路、天平路两个街道区域。历史文脉与文化风貌尽可能地保留和延续,是时代要求和新挑战。市十五届人大徐汇代表组在徐汇区人大常委会的组织下,以衡复历史文化风貌区为样本,力求解剖分析问题,提出对策,推动上海城市精细化管理工作在这一区域的创新和策略优化。

一、衡复风貌区基本概况及"十二五"以来保护情况

徐汇区在衡复风貌区精细化管理实践中全面落实习近平总书记"城市管理像绣花一样精细"的讲话精神,突出"三微"(微更新、微设计、微治理)和"三修"(城市修补、生态修复、管理修正)理念,贯彻"三减三增"(减建筑容量、减人口总量、减过度商业、增公共空间、增绿化面积、增文化功能)的基本

原则,在"保"和"用"上下功夫,已形成了比较完整的"点、线、块、面"保护体系。

(一) 历史建筑修缮成效显现

以"成片街坊"风貌修缮工作为重点,聚焦重点特色历史建筑,打造修缮标杆和亮点。同时加大对历史建筑(包括花园住宅、新里等条件成熟的各类历史建筑)的修缮和收储力度,挖掘和保护历史建筑价值,制订名人故居整修和优秀历史建筑对外开放计划。自 2013 年起,徐汇区对风貌区内近 100 万平方米的居住类直管公房开展大修,基本解决了面上房屋安全隐患和部分老百姓的急难愁问题。

(二) 市容市貌整治效果明显

自 2016 年开始,徐汇区共计完成 36 条风貌道路整治工程,整治擅自"居改非"、无证无照经营、破墙开店 1 200 余家,拆除违法搭建 286 处,并启动了建国西路、永嘉路等 8 条风貌道路修缮工作,道路环境面貌明显改善。通过整治和治理,民生问题持续改善、文化记忆不断挖掘,市容市貌有效提升。

(三) 重点项目推进有序展开

遵循"人口疏解、建筑减量、民生改善、结构调整"的指导思想,"十三五"上半期徐汇区基本完成了建业里、永平里、张乐平旧居、柯灵旧居等重点项目。同时,通过"魅力衡复"文化品牌的故居文化进校园、衡山坊读书会、衡复艺术季等主题活动展现衡复风貌区历史文化底蕴,激活了衡复风貌区的风貌特色和艺术创意,增添了街区文化与社区活动的公共性与互动性。

(四) 体制机制方面不断完善

2017 年上半年,徐汇区成立衡复风貌区管理委员会,下设办公室以及规划建设、管理执法两个推进组,构成了"一委、一办,下设两个推进组"的组织构架,实行扁平化管理。同时建立了"社区规划师"议事制度,将城区、街区、小区以及地面、立面、空间景观进行统一设计、系统把握,最大程度地实现规划意图与精细化管理目标。日常监管方面，落实"全覆盖、全过程、全天候"的精细化管理要求，重点做实做强网格化管理，实行"风貌区执法管理六必查"工作制度。建立了相关单位联勤联动的综合执法制度，并结合"互联网＋"信息手段，将138处优秀历史建筑信息全部录入系统并共享至各相关单位，提高了执法效能和效率。

二、上海中心城区风貌保护中还存在的主要问题

（一）权责利不对应

1. 权责利不对应。历史建筑产权情况复杂，存在使用人、产权人权责不明晰的问题。对于公房而言，所有权与使用权普遍分离，承租人缺少保留保护以及房屋安全使用意识；对于私房而言，存在只有义务，没有相应权利的问题，难以调动历史建筑保留保护的积极性。

2. 违法成本低导致历史建筑遭受破坏，例如被列为优秀历史建筑的巨鹿路888号被违法拆除等事件的发生。

3. 专门针对风貌区精细化管理以及历史建筑的相关规范、标准体系、资金保障制度存在缺失，私房业主缺乏专业技术、保护理念以及资金来源，导致历史建筑缺乏日常维护。

（二）保护工作力度还不够强

1. 根据衡复风貌区以居住为本底的特征，规划设计在有关居民生活需求、街区商业功能、环境品质提升等方面的统筹考虑需要加强，公众参与风貌保护的广度、高度和深度尚需进一步拓展。

2. 现状和"构建风貌区文化建设的顶层设计和整体布局，打造独具魅力和具有国际影响力的文化地标群落，形成文化辨识度高、品牌知晓度高、公众参与度高的衡复文化气质"的目标还有一定的距离。

（三）整体性、协调性有待加强

目前，风貌区内各项保护工作基本形成"点、线、块、面"的保护体系，但

风貌区各项保护工作之间的有机衔接不够,风貌道路整治、历史建筑修缮、小区综合治理、业态调整尚未按"小区、街区、城区"模式做到整体推进,保护开发的整体性和协调性有待加强,各区段的空间联系和交通连接有待深化,风貌道路沿街功能定位有待进一步明晰。同时,针对保护开发成本上涨和难度不断加大、土地收储政策发生调整、土地功能转换难度增加等难题,则需要统筹考虑政府的引领作用和社会资本的注入,通过创新方法来加以破解。

(四)风貌保护模式有待进一步探索

保护工作需协调如何围绕居住功能、文化功能、创新功能、服务功能,开展构建美丽城区、美丽街区、美丽小区建设,深度挖掘海派文化的精髓,逐步引入与高品质居住生活相适应的功能;在商业形态上,应为满足居民日常生活基本需求布局好餐饮早点、五金等业态,并与保护衡复地区整体风貌进行有机融合,既要有满足生活所需的店铺,也要有让人能够驻足的休闲之地,这是风貌保护工作模式的进一步探索方向,且应针对不同风貌保护工作模式出台和完善相应的配套政策。

三、课题组关于风貌保护工作的思路和建议

(一)建议进一步完善保护管理政策机制,风貌区整体谋划"有态度"

1. 用"细心"保护风貌区文脉和历史建筑风貌

绣花管理看细节。上海市委书记李强强调"要更加注重在细微处见功夫、见质量、见情怀,把城市管理落到一砖一瓦、一草一木,把平时不注意的地方管细、管好。"对于历史建筑集中成片的风貌区而言,更是要用无微不至的"细心"保护风貌区历史文脉和建筑风貌。如加大风貌区智能化管理力度,综合运用"互联网+"信息化技术加大风貌区日常监管力度。着力构建"天网、地网、人网"3张网,积极引入无人机、千里眼以及动态监测定位传感器等智能化技术,借助于物联网和传感器技术,实现与网格中心平台的实时有效联动,做到第一时间发现并上报处置,将新增违建扼杀在萌芽中。

2. 用"耐心"化解城市有机更新和精细化管理中的民生矛盾

李强书记指出,城市精细化管理要有绣花般的耐心。上海城市更新从"拆改留"向"留改拆"转变,城市有机更新和精细化工作不可能一蹴而就,关键在于持之以恒,久久为功。同时也要增强紧迫感,三年行动计划确定的目标任务必须按节点完成,对于市民反映强烈、矛盾突出的工作要抓紧解决,让群众看到实效。

3. 用"卓越心"打造全球卓越城市的衡复样本区

重点打造三大功能区域,即武康路湖南路名人文化特色街区、汾阳路复兴中路音乐文化特色街区、衡山路岳阳路海派艺术文化特色街区,力争成为"海派文化示范区"。依托区域内丰富的优秀历史建筑和文化资源,深度挖掘建筑背后的人文故事,完整保护历史风貌,实现历史文脉与现代生活的交融。

(二)建议进一步提升精细化管理水平,风貌区保护工作推进"有力度"

通过管委办搭建平台,社区规划师和专家加强与管理部门和街道的沟通,对风貌区进行全面摸排和分析,包括亟待改善的老旧社区、具有提升优化潜力的小区内部公共空间、街角街边公共空间、慢行系统等,整体推进风貌区保护工作。

1. 围绕架空线入地开展风貌道路整治,创新风貌区"形态"

至2020年,消除风貌区内占道亭棚现象,完成对违法户外设施的整治,并形成具有风貌区特点的及时发现、快速处置的长效常态管理机制,使风貌区整体形态得到"脱胎换骨"的改变。

2. 丰富居住品质内涵,提升百姓生活舒适"心态"

今后3年内实施优秀历史建筑修缮约13万平方米,保留历史建筑修缮约24万平方米。保护修缮既要"面子",更重"里子",进一步拓宽修缮内涵,如永嘉路580弄永嘉新村修缮项目,在保护建筑风貌的同时通过合用厨卫改造、小区环境综合整治、公共文化空间建设等方式,全面提升老百姓的获得感。

3. 注重绿色发展,提升风貌区"生态"

综合考虑风貌区空间狭小等特征,按照"一流设计、一流施工、一流管理"要求,逐步提升衡复风貌区街心花园及街边绿地的绿化景观和灯光效果,完成道路沿线窗阳台绿化、垂直绿化、嵌入式绿化等增绿补绿工作和灯光氛围营造。至2020年,计划完成43块公共空间和绿地的景观提升,每年在原基础上继续提升质量。同步规划至2020年,全面实施垃圾分类收运,居民区普遍执行垃圾分类制度,形成垃圾分类处置的"前—中—末"闭环管理,达到全市先进水平。

4. 提倡"修补型再开发"以及功能混合,不断完善宜居"业态"

针对衡复风貌区风貌格局完整、规划控制严格以及以居住功能为主的特征,提倡"修补型再开发"以及功能混合,对天平路、湖南路两条街道沿街的近人尺度空间进行必要的功能性、便利性补缺,使风貌区不仅"好看",更要"好用"。如调控商业设施布局的市场导向偏差,结合"邻里汇"建设,高品质配备风貌区公共服务设施。包括教育、文化、艺术、餐饮、休闲等等,为风貌区居民提供多样性的、可供选择的、高自由度的生活、文化以及公共设施,创造有徐汇特色的衡复宜居模式。

(三) 建议进一步提升居住品质与文化内涵,风貌区生活"有温度"

1. 结合《保护条例》修订,市区联手落实保留保护政策制度

(1) 积极贯彻"留改拆"的城市有机更新理念

对于居住密度较高的老旧房屋,可以通过"留房留人"(如春阳里)和"人走房留"(如永嘉路492弄)两种更新模式,因地施策,彻底改善居民生活条件,保留城市文脉。针对一些特别复杂的地块,还可采用"抽户"这种"留房留人"的创新模式进行改造,搬离部分居民,降低居住密度,释放空间面积,满足改造需要。

(2) 统筹处理好城市更新与风貌区保护的关系

结合2018年《保护条例》在管理体制、保护对象的权利与义务、保护资金投入使用机制等方面的修订,建议条例修订考虑历史建筑产权人权责对应问题,如历史建筑修缮费用,由保护责任人承担80%、政府补贴20%;在进行公房大修时,适当对私房部分也进行修缮,确保整体风貌。此外,建立优秀历史建筑托底性维护制度,如对衡复风貌区内37处具有代表性的、对整体风貌影响较大但又不属于直管公房的历史建筑,由区财政安排资金进行日常保养。

2. 提升风貌区的人文活力,建设高品质开放性城市文化空间

搞好衡复地区的遗产保护,其根本出路在于适度利用并得到活化,因此应当在精细规划的前提下,要重视衡复风貌区的人文景观和活力,建议加大改造力度并适当植入新的功能。

(1) 突破规划"容积率"政策,积极引入社会资本参与保护。建议将风貌区内可转移建筑容量转移到风貌区外拆落地改造项目上,或者将风貌区内历史建筑改造更新项目和风貌区外拆落地项目进行"捆绑";以政府资金作为撬动,引入社会力量进行整体保护、成片保护。

(2) 进一步挖掘风貌区名人旧居资源,加强风貌区公共开放空间的规划。

(3) 重视步行空间和慢行空间的建设。

3. 加强文化遗产保护宣传与公众参与,提升市民自治共治水平

先进的遗产保护和城市更新,一方面依靠广泛的构思来源和智囊支持,通过民主程序形成方案;另一方面强调市民的公众参与,历史风貌和历史建筑日常保护管理和相关项目实施前、中、后各个阶段听取和吸纳社会意见。同时,鼓励公共参与和社会监督,加强与区域单位合作,建立与社区居民多渠道、多户门之间的协调共治机制,让更多的居民和组织参与到风貌保护与精细化工作推进之中来。

徐汇区市人大代表专题调研小组

召集人:茹国明

成　员:丁奎岭　于　翔　王文平　王丽萍　王　承　王珮瑜
　　　　王醇晨　方世忠　田　禾　包玉倩　冯志刚　曲景平
　　　　朱　兰　刘民钢　江　晨　李　鸣　李　菁　李　爽
　　　　李韶平　杨　军　杨国平　杨　菁　杨　晨　应　勇
　　　　沙青青　沈　寅　宋依佳　张本才　陈　东　陈继刚
　　　　陈　梅　陈　超　林荫茂　尚艳华　周　俭　周　凌
　　　　周　磊　郑高波　胡晓丽　俞秋静　洪　浩　徐圣洁
　　　　高晓敏　高　路　诸正伟　曹　宇　阎祖强　董美娣
　　　　傅大煦　储晓明　鲍炳章　蔡金萍　廖志豪　滕　平
　　　　薛　渊

总报告四

四 결론

流动的中国充满活力
流动的凌云初心闪烁

田筱匀　杨海英

一个流动的中国,充满了繁荣发展的活力。我们都在努力奔跑,我们都是追梦人。

一个流动的凌云,昂扬着不断竞进的动力。我们都在砥砺前行,我们都是社区人。

近年来,徐汇区凌云街道在区委、区政府的坚强领导下,以基层党建为引领,以生态公益为抓手,以共建共治共享为依托,逐步打造以"党建引领、群团助力、企业尽责、社区保障、社会组织参与、公益力量投入"为模式的"凌距离·益家亲"党建服务体系,积极构建涵盖"红色引擎共享圈、美好生活共享圈、生态文化共享圈、公益服务共享圈、健康邻里共享圈、优才引领共享圈"的500米党建服务圈。让红色力量穿针引线,将党建资源和服务力量向基层集聚、在基层融合。社区群众因此有了更多、更直接、更实在的获得感、幸福感和安全感。对此,上海社会科学院王泠一博士曾经赋诗:"我们的家园,在你我的心坎上。百鸟在妙曼的清风中歌唱,自信在青春的生态家飘荡。老人们舒畅,那个绿主妇时尚,每一棵小草,尽情生长。"看,红色初心,闪烁耀眼的光芒,让凌云党建在这500米家园共享,多么温馨,多么阳光!

一、亮·初心:"绣花针"舞出精细化管理

凌云街道党工委、办事处深入学习贯彻习近平新时代中国特色社会主义思想和习近平总书记在上海的重要讲话精神,让"绣花针"翩翩起舞,精心

缝制"宜居凌云"的画卷。

专业"针法",匀针细线切准需求。2018年,凌云街道组成66个走访小组,分别以实地走访、座谈交流、问卷调查等方式,调研居民3.1万余户、社区六小单位648家、社会组织56家,汇民意,集民智。街道党工委书记朱龙霞、办事处主任李国荣牵头谋划有前景、可操作的工作课题,同时,街道针对居民群众反映的普遍性问题均一一认真研判提出对策,如推动化工一村148号居民楼加装电梯、梅陇十一村增建建筑垃圾库房、完善社区老年人送餐服务等,推动常态长效解决机制。

明确"图样",可操作执行与推广。全力推进完成28个居委创建无违建先进居村,并通过上海市无违街道的评审。启动417街区第一期硬件建设项目,引入社区规划师整合街区资源,科学、合理、长效规划街区建设,统一物业服务,探索组建业委会联合会和成立业委会联合会党的工作领导小组。推广"生态家园"垃圾分类先进经验,54个小区开展垃圾分类源头减量工作,3万多户居民使用了绿色账户。落实"河长制"工作要求,重点对北潮港、梅陇港沿岸实施环境整治。正式运营街道松风花园邻里汇,设立首批社区养老顾问点,全面规划布局各居民区邻里汇建设。

协同"配色",五彩缤纷相得益彰。街道、居民区、企事业单位、"两新"组织及广大党员群众携手运用不同的"针法",保持社区运行平稳有序,推动社会事业创新发展,形成社区的多元色彩。借住宅小区综合治理的深入推进,党建引领"三驾马车"同频共振,24家居民区两委班子委员和业委会成员实行交叉任职,33家业委会和15家物业公司实现党建覆盖。与复旦大学国际关系和公共事务学院刘建军专家团队开展"凌云街道社区治理新支点与新路径项目"研究,聚焦社区能人创新社区链接新支点,构建社区"能人圈",挖掘社区能人,引导社区善治。对标"一网通办",提升服务效能,社区事务受理服务中心率先在徐汇区第一家实现365天全年无休开放。按照上海市最新标准,联手区域单位上海市计划生育科学研究所,开设凌云街道社区幼儿托管点,让居民群众就近享有安全放心的幼儿托管服务。

绣花针的针法、美好生活的图样、丰富多元的配色,共同绘出凌云精细化管理的蓝图,让这片城区,更有温度。

二、汇·初心："美丽生态"创享美好生活

凌云街道以党建为引领，以"生态家·绿主妇"品牌为主线，充分发挥基层党组织在社区治理中的统筹协调功能，助力营造宜居宜业的社区生态空间，积极构筑生态文化共享圈。街道注重提炼总结基层党组织和党员在生态建设中的生动实践，研发并形成"沉浸式"的"生态情景党课"，帮助更多的党组织和党员进一步了解"党建红＋生态绿"的党建工作模式，有力拓展党建引领社区治理创新的有效途径。

首期"沉浸式"生态情景党课以"美丽生态·美好生活"为主题。党课以"我看：党旗下的绿主妇，自治共治创享美好社区""我听：三种生态守护者的声音""我行动：我志愿我参与，共同绘出美生活""我宣誓：重温入党誓词，传递红色旋律"为线索，结合垃圾分类减量、河道治理、社区营造等重点工作，以党员骨干团队为抓手，借力区域高校、社会组织等，把梅陇三村、六村、九村等小区党员公益项目有机整合，设计了"五星接力党员积分制、绿主妇·我当家、低碳生活改造家、点亮微心愿、民间河长、传承守护者、梦想的声音、环保卫士、我的秘密花园、红色·初心、学思践悟"等11个课程。由尚艳华等一批亲身参与生态社区建设的党务工作者、党员志愿者代表以及参与凌云党建和社区治理研究的专家代表授课，并借助于多媒体视听交互、情景模拟、公益践行等多元方式，展开一堂堂内容丰富充实、立意鲜明深刻的党课教学。

生态环境的提升不仅是党和国家的战略，更是社区党员群众的共同期盼。垃圾分类源头减量、绿色种植是"绿主妇"所关注的重点；查看河道水质变化，劝阻猎捕鱼幼苗等不文明行为，让水更清、天更蓝是"渔老头"的使命动力；建设"我心中的梦想花园"，把小区公共空间打造成邻里交往的会客厅，让老百姓居住的环境也能变得"小清新"，是王润珠、秦雅新等一批社区党员参与小区志愿团队的初心。各基层党组织坚定不移以党建为引领，以美丽生态社区建设为主线，团结凝聚广大党员群众参与社区自治，形成了党建带自治、自治促党建的良性循环，不仅扩展了"绿"字系小区已有品牌影响，还把基层党组织带领群众共同建设美好生态社区的工作模式连点成面。

凌云将进一步彰显"党建红＋生态绿"党建引领社会治理主基调，推动区域各级各类党组织在更大范围、更宽领域、更深层次上融入基层党建和生态型社区治理，努力形成"共商、共建、共融、共享"的共治格局，将社区生活共同体打造成情感和价值共同体。而关于习近平总书记的新年贺词，朱龙霞书记最深刻的体会是：成就是干出来、拼出来的。2019年，有机遇也有挑战，大家还要一起拼搏、一起奋斗。服务人民是共产党人的初心；而人民是我们共和国的坚实根基，人民是我们执政的最大底气。

三、融·初心："地校联动"促进共建共享

凌云街道与华东理工大学多年来积极推动地校联动，不断深化区域化党建，在社会治理创新、社工队伍培养、华理学区建设等方面，做出了很多有益探索。

共享专家资源，培养社区人才。凌云街道牵头华东理工大学与5所中小学共同成立华理学区专家顾问小组，推出"非遗进学区"等特色项目，华理学区教学新方法和培养新特色已初步形成。街道还与华东理工大学社会与公共管理学院合作推出社区工作者专业提升项目，建成青年社工实训基地。2016年和2017年分别开设青年社工研究生班，共选送20名青年社工参与华理研究生课程并研讨工作案例；2018年联手推出了"凌云街道居民区书记主任优才研修营"项目，开展社区问题诊断，合作推出8期工作坊、2期现场教学，提升了居民区"领头雁"的能力素质。

发挥专业优势，优化社区治理。成立凌云社会治理研究院，开展课题研究、建立实践基地。徐永祥教授团队参与凌云社区发展三年行动、417街区一体化建设等课题研究；何雪松、唐有财等教授团队参与社区治理研究和社区营造、街道微自治项目指导和评审等工作。2017年，凌云社区基金会成立，聘请唐有财教授担任理事长；2018年，"上海公共经济与社会治理研究中心基层实践点"在凌云挂牌成立，成为链接院校与社区的新平台，推进社区治理的理论研究与创新实践的相互转化、相互运用。

深化地校共建，发展社会事业。凌云街道党工委、农工民主党徐汇区委和华东理工大学以中心组联组学习的形式，进一步增强互学互访。每年，凌

云街道联手学校统战部,在聚陇·统战之家、壹街坊·统战之家、大学图书馆等,举办社区统战人士书画展。定期向华东理工大学少数民族学生帮困助学、与学校统战部举办统战人士联谊会等。凌云街道与华理科技园签订框架协议,成立华理创业孵化基地,凝聚科技创新创业人才。在2018年"凌云家韵"最美家庭诗歌朗诵分享会上,"云融之家"代表、华东理工大学资环学院副教授孙泽家庭"舍小家、为大家"的故事感人至深,他为国家盐湖资源开发、科技发展和祖国繁荣尽力,诠释了无私奉献的新内涵。

凌云街道与华东理工大学,还将合作成立"陇上BOOKS·党建服务站",打造区域党员、白领青年、社区居民书香"悦"读的新地标;探索选拔华理大党员师生到居民区党组织任职,让象牙塔里的党员走进社区;同时,在科技人才服务、优化营商环境等方面加深协同,立足凌云,放眼徐汇,进一步促进人才共育、平台共享、合作共赢。

四、暖·初心:"金色凌云"闪耀晚晴绚烂

"人间重晚晴,图报三春辉。春华秋实后,小草尚翠微。风雨护坡堤,草木成荟萃。为有宿根在,荣枯心无悔。"——凌云街道离休干部林凤骥与党同龄,于95周岁寿辰之际做诗一首。

凌云街道"金色凌云工作室"成立于2013年7月,构架了"街道关工委统筹、社区党建办和社区党建服务中心推进、各居民区协同"的运作模式,汇集了一批热心公益服务和乐于奉献的离退休干部、社区退休党员老同志和从不同领导岗位上退休的志愿者,肩负起"六大员"职责,在服务高龄离退休老干部、推进社区关心下一代工作、参与大走访大调研和投身社区公益志愿项目中,发挥自身余热,传递红色主旋律。

不忘初心,忘年龄。每年暑期,工作室志愿者走进爱心暑托班,开展革命传统、家风家训、法制宣讲等主题活动,用自己的光和热,陪伴着社区青少年健康成长。2018年,工作室志愿者先后参加各类暑期活动300余人次,社区青少年累计参加近5 300人次。每逢重大纪念日,通过开展讲好红色故事、阅读红色经典、参观红色基地等丰富多彩的主题活动,引导社区青少年传承红色基因、感受信仰的力量、争做新时代好少年。

不讲收益,讲奉献。工作室的不少志愿者都以自己的实际行动,尽己所能,奉献社区,"愿做贴心人、干事接地气"。林凤鷴老同志虽年事已高,却一直希望有生之年能"反哺"社会,向凌云社区捐款10万元资助困难学生。"殷老师义务理发工作室"的带头人殷光鑫早年在部队学了一手过硬的"理发功夫",退伍后从学校再到社区,坚持为社区老干部、老党员、老劳模提供免费理发服务,屈指算来已53年。70岁的王永更,在社区内乐于助人,是名副其实的"既能修大船,也会拍小照"的公益"民星"。

不求私利,求公心。工作室积极主动帮助居民在思想上解惑、精神上解疑、生活上解困。长陇苑的离休老干部高海山2007年始自发组织读报小组,帮助"报友们"开阔眼界,还与时俱进地玩起了"互联网＋阅读"新模式。70岁的李梅林以良好的沟通方式和群众基础,在梅陇五村牵头组织开展楼道党建,"高层睦邻点"活动有声有色。居住在梅陇四村的志愿者王柳英,积极带领老党员们参与创建全国文明城区行动,等等。

莫道桑榆晚,为霞尚满天。"金色凌云工作室"凝结着广大离退休干部的辛勤付出,也凝聚起越来越多的正能量。其先后被授予上海市离退休干部先进集体、全国关心下一代工作先进集体、上海市关心下一代工作先进集体等称号。

流动中的凌云,这一颗颗初心在闪烁,是澎湃的激荡,是信念的坚守。

奔跑中的我们,那一步步前行与追梦,是奋斗的幸福,是美好的永恒。

我们,都是社区里的追梦人。

追梦,既要在真覆盖上见真章。始终以提升党组织的组织力为重点,注重党组织作用的发挥、功能的强化、实效的提升,切实增强党组织的吸引力。不断深化"凌距离·益家亲"党建服务体系,逐步形成"菜单式管理、链条式对接、区域内打通"的一体化态势,不断扩大组织覆盖、服务覆盖、活动覆盖,打通最后的神经末梢,感受时代跳动的脉搏,让红色的血液真正"活"起来。

追梦,也要在重质量中重成效。基层党建引领社会治理要在更直接、更现实的获得感方面去深化和提升,以党的建设贯穿基层治理、保障基层治理、引领基层治理,凝聚人心、汇聚优势。不断深化涵盖"红色引擎、美好生活、生态文化、公益服务、健康邻里、优才引领"六大共享圈的500米党建服务圈工作能级,加强人民群众的广泛参与,促进各类组织的积极协同,努力构建起具有凌云特质的"区域统筹、条块协同、上下联动、共享共建"的城市基层党建新格局,共同下好基层治理的这盘棋,让治理的难点变亮点,书写好百姓期待的民生答卷,让"宜居凌云"的梦想成真。

新时代,我们不忘初心,牢记使命。

新征程,壮志凌云奋力,永不停歇!

(作者单位:中共徐汇区凌云街道党工委)

总报告五

杨浦区养老护理员队伍建设的问题与对策

上海市人大代表专题调研组

为了更好地开展养老服务工作,上海市人大杨浦代表组第一小组与杨浦区民政局、上海社会科学院合作,于2018年6月—9月联合进行了养老服务工作专题调研。以下为杨浦区养老护理员队伍建设的成绩、问题与对策的专题调研报告。

一、基本背景

当前,杨浦区户籍人口年龄结构已进入深度老龄化阶段。截至2017年年底,全区60周岁及以上户籍老年人口达37.6万人,占全区户籍人口的34.9%;80周岁以上老人6.56万人,占60岁及以上老年人口的17.4%。预测"十三五"末全区户籍老年人口将达43.17万人,届时老龄化比重可能超过37%。由于杨浦区老年人口规模将在2025年达到峰值,因此,养老服务需求还将不断增加,养老护理员队伍的专业化、职业化、稳定化要求与压力也将长期存在。现阶段杨浦区养老护理员队伍建设还面临着以下主要问题,其深层次原因也需深入探究与讨论。

二、主要问题与原因

(一) 主要问题

1. 供需缺口大

杨浦区民政局提供的2017年基本数据显示,护理员人数为1 448人;入住老年人数为 6 669 人。由此可知,杨浦区的机构养老护理员与被护理老年人数之比为 1∶4.6,国际上通常的标准则为 1∶2 或 1∶3,养老服务的供需缺口比较明显。

2. 队伍不稳定

杨浦区养老机构一线护理人员中,能长期从事该项工作达 5 年以上者的占比偏低,多数人员在此岗位上工作不满 5 年便流失,养老护理员队伍的稳定性亟待提高。最近 5 年数据显示,每年都有相当数量的养老护理员在经过杨浦区社会福利院的专业培训并获得相关资格证书后离开该岗位,转而从事其他工作。

3. 专业水平低

将近九成护理员的学历在初中水平及以下,其中小学及以下学历者占比近四成。客观上制约了养老护理员学习与掌握不断更新的养老服务与护理技能,造成整体服务专业化水平偏低的客观局面。从整体来看,六成以上的护理员仅持有上岗证作为其技能等级的证明,被服务老年人的用户体验也还有很大的改善空间。

(二) 原因分析

1. 劳动强度高

养老护理员每天凌晨起床,不停歇地忙到晚上,工作时间 12 小时。这样高强度的状况不仅是纯粹的体力劳动,而且需要具备一定的医学基础知识和护理技能,同时掌握心理慰藉方面的技巧,因此不是所有人都能承受并且能够胜任的。

2. 收入水平低

杨浦区养老护理员的收入水平偏低,一线护理人员收入基本在 4 000～5 000 元/月。该收入水平与住家保姆的收入水平相当,而住家保姆仅需为一个家庭中的 1—2 名老人提供服务,其工作强度不可同日而语;队伍稳定性难以保障。

3. 社会地位低

由于社会观念与认知的滞后,养老护理员工作处于"本地人不愿干,外地人不愿说"的困境之中。就户籍构成而言,2017 年全区 1 448 名机构养老护理员中,上海本市户籍者仅有56人,占比仅3.87%;外省市户籍者占绝大多数,为1392人,占比高达96.13%。由此可见,上海本地人极少愿意从事该项工作。

4. 长护险冲击

长期护理保险的试点实施对机构养老护理员队伍与居家养老服务员队伍的稳定性都造成了一定程度的冲击,相当一部分护理员因此而转换到长期护理站从事相关服务与护理工作。长期护理保险试行阶段,由于政策衔接与整合方面的不足,对机构养老与居家养老服务队伍的稳定性形成冲击,改革进程还需不断完善。

三、对策与建议

(一)待遇提升:入职补贴,配套激励

1. 结合最低工资标准、社会平均工资水平、工作强度与难度、岗位供需情况等多方面因素综合制定行业指导性工资标准,逐步提升行业内市场价格,以不低于社会平均工资水平作为养老护理专业人员的薪酬待遇提升目标,以增强行业吸引力。

2. 将养老护理员岗位纳入公益性岗位给予适当补贴,这也是发达国家普遍采用的政策手段。就配套激励而言,要探索建立与业务技能水平相匹配的收入增长机制。对取得养老护理职业资格初级及以上等级证书,并在本养老机构服务一定年限(如:1年以上的护理人员,应给予护理岗位专技人员奖励)。

(二)政策倾斜:改善环境,积分落户

1. 住房政策优惠

(1) 探索完善人才公寓政策,由民政和人社部门制定相应标准,建立养老护理人才库,入选者在上海没有住房的,可通过用人单位申请租房补贴,入住人才公寓,由此缓解养老护理人才紧缺局面。

(2) 对于一线养老护理员,如果夫妻双方都从事养老服务行业,工龄满若干年后,可通过用人单位申请租房补贴,或在申请公租房的租金方面享受

一定优惠。通过政策倾斜使养老护理人员有安定的居所也是稳定当前护理专业人员队伍的一大要素。

2. 积分落户政策优待

积分落户制度对人口规模的调控功能应体现为"合理疏导,有进有出"。一方面吸引并接纳高素质、紧缺型人才(如:科技、金融、教育等行业的高端人才)以及维持城市日常运行所必需的基础行业从业人员(如:环境卫生、养老护理等行业的从业人员)优先落户,另一方面则合理引导农业转移人口中从事其他普通行业的劳动者向周边地区流动、落户,以特大城市为中心,带动周边城市群联动发展。根据《上海市居住证积分指标体系表》的规定,加分指标中,可加分的特定公共服务领域仅限定为"环卫领域",在该领域就业满5年后开始计入总积分,满1年积4分。结合上海人口老龄化与高龄化的快速进程,建议将养老护理领域也纳入特定公共服务领域,作为居住证积分指标体系中的加分指标,使广大一线养老护理员有更多机会实现积分落户,在上海的养老护理行业真正扎下根来。

(三)制度衔接:平衡长期护理保险

在推行长期护理保险试点实践的过程中,要注意做好政策衔接、整合与相应的补贴工作,保障机构养老护理员、居家养老服务员与长期护理站的护理员实现同工同酬,维护养老服务市场的全面稳定。对于机构养老护理员,要做好劳动权益保障工作,使其在完成与长期护理站护理员同样内容与要求的护理工作后,也能获得相同的服务费收入。建议这部分费用的计发方式在长护险试点过程中进行调整,统一通过养老机构或长期护理站发放给护理员,保障两类护理员同工同酬。同时,也可借鉴海外有效的长期护理津贴制度,采用多种补贴形式进行发放。

(四)技能优化:学校委培,在职培训

优质的养老护理服务需要经过专业的学习与培训才能达成,为提高养老护理人员的服务技能,应当双管齐下,将学校(委培)教育与职业(在职)培训充分结合。就学校(委培)教育而言,其目标是使学生经过若干年的系统学习,掌握专业化、高技能的养老护理知识,成为理论与实践、护理与管理相

结合的养老护理人才。在当前养老护理专业人才队伍急需充实的形势下,杨浦区不断探索与拓展的定向委托培养是一条行之有效的促进策略。就职业(在职)培训而言,其目标是对有意从事养老护理与服务领域的非专业人士提供岗前培训与在岗期间不定期的技能培训,并通过职业资格考试而获取相应等级的技能证书,帮助其不断提升自身的服务能力和综合素质。政府对养老护理员的职业(在职)培训应予以大力支持,通过大量财政补贴减轻养老机构与护理人员的培训成本负担,使其更积极、更充分地接受各类职业培训,提高服务技能。

(五) 地位提高: 荣誉表彰,人文关怀

对优秀养老护理员进行荣誉表彰是提升养老护理行业社会地位与职业认同的有效措施。2017年,由市老龄事业发展中心主办、市社会福利行业协会承办的"寻找最美养老护理员"活动在全市范围内层层筛选,产生了首批50名最美养老护理员,并给予了表彰奖励。2018年,为深化促进活动意义和影响,又组织该50名"最美养老护理员"开展多种形式的学习交流活动,旨在为他们不断搭建学习平台,创造展示自我风采的舞台,使每位养老护理员都成为知识的接收者、受益者和传播者,进一步提升了他们的养老护理技能和综合素养;也更进一步发挥出标杆示范的引领作用,做到由点及面、辐射带动,从而推动整体养老护理员队伍能力素质提升。市级层面的评选活动经验值得借鉴推广到区级层面,建议今后定期在全区范围内开展"最美护理员"评选活动,同时将类似评选活动向下延伸至街道、居委层面,使更多的养老护理员获得职业认同与社会荣誉。同时,还要给予其广泛的人文关怀,使其感受到工作岗位与工作单位的温暖与凝聚力。

(六) 队伍壮大: 立足本区,挖掘潜力

在巩固与扩大现有养老护理人员两大主要来源(即:外省市来沪务工人员与养老护理专业院校毕业生)的同时,也要立足本区,挖掘潜力,进一步扩大养老服务人员队伍的来源渠道。例如,鼓励卫生专业技术人才转岗养老行业,鼓励家政服务人员、医院护工和本区城镇就业困难人员从事养老服务,鼓励退休医务工作者、身体健康的低龄老人参与提供为老服务,鼓励本

区全职主妇利用家务闲暇时间弹性从事养老服务工作,等等。通过多渠道开拓,结合本区实际不断扩展壮大养老服务人员队伍,以满足老年群体的服务需求。

杨浦区市人大代表专题调研组
召集人:于信汇、明 依
成　员:王亿书　王秋月　毛　放　方守恩　左卫东　宁　斌
　　　　吕奕昊　李竹影　李跃旗　吴　敏　沈美兰　周　梅
　　　　郑元湖　施　超　姜　南　洪　冲　焦　扬　谢吉华
　　　　廖国勋

总报告六

社会责任视野下的环卫行业品牌建设实践

倪军民　王雪梅

上海环境物流有限公司(以下简称"公司")隶属于城投集团环境实业公司,是一家以政府采购为主,承担着上海市70%城市生活废弃物水上清运服务的准公益性国企,履行着确保城市公共环境安全运行的社会责任。公司秉承"精诚服务,奉献社会"的企业价值观,主动承担社会责任,丰富企业品牌内涵,恪尽职守,兑现了"城市因我更靓丽"的庄严承诺,保障了城市生活垃圾的日产日清和城市公共环境的安全运营,在上海环卫运营史上浓墨重彩地书写了精彩的一页。

一、社会责任视野下的现代环卫行业品牌建设背景

(一) 履行社会责任加强品牌建设,是适应上海生活固废集运化建设的迫切需要

尤其是2010年开始,公司提出以现代企业文化建设为载体,以履行社会责任为核心,转换职工内在思想,确保集散无缝衔接,推动企业转型发展,社会责任视野下的环卫行业品牌创建活动应运而生。

(二) 履行社会责任加强品牌建设,是保障双优管理服务的必然选择

为进一步提升企业创新能力和发展能级,实施优质服务,强化优质管理,提供人才支撑,加强团队建设,打造社会责任视野下的环卫行业品牌成

为必然选择。

（三）履行社会责任加强品牌建设，是应对上海生活固废清运"一体化"发展趋势的必备条件

对标上海2040全球卓越城市的目标，对接垃圾处置分类要求，紧紧围绕"全产业链"发展的中心任务，持续推进社会责任视野下的品牌建设成为公司应对"一体化"发展趋势的必备条件。

二、创建社会责任视野下行业品牌的主要做法

（一）基于城市公共环境运营安全，打造服务品牌

1. 坚持生产运营精细化管理

以一线班组为单位，实施精细化管理模式。公司将班组建设工作分解、落实到班组的每个成员身上，建立人人参与的班组考评机制，使班组建设事事有人管、人人有事做，调动职工参与创建的积极性。年终实行全面综合考核，考核成绩与各分公司的党政班子人员的绩效挂钩，把责、权、利三者有机融为一体。

2. 强化集运信息化建设

通过充分发挥GPS全球定位系统、AIS海事监控系统、船用甚高频对讲系统、远程作业监控系统、OA办公系统、船员出勤考勤系统等技术支撑作用，全过程控制作业现场，提升安全生产管理能力。在完善集运信息化和环境实业生产调度信息系统的基础上，以徐浦、虎林基地为核心，加大集运运营信息化建设，由RFID识别系统、GPS、视频监控、无线通信、数据库等技术手段做支撑，通过将大量分散、孤立、重复的数据有效整合在一起，实现生产运营信息共享、有序和实时化。

3. 建立集装化运输服务标准体系

在包括服务通用基础标准、服务保障标准、服务提供标准三大类共计186项子体系的基础上，环境实业公司针对具体岗位操作问题，又补充制定209项岗位"作业指导书"，打通了标准执行的"神经末梢"，使之成为上海乃

至全国垃圾集运化运输行业首次申报的服务标准化体系。目前,标准化建设工作已通过市级验收,正在积极筹备国家级预验收。

4. 完善生产运营应急处置机制

针对水闸封航、焚烧厂应急抢修、亚信峰会等突发或特殊情况,修订完善公司生产运营应急预案。统筹协调,内部挖潜,成立生产运营指挥中心,通过信息化手段,综合分析中转、压缩、清运任务,合力调配集装箱、桥吊、集卡、船舶,提高集装箱、船舶周转率,减轻码头堆箱压力,做到统筹调度的灵活性、科学性和合理性的有机统一,有效保障了"急难险重"情况下的日产日清。

(二)基于集运技术发展瓶颈破解,打造绿色品牌

1. 多措并举,建设环境管理体系

公司从2001年起建立了环境管理体系,确保达标排放。安装喷淋设施,做好垃圾扬尘处置。委托专业队伍,做好除臭灭蝇工作,保证作业环境达标。同时,接受环保部门监测,上海市废管处每天对两个作业码头的作业现场、臭气排放等进行检查、监测、打分,发现问题,及时整改。针对船舶油污水、生活污水等,通过有资质的单位集中抽取、处理、排放。

2. 五费承包,实施节能降耗

公司全面执行"五费承包"办法。以每艘船为单位,给定年度包干修理费、保养费、材料费、航修费、燃油费,以1年为考核期,以对节超费用按比例奖罚的形式,做好船舶运营过程中的成本控制。积极做好燃油剂的使用工作,引进上海复旦大学研究发明的节能剂,降低柴油的消耗。通过4项举措,对燃油的消耗进行管理控制:

(1)对全公司范围内的船舶开展经济航速运营,降低船舶燃油消耗。

(2)加大船舶清仓力度,减少回头货,同时适当增加集装箱装载量。

(3)实行燃油节约奖励机制,提高职工节油意识,降低燃油消耗。

(4)制定船舶燃油的消耗量,指导船舶合理管理和使用燃油,严格操作规程和规范,提高船员操作技能。

3. 科技攻关,提升环保形象

(1)运用新技术,改善原有设备

在原有船舶的改造改进上,通过选择更优质的材料,给船舶安装螺旋桨

导流罩或进行螺旋桨削边,以增加船舶螺旋桨推进效率;加装燃油降本增效剂,改善燃油燃烧性能,降低船舶燃油单耗;淘汰老龄船舶,使用性能优越的斯太尔主机;船舶燃油使用乳化油,降低排放。

(2) 建造新设备,提高工作效率

推行大吨位船舶建造使用,使转运单耗降低,促成降本增效。针对二代集装箱,每月对其进行检测,进一步了解其规格和各项参数,查看箱体总体框架是否平稳,箱体密封性是否良好,为今后集装箱改造提供数据支撑。

(三) 基于社会责任履行的常态长效,打造文化品牌

1. 建立社会责任视野下的企业品牌建设管理体系

公司在总结多年来可持续发展的实践和经验基础上,提炼出"精诚服务,奉献社会"的企业精神和"城市因我更靓丽"的主题理念。系统构建社会责任体系,成立社会责任委员会,下设员工、经济、诚信、社会、环境等5个推进小组,负责社会责任体系框架下各专业领域的具体推进工作,形成以分类管理为主、分层管理为辅的体系。建立机构完整、权责明确、运转高效的社会责任推进组织体系;建立社会责任绩效评价体系,加强社会责任激励约束机制建设;定期编制和发布社会责任报告,全面提升运营透明度,建立良好的利益相关方关系。

2. 编印《履行社会责任规范制度汇编》

在常规性履行社会责任的同时,公司深入思考和探索履行社会责任的做法,总结编印《履行社会责任规范制度汇编》,形成社会责任履行的长效管理机制。汇编分为总则和分则两大部分。总则囊括了制度编写的指导思想,编写原则,社会责任的定义、内涵。分则从道德规范和行为准则、环境保护、公益活动、联建共建、社会贡献等5个方面,作出详细规定,确保了制度的可操作性。

3. 通过主题实践提升企业品牌知名度

(1) 拓展阵地,加强文化建设

在《环境之窗》、OA办公网络等传统方式的基础上,充分利用新媒体短、平、快的优势,全面开拓新媒体宣传阵地,先后新建"物流e家""徐浦家园""徐浦基地青春飞扬""虎林伐木嘞"等微信公众号。推出在《线微党课》《朗

读者》等广受党员群众好评的系列栏目。加大外宣力度,发挥宝山电视台等主流媒体作用,加强企业品牌建设,提高企业知名度。

(2) 精细服务,展示文明风采。在积极参加上海市文明单位创建活动,持续开展"3·5"学雷锋、志愿者服务月活动,连续30多年在大连西路街道开展为民服务活动之外,还在华泾镇、东湾小区、庙行街道等地开展系列为民服务活动。在梦清园、中山公园等地开展志愿者服务月活动。发挥科普教育基地作用,进公园、入社区,加大垃圾分类等环保知识宣传力度。2016年,虎林基地发挥集运信息化功效,在垃圾堆里帮助市民寻回3万美元的事迹,先后被中央电视台等各大媒体争先报道,为精神文明创建工作涂上了浓墨重彩的一笔。

三、社会责任视野下的环卫行业品牌建设成效

1. 拓展市场,提升了企业的核心竞争力

社会责任视野下的企业品牌建设,实现了生产运营过程中社会责任与品牌打造的良性互动,从而引发聚合效应,提升了企业的市场运营份额。伴随着生活固废集装化运营模式的实施,公司下属徐浦、虎林基地凭借设备现代化、操作规范化、作业信息化、管理精细化,引领了国内生活固废运输处置的科技品牌。两大基地履行环保知识宣传教育的社会责任,每年接待从中央到地方政府部门和社会居民约3 000人次的学习参观,并受到主流媒体的广泛关注,扩大了社会影响力。在这种背景下,近年来,公司对于嘉定区惠平路码头的整治垃圾、松江及徐汇区湿垃圾、滨江码头装潢垃圾等运营业务的承接,更是成为公司加强社会责任视野下品牌建设成效的有力证明。尤其是2016年,太湖和海门偷倒垃圾事件曝光后,公司以强大的社会责任,吸引了长宁区湿垃圾的运营处置任务。

2. 夯实基础,推动了企业管理的科学化

积极开展社会责任视野下的企业品牌建设,推动了科学管理的步伐。近年来,公司把精细化、标准化作为日常抓安全、抓服务的有效载体,提高安全运营管理的素质和能力,使管理的"柔性"与标准的"刚性"有机结合,进一步提高了安全运营保障能力。对标GB/T 29590《企业现场管理准则》、

QHJSY 01003－2015《上海集装化运输服务标准体系自我评价与改进管理规定》,形成了以巡查慰问制、设备巡检制、安全综合检查制为内容的现场管控机制,两大基地质量管控能力进一步强化。

3. 累结硕果,扩大了企业品牌的影响力

主动承担社会责任,努力丰富品牌内涵,是提升品牌价值和影响力的重要途径。公司通过社会责任视野下的企业品牌建设,进一步激发了广大职工的工作热情和创新动力,各项工作成效突出,"亮点"纷呈。近年来,公司多次荣获全国"安康杯"竞赛优胜单位、全国交通建设系统"工人先锋号"、上海市文明单位、上海市立功竞赛先进集体、上海市"安康杯"竞赛优胜单位、上海市平安示范单位、上海市学习型企事业单位、上海市企业文化示范基地、上海市青年文明号等荣誉称号,企业品牌建设硕果累累。公司在文明单位创建、社会责任履行等方面的工作经验,还被收录在上海社会科学院出版社出版发行的《2014年上海市精神文明发展报告》《2014年上海民生发展报告》中,有关做法被国资委《企业与文化》杂志刊登,进一步提升了企业的社会影响力。

(作者:倪军民为上海环境物流有限公司党委书记;王雪梅为上海环境物流有限公司党群部主任)

城市温度篇

上海完善托幼公共服务体系的调研与建议

闵行区市人大代表专题调研组

我国在《国家中长期教育改革和发展规划纲要(2010—2020年)》中明确提出了"积极普及学前教育""重视0～3岁婴幼儿教育"等发展任务,着眼于构建服务于大众的儿童早期发展公共服务体系。调研中发现以下问题:

一、上海婴幼儿公共托幼遭遇的瓶颈及问题

(一) 0～3岁托育问题

1. 已有顶层设计,具体实施有待各区探索和完善

2018年4月28日,上海市人民政府发布了《关于促进和加强本市3岁以下幼儿托育服务工作的指导意见》,旨在促进本市3岁以下幼儿托育服务工作健康有序发展。同步,上海市人民政府办公厅发布了《上海市3岁以下幼儿托育机构管理暂行办法》,16个委办局联合发布《上海市3岁以下幼儿园托育机构设置标准(试行)》。这一系列地方性法规的出台,为上海规范3岁以下托育服务工作提供了有力的政策保障,属于民生领域的重大创举。新政出台后,各区都在积极试点实施,各相关部门也都在熟悉文件和标准的过程中。

2. 民办早教机构良莠不齐,处于监管的灰色地带

当前,社会上已经存在的民办0～3岁早教机构是一个监管的灰色地带,这些机构以培训机构的资质申办,但私自开设了全日制或半日制托班,从业人员也不符合资质。这些已经存在的早教机构,到底是按照新政标准需要

重新审批,还是不符合标准的直接关闭,在新政中都没有明确规定,因此这类早教机构目前处于无人监管状态,亟须出台更加明确的文件加以整治。

3. 目前产假、哺乳假等政策不利于家庭承担托育职责

第六次全国人口普查数据显示,上海常住人口中女性为1 116.43万人,占比48.5%。其中16～54岁女性劳动力人口为751.98万人。但是目前128天的产假和每天1小时的授乳时间(1小时的授乳时间甚至连路上来回都无法完成),实在无法满足职业女性养育0～3岁孩子的需求。如果家中没有长辈支持,这些家庭将只能面临"辞职在家带孩子"或"高薪请保姆带娃"的境况。

(二) 3～6岁学前教育问题

1. 学前教育立法亟待推进

虽然2010年国务院颁布了《关于当前发展学前教育的若干意见》(俗称学前教育"国十条"),但这些条例、规程和意见仅仅是一些行政规定,缺乏法律的权威性和约束力。在《中华人民共和国教育法》所规定的4个独立学制阶段,即学前教育、初等教育、中等教育、高等教育中,国家已分别制定了《义务教育法》《职业教育法》和《高等教育法》。到目前为止,只有学前教育阶段尚未立法。

2. 学前教育资源亟待优化

上海3～6岁学前教育资源总量基本能满足适龄幼儿的入园需求,但区域性矛盾依然突出存在。究其原因主要是:部分区域仍然存在公建配套幼儿园缺配缓配现象;人口增长密集区的幼儿园规划配置无法满足人口增长速度;区域产业结构调整带来入园需求的增量;优质幼儿园数量还不能满足老百姓需求;个别地区公办幼儿园与民办幼儿园比例不合理等。为了解决入园矛盾,部分幼儿园出现超班额数、超规模数的现象,给幼儿园的安全卫生工作带来很大隐患。因此,学前教育资源仍需不断挖掘和增加,以满足老百姓对接受优质均衡学前教育的需求。

3. 幼儿园教师待遇亟待提高

(1) 幼儿园专职教师绩效工资与小学专职教师绩效工资差距越来越大。刚开始实施绩效工资时幼儿园教师的绩效工资稍低于小学教师,全年低

0.16万元,但从2015年开始就逐年拉开差距,2015年低0.58万元,2016年低1.01万元,2014—2016年3年累加幼儿园教师的绩效工资比小学教师少了1.75万元。

(2) 幼儿园教师流失情况严重。为解决公办幼儿园教师缺编问题,很多幼儿园聘用临时教师,造成非编教师工资远低于在编教师,同工不同酬现象非常严重。幼儿园教师的专业要求高,工作压力大,从而造成师资匮乏、招聘难、稳定性差等问题。

二、对策及建议

(一) 0~3岁托育工作的对策及建议

1. 试行自由产假制度,支持职业女性承担0~3岁育儿职责

建议可以采取"自由产假制度",把选择权抛还给职业女性自己,可以选择"冒着职场更加不利的风险"长假在家养育孩子,也可以选择只休息基本的128天产假,甚至不休产假。"自由产假制度"意味着产假不再是一个固定的产假时间,可根据自身的情况和需要进行选择。但是"自由产假制度"并不是可以无限期地休假,最长休假为3年。这有助于婴幼儿成长,有利于减轻母亲工作、育儿、家务的三重负担,使单位不因"妈妈职工的分心"而降低工作效率。

2. 探索依托社区的0~3岁婴幼儿托育服务供给体系

积极发展和完善托幼体系,特别是3岁以下婴幼儿的托育服务是缓解家庭压力,激发生育意愿最重要的社会支撑之一。在托育资源紧张、供给严重不足的情况下,以一个社区为服务半径,鼓励社会力量参与,建立托育服务机构,将家庭隔代照料纳入社区服务网络中,为家庭提供全日制、半日制、计时托管、假期托管、夜间托管等多形式的服务,形成就近托育、形式多样的服务供给体系,满足不同层次、不同家庭的托育服务需求,从而有效解决0~3岁婴幼儿的托育问题。

3. 以设立托育专业人员资格为抓手,加快培训合格人才

整合现有的育婴师、保育员、家庭教育指导师等资格证为统一的"婴幼儿托育师"资格证,通过规范的培训鉴定认证体系,做到统一标准、统一培

训、统一考试和统一质量控制。"婴幼儿托育师"要具备婴幼儿身体照看、儿童早期教育知识和实际操作能力,该资格证获得者将有能力服务于不同的婴幼儿服务机构,包括托育机构、家庭服务和儿童社会福利机构等。同时也可以吸引更多的社会人员,如全职妈妈等通过统一考试获得资格证,以迅速壮大托育人才队伍。

(二)3～6 岁学前教育工作的对策及建议

1. 资源配置要更加注重使用效益

(1) 高标准落实公建配套

新建的公建配套幼儿园,要严格执行房产开发和教育配套同步的政策,由幼儿教育行政管理部门和新建幼儿园所在地的幼儿园园长参与幼儿园的设计、功能配置和验收,严把工程质量关,高标准落实公建配套。对公建配套缺配、缓配的地区,相关部门应尽快督促规划建设。

(2) 及时增建配套幼儿园

将资源紧缺地区作为重点,尽快规划和建设,扩大托幼资源总量,力求为每一位适龄幼儿提供符合市颁标准的学前教育资源。

(3) 盘活区内学前教育资源

通过改建扩建、校舍置换、校舍拆并、将挪作他用的托幼园舍收回等方式,增加学前教育资源,扩大幼儿生均使用面积。

(4) 提高教育资源使用效益

面对学前教育资源均衡配置难度大的状况,不仅需要加强对学前教育资源的统筹管理,提高学前教育公共服务的覆盖面,更要树立绩效管理理念,从注重教育资源覆盖的广度向注重教育资源使用的深度转型,强化学前教育公共服务职能。

2. 提高幼儿园教师的福利待遇

幼儿园教师绩效工资福利待遇普遍偏低,致使大部分幼儿园师资力量匮乏,整体质量不高,文化层次参差不齐。这一问题如果不能尽快得到解决,无疑将会影响幼儿教师队伍整体素质的提升。因此建议:

(1) 出台激励幼儿教师的绩效工资政策,提高幼儿园教师待遇

学前教育虽不是义务教育,但也是基础教育的重要组成部分。为此幼

儿园教师绩效工资分配政策的建立必须更好地体现幼儿园教师的实绩和贡献,为更好地发挥激励功能提供制度保障。以政策保障留住优秀教师,吸引优秀人才乐于从教、终生从教,改变幼儿教师严重缺乏的局面。

(2) 同工同酬,取消编制内外教师待遇差异

建议以"同工同酬"为原则,按照在编教师的待遇,采取购买"岗位"的办法来补充教师,确保教师"进得来,留得住"。

(3) 维护民办幼儿园教师权益

民办幼儿园已占据我国幼儿园半壁江山。有调研发现,民办幼儿园教师月工资水平虽略高于公办幼儿园临聘教师,但多数民办幼儿园为降低工资开支,规避劳动合同法的制约,与教师按1年或1学期签订合同。对于按学期签合同的教师,实际每学期仅支付5个月工资,全年10个月工资。所以要把民办幼儿园教师待遇纳入幼儿园师资建设总体规划和政府监管体系中。

闵行区市人大代表专题调研组

召集人:庞　峻　严宏强　张玉金　汤静波　唐曙建

成　员:周　波　姜斯宪　刘晓云　赵　奇　朱芝松　倪耀明
　　　　庞　峻　徐　枫　叶必丰　冯　昕　严宏强　吴建雄
　　　　张玉金　宗文波　钱雨晴　徐乃刚　董建福　汤静波
　　　　唐曙建　丁业荣　于广辉　马志刚　王忆卿　王家根
　　　　尤登飞　卢　羿　卢国庆　吉玉萍　曲　峥　朱　虹
　　　　阳　虹　李　俊　李　腾　李守白　何曙光　余　梅
　　　　余国强　陆忠明　陈　峻　胡建忠　姚海嵩　袁家勤
　　　　贾开京　顾　昊　奚漕章　唐玉光　陶璐娜　鲁　杰
　　　　童丽萍　袭名华

留学生崇明行：零距离地感受上海温度

要 英

2018年11月18日，复旦国际文化交流学院43位本科生在学院的精心策划与组织下，由任重书院2018级导师袁斌老师、吴金利老师，院办吕瑞卿老师，2017级辅导员梁宇欣等带队，开启了为期一天的崇明行。师生们乘坐大巴穿越2010年建成并通车的世界上最长的隧桥结合工程——长江隧桥，饱览细雨中车窗外飞驰变化的长江烟波浩渺之景色，来到生态环境优美的中国第三大岛——崇明岛，进入崇明岛最西边的绿华镇华西村，进行社会主义新农村的考察活动。

一进华西村，满眼是无边的良田、纵横的果园、静谧的小路，一座座相隔甚远的整齐的村居小楼，房前屋后，雨中耀眼的橘子鲜亮鲜亮地挂在绿树枝头，很是诱人。淳朴的华西村民在华西村陈书记带领下，在村委会门口笑脸相迎，我们感觉来到了世外桃源。旋即师生被分成7个小组，被主人领进7户农家体验最真实的农村生活。跟村民拉家常，我们最大的感慨是城市化进程太快，华西村里的青壮年大多移居上海发展，只留下2层小楼住宅和自家农田、继续跟土地打交道的老人，因为分散经营也很难牟利，土地规模化经营已呈燎原之势。我和几位留学生一起，与接待我们小组的两位善良热情的老人在宽大古朴的厨房一起做饭，吃热气腾腾的丰盛的农家菜，还一起畅饮一杯又一杯的驱寒的黄酒。醇香的黄酒下肚，腼腆的男主人话匣子打开，兴致勃勃地告诉我们，自己刚去上海卖自家栽种的橘子，顺便到在上海扎根的儿子家探望，共享天伦之乐，为接待我们才特地赶回来。老人知足又幸福的表情生动地刻在我们心间，以下就是2018级汉语言专业文化方向本科生用汉语对此行的记录与感言。

一、中尾美穗(日本):村委会是个好体制

通过访问崇明岛,不仅了解了中国农村的饮食文化,还深刻了解了中国农村的福利与体制。我认为,其他国家特别是日本政府也要在这方面学习中国,改善现状,以减少老人孤独死亡的情况。这次的活动对我来说成了一个深刻的体验。

(一)关于农村住宅的印象

这是我第一次到中国的农村,一到崇明岛的农村家里,眼前的景色就把我的那种很土的印象一下子打破了。一座2层的大房子,1楼有2个客厅、2个大房间、2个卧室,2楼有1个大客厅、4个大卧室,外观都很不错,房前的面积也大。实际上对我来说真的是一个理想的房子。我随意问了房主:"我可以买这房子吗?"他的回答是:"你是买不到的。"在谈话中我才知道,这些房子都是村委会分配给农民的,甚至,现在的乡村家的经济水平或环境并不比城市差,有的地方反而还比城市好。

(二)关于农村的几个福利方面的问题

我们从房主的回答中了解了"农村的福利方面比城市好"。比如,日本的老年人,不管城市或者农村,老年人退休后的收入只有养老金,城市和农村的养老金也并没有很大的差距。但中国的农村是不一样的。农村的大多数老年人除获得养老金以外还能得到一些政府发给的补贴。所以我觉得中国的政府在农村的福利方面施行得很好。

(三)崇明岛村委会的工作方面

我在与村委会的工作人员的谈话中了解到,崇明岛村委会的工作非常的多。比如他们会在村里主动举办很多的活动,如组织跳舞比赛、合唱等活动。他们非常关心村民的生活,譬如会经常到农民家了解生活状态,帮助解决生活中的问题。我认为这会避免老年人的孤独死亡。反而,在日本不太

有这样的组织。没有和子孙一起住的老人家们平常无处说心里话,甚至随着年龄的增长会出现很多生活中的问题。这些问题对一个老年人来说一般都是难以解决的,这就容易出现在家老年人孤独死亡的情况。果然如此,我就想通了,为何中国的老年人的孤独死亡的比率与日本相比少得多。所以我认为,不仅是农村的村委会,中国的市委会、区委会等组织对老年人来说是很好的体制。

二、康妙珊(俄罗斯):中国农村和俄罗斯农村比较

我从来没去过中国的农村,所以这一次跟老师们和同学们一起去崇明岛考察,留下了很深的印象。我会很长时间记得这次旅游。在旅行中,我发现俄罗斯农村和崇明岛有很多不同的地方:

(一) 我比一比两个农村的地理情况

我先把俄罗斯农村的地理位置介绍一下。在俄罗斯我也只去过一个农村。这个农村位于俄罗斯西北部,莫斯科和圣彼得堡中间。我从4岁以来,每年的夏天都在那边,所以对这样的农村很熟悉、很理解。因为那里的地理条件很不错:有2条长河流,一片大湖泊,深幽也茂盛的森林,所以这个农村算比较富饶。夏天当地人钓鱼、卖木材、采蘑菇、狩猎(一般来说猎杀鸭子、野猪、熊)。虽然那里有肥沃的土壤,但是人们没有共同耕种。每个人只自己种菜而已,荒废很多土地。在我来看,这是俄罗斯和中国农村最大的区别,就是中国人尽量地使用着每一寸土地。在俄罗斯呢,因为土地面积很广阔,而人口很少,所以没有利用的土地很多。并且,崇明岛虽然这是一个岛,近海,但是没有人钓鱼,也没有人游泳。对我来说,这也是一个特别的事情。

(二) 我一看中国农村人房子的大小,就大吃一惊

农村是农村,但是房子那么宽大、那么现代。在俄罗斯农村房子比较小,看起来也比较古老。从外面看情况是这样,但是在里面陈设却相反。在俄罗斯农村家具、家用器具都很现代,在中国我们看到了古老的炉子,这说明不是全部的家庭有现代的家用器具。

(三）去崇明岛旅行以后，我感觉到了中国农村人比俄罗斯农村人更直爽、更相信别人

在俄罗斯围墙把每个房子围起来。其实在俄罗斯这有道理，因为在农村没有好玩的地方或者提高自己能力的地方，所以很无聊，很多人一直在喝酒呢。并且，就业情况也很糟糕，所以有的人没有钱，会做贼。因为这个原因，如果一个房子没有围墙，肯定会有人进来偷东西。虽然现在的情况愈来愈好，但是鉴于历史和生活中的经验人们相互还是缺乏信任。相反，中国人很直爽，他们的房子任何围墙也没有，窗户和门大部分时间开着。很主动地请人到他们家里来做客。

（四）中国农村人和俄罗斯农村人对衣服和打扮的态度不一样

我以前提到过在俄罗斯农村任何玩的地方都没有、很无聊这件事情，人们不知道怎么娱乐。所以他们很喜欢打扮得很漂亮，化浓妆、染指甲、穿最时髦的衣服、穿高跟鞋。人们不管天气怎么样，总是穿时髦衣服。有时候看起来很奇怪，也很笨。在中国农村人们根据天气的条件穿衣服，大部分衣服不算是时髦、贵，但是很方便、很合适的。

三、刘宰碧（韩国）：崇明岛文化考察札记

虽然从小就来到中国，但只去过黄山、苏州和上海。住在中国 10 年只去过这三个地方，感觉虽在中国也不能说有在中国待过的感觉。来大学留学的理由之一也是参加各种大学活动，感受中学没体验过的生活。也听前辈们说大一是大学生活中最闲的时光，该多去享受。天气不好，天气预报说着 18 号天阴，下雨。看着灰蒙蒙的天空、感受着潮湿的空气，感觉疲劳抓着我不放，我流着口水听到老师说快到了才清醒过来。

我们下车后在村委会集合，大概 40 多人集合在大客厅，不知道要干吗的时候突然来了几个阿姨，其中一个阿姨介绍崇明岛，随后我们分成几个小组，每个小组跟着一个阿姨走，我们小组 5 个人跟着阿姨走进一个人家。阿

姨让我们进到一个人家的客厅后突然不见了,我们坐在沙发上不知到怎么办。过会儿我们跟要英老师(我的书院导师)一起聊天。去崇明岛之前导师问我去不去崇明岛,我说我会去。因为我的导师教三四年级,没机会和我们一年级的学生在一起,她打算利用参加崇明岛活动来和我们聊聊天,只可惜她所在群的学生只有5位同学参加这次活动。

过一段时间也没看见阿姨,原来阿姨和一位叔叔一起为我们煮饭,还包馄饨。我们一起齐心协力包馄饨,虽然我们做的远远不如阿姨,但是我们做的让我们很开心。包好馄饨阿姨去煮饭的时候,我们看到群里发着个个小组一起吃饭的照片,看着图片,我嘴里满满的口水,我们从早上来到这里连早饭都没吃好,饿得惨兮兮的。再过一会儿,阿姨和叔叔把菜拿过来放在客厅的桌子上,我们也去帮忙拿菜。等菜齐了,我们开始吃饭,叔叔、阿姨还带着黄酒来一起喝。吃完饭,我们所有人再次集合在大客厅,拍集体照后坐上大巴去摘橘子。由于天下雨,橘子园地上都是泥,我们牺牲鞋子,摘了很多橘子。我们把鞋子洗洗后去参加最后的活动,参观世界河口沙洲水文化展示馆,华西村靠着西边,展示馆一楼显示多媒体技术介绍河口经济文化和崇明岛的形成过程。里面有电梯,可坐到最高层,最高层可以看到江。

四、岸部智鹤(日本):在崇明和在冲绳一样可以忘记烦恼

那天,早上7点45分就要集合。因为我有点困,在车上睡了一觉,好像一下子就到达了目的地。在意识模糊中下车后,我感觉到这里的风景跟我现在住的上海完全不一样。大自然展现在我眼前。这里不像城市一样有很多高高的建筑,可以眺望远方,但是这里有树有草,绿意盎然。并且,这里的气氛不像城市那样大家都急急忙忙上班上学。这里的人在悠闲自在地生活。在崇明岛的这段时间我暂时可以忘记各种烦恼,让我轻轻松松、开开心心。我喜欢这种生活。

开始的活动是大家分组去不同的家庭体验当地人的家庭生活。我们5个人加一个老师去的地方,是房子很大的人家,大概我老家房子的两倍。家里很宽敞很舒适。我看到他们在庭园种橘子。这种景象在城市很难看到。我们在他们家里一起包了馄饨。虽然我妈出生在上海,但我外公外婆是北

方人，所以我只包过饺子，没有包过馄饨。这是我第一次包馄饨。他们亲切地教我们怎么包，大家一起包了大概60只馄饨。我觉得这是一个可以更理解农村生活的重要体验。

我记得中学三年级的时候，学校组织了去冲绳修学旅行。其中有一项活动是让我们去体验冲绳的农村生活。当时，我们同学5个人一起在农民家住了一夜。那时我体验到很多日本的农村生活。我们一起做了冲绳的一个特色食品，它叫沙翁。它是球形，用面粉和砂糖做成的冲绳小吃。我们一边做沙翁一边跟当地人聊天，通过一起做当地的特色食品，我感觉更了解了冲绳的农村。我觉得中国和日本的农村差不多。冲绳的农民也在他们自己的庭园里种植蔬菜、水果。然后我感觉到他们的生活也悠闲自在，他们也应该没有烦恼吧。冲绳的风景特别漂亮。冲绳是一个岛屿，周围都是海。海被太阳照得亮亮的，海水干净得可以看到海底。冲绳也跟崇明一样有很多自然景观。

包完馄饨后，开始吃午饭了。他们为我们做了崇明糕、红烧肉、汤圆、青菜、西兰花等13道菜。这些家常菜跟我平时在学校的食堂吃的菜差不多，但这崇明糕是我第一次见到。刚开始我不敢吃，怕不合口味。但是老师说这是崇明的特产，来了崇明一定要吃，其他人也说这个糕很好吃，我才尝了一口。果然，这个糕很好吃。糕里有红枣，味道甜甜的，我很喜欢这种味道。接着，我们刚刚包的馄饨也上来了。自己亲手做的馄饨，我感觉到特别好吃。

总之，这次活动虽然有点累，但是有很多收获。体验到了崇明农村的生活，饱尝到了崇明的美食。对我来说这是一个令人难忘的活动。

(作者单位：复旦大学国际文化交流学院)

都市新时尚：
妈妈做垃圾分类的故事

李槿琳

我一直跟人"标榜"我是个环保主义者，你看，我了解雾霾的构成和危害，深深地为垃圾填埋和焚烧对环境所造成的污染这种事情忧虑着，知道"地球一小时"、"六·五"环境日、"九·二二世界无车日"等活动的重大意义。所以，当小区开始实施垃圾分类的时候，我便积极地向我妈普及垃圾分类的各种知识。

我妈李敏第一次听我说这事情的时候，她说："垃圾减量？这不是我一直都在做的事情吗？"我想了想，还真是。在以往的日常生活中，我跟我妈在"丢东西"这种事情上一直存在着深深的"隔阂"。在一些鸡毛蒜皮的小事上，也常常发生"争吵"。比如：她嫌我削的苹果皮太厚，我反驳："也就少吃那么一口半口，皮削得太薄，麻烦！"她嫌我洗衣服用的水太多，我反驳："万一洗不干净怎么办？麻烦！"她嫌我为了擦掉一点脏东西用掉一张餐巾纸，总劝说我用抹布。我反驳："麻烦！"她的口头禅是："这种东西还有点用处，别先急着丢。"而我总是吼她："你觉得用我们家×万元一平方米的房子放这些一文不值的破烂儿真的好吗？"自从开始实施垃圾分类以后，我对照了一下垃圾分类的原则和我妈的行为，觉得，这可不就是我妈妈一直在做的事情吗？

比如：她会把我每次收快递的盒子拆开，叠好，放在阳台上，攒到一定数量以后，就叫小区里收破烂的阿姨来卖给她。家里用旧的毛巾可以改做抹布。还算完整的旧衣服则送到小区的旧衣回收箱里。淘米水用来浇花。在我们小区没有垃圾干湿分类的时候，她会把一些菜叶子果皮沤成花肥，所以我家窗台上的花总是开得格外茂盛。因为吊兰长得太好,还被人偷偷剪走,而我妈看了也不生气,说,他(偷花贼)剪去自己种种也好的。

开始实施垃圾分类以后,我妈当然非常积极地参与社区里的这项工作。中秋小长假,我回家惊见家里多了几大包垃圾袋。原来她作为楼组长,要到小区里去做垃圾分类志愿者,帮助发放居委会的告知书、宣传册,以及小礼品——每家两小卷垃圾袋。考虑到她跑楼道时要拿的东西实在太多,而我又正好在放假,所以我不得不陪着她一起去发宣传品。我们俩出门的时候在电梯间碰到隔壁的大姐,她看我们拿着大包小包,问我们去哪里,我们说"去宣传垃圾分类啊"。大姐很明确地表示:"我是不会分的,太麻烦了。"我听了心里有气,却只能一言不发,我妈依旧笑眯眯,说:"能分还是要分,现在垃圾都没有地方埋了。"说着顺手塞给那大姐一份宣传单页,"了解一下,知道知道"。

跑楼道的时候,大多数人,要么看在我妈的面子上,要么看在垃圾袋的分上,多数还是挺和气地收下了宣传册和垃圾袋,签收了。但是也有人皱着眉头表示,这个事情恐怕……很难。我妈还是笑嘻嘻地说:"再难,也要做啊。以后垃圾要强制分类了,养成习惯就好了。"去敲门的时候,当然也会碰到有人不在家;有的人,听我们说明来意以后,一言不发,"砰"地一声关上门;还有明明屋内有脚步声,可任凭我们怎么敲门,里面就是没人应。我感慨:"只是宣传就这种态度,真要让他分类还不要他命啊。"我妈说:"这种事情要是能一步到位,就没有那么难了。慢慢来吧。我们下次再来找他们。"

又过了一段时间,她问我有没有关于"垃圾分类"的宣传资料,说她自己的都发完了,忘了给自己留一份。我问她要干吗?她说,她要代表楼道参加社区里的垃圾分类知识竞赛。我给她用手机搜罗了一堆网上的资料。于是一连好几天,回家后就看见她戴着老花镜,坐在沙发上聚精会神地看手机,口中念念有词,还对我跟我爸说,厨余垃圾大部分属于湿垃圾,但是猪大腿骨则应该归入干垃圾云云。又过了几天,我妈很开心地跟我说,她所在的楼道小组获得了垃圾分类知识竞赛的第一名,获得了终极大奖——一盒三联装的"上海女人"牌雪花膏。在这些日子里,经常看见她在楼道里跟人普及垃圾分类的知识。

自从开始"垃圾分类"的活动以后,我妈还是一如既往地过着她的日子,但是我跟她的"争吵"明显减少了,而我也不知不觉地向我的妈妈"看齐"了。我想,其实我只是一个自以为是了解一些环保知识的普通人而已,并没有什么行动。而她,虽然没那么多理论知识,却在每日柴米油盐的日常生活里,用行动践行着一些朴素的原则,不急不躁地做着她认为正确的事情,也感染了身边的一些人,收获了属于她这个年纪的快乐和幸福,也许,这才是更加难能可贵的吧。

(作者单位:徐汇区文明办)

唐凌峰：以"睦邻文化"打造熟人社区

张 欢

在东方网"让上海的名片更闪亮"改革开放40年街镇书记访谈节目中，直率的曹家渡街道党工委书记唐凌峰向大家介绍了社区治理的最坚实力量——居民。

一、用"人多"的优势解决"人多"的困扰

人多，这是一个问题。"曹家渡街道的区域面积约1.5平方千米，但在1.5平方千米当中就有8万多的实有人口，我们的住宅小区有90多个，是新静安人口密度最高的区域。"唐凌峰介绍，著名的"曹家渡"地区其实指的是如今静安、长宁、普陀交界的区域，历史悠久，商贸繁华，五方杂处。作为唯一的"挂名"街道，曹家渡街道有大量本地的原住民，人流、物流高度集聚，社区治安、环境的管理压力特别大。

为此，街道以"点、片、面"三维度的巡查发现为基础铺设网格平台，将辖区范围划分为4个片区，以14个居民区为网格点，城管、市容所、市场监管所、房管办、物业公司和第三方固守等多方联动，构建发现、管理、处置一体的动态化管理体系。另一方面，静安区在全市首推了"路长制"，街道通过"路长制"工作指导精细化管理，制定"一路一策"，坚持问题导向，建立"多渠道发现、分层派单、分类处置、监督考核、联动治理"的运作机制和"1+1+2+X"的组织架构，街道党政领导、机关干部、对应设置部门管理人员、居民区、巡查队员全部参与，条块结合、形成合力。

持续投入这些管理措施，起先的结果却并不尽如人意。比如辖区内的

交通要道万航渡路小店特别多,还有食肆酒吧林立的武定路、延平路等,跨门经营和非机动车占道问题突出,尤其在餐饮时段,大量的送餐员车辆在沿街店铺门口随便停放,街面杂乱无章。店多、人多、问题多,让人猝不及防,也让人几欲灰心。

"于是,我们渐渐开始尝试从其他角度切入。"唐凌峰说,社区自治共治的实践基础为大家打开了新思路,要想办法让社区成员都参与进来。2017年12月14日,以万航渡路为重点,街道正式成立了首个"门责自律联盟",由金融街、越商大厦、悦达889、开开商厦、吉臣酒店等5个门责商户代表和6名居民志愿者代表组成。商户通过签订"门责自律承诺书"落实管理责任,做到"五要""十不要";联盟背靠市容与城管部门,对沿路门店开展信息收集、宣传教育、巡查走访和检查评分,并在商户悬挂"门责自律公示牌",参照餐饮行业的监管方式,采用笑脸、哭脸等表情图案直观地公示评分结果,督促商家自觉履行门责管理要求,消除跨门营业、门前不洁、门前乱堆物等陋习。

"居民参与后,加大了社会力量的震慑,也大大拓宽了发现渠道。"在唐凌峰看来,再严密的巡查也无法做到24小时全天候、全方位的监控,但随时穿梭在社区里的居民织密了这张监督网。"万航渡路有一位70多岁的居民,以前从来不用微信,成为志愿者后为了拍照监督,还专门去学了这方面的技能,现在非常积极。"

二、以"睦邻文化"打造熟人社区

该清空的街面不留一丝余地,但能利用的空间也绝不浪费。从2015年姚西居委会美联大厦率先试点"屋顶花园"起,利用闲置空间"莳花弄草"成了曹家渡社区的潮流风尚。

"起初我们在居民区做了一些楼顶布置,于是就有居民自发地养了许多绿植花草进行点缀,渐渐形成了规模。"说起这件事的由头,唐凌峰觉得,居民才是灵感之源。如今,在居民、街道、社区里的企业,以及专业社会组织的共同参与下,"屋顶花园"已经升格扩大为10片"袖珍农场"和4个"袖珍乐园",供居民种植、采摘蔬果,举办亲子、科普等类型丰富的活动。

"以前我们社区的活动总是老三样,助老、助学、助贫,群众参与度不是特别高,居委会发动也很吃力。"唐凌峰说,以"袖珍农场"为代表的"睦邻微公益"项目是街道实施团队发展"三步走"规划的产物。2013年,街道对群众自治团队的建设与发展进行调研,针对资源获取自给自足多,外界支援少;发展动力依赖性多,独立性少;功能发挥自我满足多,公益服务少等问题,制定了"一年走一步,三年一大步"的规划。在满足团队自我需求的基础上,逐步引导和推动社区活动型团队向功能型、公益型团队发展,有意识地把团队的"私事"与社区的"公事"连接起来,引导其以公共利益为价值取向,鼓励其投身社区公益和志愿服务。

"这些项目都是通过实际调研自下而上产生的,从居民的需求出发,研发、立项、执行,最后还要评估,形成一个闭环。"唐凌峰介绍,活动的主题也非常丰富,一般包括公益风尚、人文活动、精神慰藉、惠民实事、关爱帮扶、社区教育、绿色环保、社区融入等8个方面,受益群体跨越各个年龄段,涵盖高龄老人、青少年、婴幼儿、残疾人、来沪人员、新生儿母亲、特殊家庭、困难人群等。有活动没场地也不行,于是,街道通过"两美"建设,积极打造睦邻小广场、睦邻小舞台,为居民们提供了身边的活动场地,有一些楼组长甚至还把自己家的客厅贡献出来设为睦邻点。

唐凌峰反复提到的"睦邻",其实是街道的一个品牌。"在推进党建引领居民自治共治的过程中,我们发现所有工作的基础都是居民邻里和睦。"唐凌峰说,让老百姓和气美满的生活,对所有工作的开展都是有帮助的。因此,街道把"打造睦邻家园、构建熟人社区"作为工作的方向,而"睦邻"文化作为街道社区治理和区域化党建的品牌,体现了"坚持党建引领、创新自治共治、破解社区难题"的工作思路。

三、为社会治理创新积蓄"专业势能"

有如此丰富多彩的活动和项目,自然需要强有力的组织和执行者。除了居民小当家,还有一批在锤炼中成长起来的社工。

在曹家渡街道,社工队伍的专业度和社工个人的职业成长格外受到重视。自2014年起,街道坚持通过指导社工选定社会工作专业方式服务社区项目的实践课题,并制订可行的实践方案,帮助社工将理论知识更好地运用于实践,将枯燥的社会工作理念更灵活地运用于居民区工作实务。

为此,街道还专门策划了 PT-Plan 社区社会工作项目创投大赛,为社工们提供实践锻炼的平台和展示学习成果的舞台。今年,街道组织全体居民区的社工参加"项目设计大 PK"培训,提升其项目策划的专业性和创新性。组织社工外出参访,学习先进社区工作方法,为探索创新多元化的社区服务积累经验。同时,对 PT-Plan 社区社会工作项目创投大赛的获奖项目开展督导工作,提升社工在社区服务或项目执行中的专业能力和技巧。

这项大赛也成了社区社会工作案例的高效"孵化器"。近年来,成熟和优秀的案例不断涌现,在静安区社会工作者协会开展的 2018 年"优秀社会工作案例、优秀社会工作项目"评选中,高荣居民区报送的《城市中的袖珍农场——高荣居民区亲子家庭服务》荣获优秀社会工作项目,均泰居民区报送的《家庭暴力受虐妇女的社会工作介入》被评为优秀社会工作案例之一。

4 年来,通过持续不断推进社会工作专业规范和实践创新,街道形成了独具特色的"制度建设、人才培养、专业提升、实务推进"的社区社会工作发展思路,总共积累了 122 篇社区社会工作案例,内容涵盖社区儿童青少年社工工作、社区老人社会工作、社区妇女社会工作、社区矫正社会工作、社区社会救助社会工作、社区家庭社会工作、社区健康社会工作和社区基层治理社会工作等方面。在访谈的最后,唐凌峰向大家展示了一本厚厚的《曹家渡社区社会工作的探索与实践》。这本由街道编印的新书精选了其中的 100 个案例,详细介绍了每个案例项目的背景、目标、实施计划、评估结果,以及专业的反思等。唐凌峰表示,"希望这样一本书,不仅能够帮助我们队伍自身继续学习提高,取得长足的进步,也希望为市委'1+6'文件的执行,为社会治理的创新,贡献我们应有的作用。"

(作者单位:东方网)

劳模创新工作室的探索与思考

徐 颖

劳模,是上海的骄傲;各行业都在关爱自己的骄傲。"刘必胜固废集运技术创新工作室",就是上海环境物流有限公司第一个以市劳动模范刘必胜命名的创新工作室。自2012年5月正式建立以来,创新工作室深入一线,自主创新,从职工最关心的、集运最棘手的、客户最关注的问题入手,紧紧围绕集运生产运营中的重点难点,创新发展理念,破解发展难题,开展技术革新、技术攻关和发明创造,最大限度地发挥劳模创新工作室的潜能和智慧,使其成为企业岗位的创新源、科研的攻关队、人才的孵化器、攻坚的先行者和团队的支撑力。6年来,创新工作室开展科技攻关、创新重大技术成果9项,帮助企业解决各类技术难题和技术攻关97项,通过实践,间接创造经济效益可观,成为公司的新型"科研基地"和人才培养的"大学校",为城市固废集装转运系统的发展起到了助推保障作用。

一、劳模创新工作室的创建背景

劳模创新工作室创建初期,正值城市固废从散装运输到集装运输的历史性变革,大型集运设备管理缺乏经验,集运各工种的操作缺乏标准,水上一线技术工人队伍老龄化,各种困难和问题凸显。劳模创新工作室秉承"崇尚科学、忠诚公司、服务职工"的理念,把广大职工吸引和集聚到职工创新活动中来,形成良好的群众性经济技术创新氛围,引领各技术团队搭建技术攻关、技术改造、技术协作、技术发明等创新平台,让他们围绕企业重点建设项目、关键技术岗位和重点生产环节,开展技术革新、技术攻关、发明创造等科技创新活动。

二、劳模创新工作室的主要做法

（一）规范运行机制

为了把劳模创新工作室建成勇于攻关、善于创新、富有竞争力的优秀团队，公司成立了由主要领导主抓，分管领导负责，工会、业务、人力资源部共同负责的保障系统，对工作室给予管理、技术、人力、软硬件设施等全方位支持，形成了党委重视、行政支持、工会组织、劳模挂帅、职工参与的良好运作格局。

（二）"一室五队"机制

劳模工作室结合内部大型生活垃圾压缩机、集装箱运输车、大型桥吊、集装箱运输船等情况，成立了由骨干职工为领头、隶属于劳模创新工作室的5个队：韩长荣驾驶创新团队、陈祺轮机创新团队、秦荣峰陆上设备应用创新团队、黄卫祥集装箱运输设备维护创新团队、金铭LNG创新团队，形成了"一室五队"的工作格局。在日常科研创新活动中，工作室根据课题属性，抽调相关团队作为主力，开展科技攻关，既增强了劳模创新工作室的科研能力，又大大缩短了攻关时间。

（三）制定"五有"机制

为更好地开展创新工作室的各项工作，逐步形成了"五有"工作机制，即"有队伍、有创新、有人才、有组织、有考核"，增强了工作室的工作积极性、有效性、规范性。

（四）"三个一批"机制

为加强科研创新攻关力度，工作室注重传承创新，逐步形成了以科研攻关项目成功一批、在研一批、储备一批为主要内容的"三个一批"工作机制，促使工作室持续推进聚智力，持续创新出成果，持续攻关创效益。

三、劳模创新工作室取得的成效

（一）岗位创新源

针对集运系统中的进口设备多、维修费用贵、维修响应时间长等诸多问题，创新工作室坚持走自己的道路，把设备的核心技术掌握在自己手中，开展了《压缩机液压油缸国产化研究》《上海生活垃圾集运系统大型装备压缩机自控系统改造及主要系统备件国产化研究》《生活垃圾集运系统设施及大型设备定额编制的研究》等，在创新活动中培养了一批爱岗敬业、勤奋钻研、勇于创新的知识型、技术型人才，提高了企业自主创新能力。

（二）科研攻关队

自全市固废集装化转运系统运行以来，创新工作室一直以"科技服务生产"为宗旨，借助于科技力量解决运营过程中产生的种种问题，保证系统安全高效运行，真正做到科技为生产服务。积极推进"三个一批"工作机制：

1. 成功一批科研项目，经过几年的科技攻关，劳模创新工作室已成为公司科研的主阵地和创新任务的主要承担者。

2. 在研一批科研项目，创新工作室成员攻关的《智能救生衣的研究》科研项目也已完成，《船舶安全航行智能化监控管理系统》技术创新项目，也在攻坚之中。

3. 储备一批科研项目，如为提高工作效率、减轻劳动强度，创新工作室储备了《桥吊操作半自动化系统的研究》项目。

（三）人才"孵化器"

在刘必胜的带领下，创新工作室以"培养效果最大化，培养人才最多化"为目标，走出了一条培养船舶新型集装箱运输人才的新路子。

1. 一线青年技术人才"五五培训法"

即通过五个有效步骤培训驾驶轮机人才:近年来,先后培育了54名可以独立顶班的青年后备人才,其中驾驶员5名、轮机员41名、水手8名,大大缓解了集运水上人才不足的窘境。

2. 刘必胜船舶驾驶操作法

刘必胜船舶驾驶操作法是刘必胜30年船舶航行实践的总结,主要包含四个要点,即"三听三看知己知彼、三勤三到位规范操作、三测三液合理配载、三算三防经济安全"。工作室将此操作法进行总结和提炼后,推广于黄浦江、大治河等内河河道和千吨级及以下的船舶,为降低安全事故、遏制事故隐患、减少机械故障、提高船舶航行安全系数起到了积极作用。

3. 集运工种操作规范培训教材

为提升一线作业员工的操作技能,增强员工的业务素质,创新工作室成员共同编写了《集运工种操作规范培训教材》,为一线员工日常生产操作以及特殊情况下的应急处置提供指导和参考。

4. 环卫船舶教材及题库开发

上海市区生活垃圾内河集装化转运系统开通后,上海环境物流有限公司作为上海唯一一家从事城市生活垃圾水上运输企业,船舶总吨位不断提高,船用设备不断更新,运输模式不断转变,为适应设备大型化、科技化、经营管理模式科学化的发展要求,创新工作室结合相关专业教材、企业制度和实际经验,编写了环卫船舶驾驶、轮机(初级、中级、高级)等3部教材,同步开发了3个等级的题库和实操项目等。

(四) 攻坚的先行者

为打响企业科技品牌,确保走在科研前端,劳模创新工作室成为公司前瞻性攻坚项目研究的先行者。为工作室引进"外脑",通过"专业知识+实践经验"的联手科研的方式,破解科研难题,创造了实实在在的效益。近5年来,创新工作室与高校专家及行业外专家合力攻关,攻坚克难,创出了一批技术含量较高的科研成果。如与上海海事大学联合开展《新建集运船标准舱室施工设计研究》,对现有500吨集运船和600吨集运船进行标准舱室施工设计的研究与优化,大大提升了新建船舶的工艺管理水平。

(五)团队的支撑力

创新工作室着眼"创新驱动,转型发展"的战略高度和"企业智囊团、岗位创新源"的创建目标,为企业创新团队的不断涌现和巩固提供坚实的支撑。根据公司的战略布局,在进一步完善"五有"机制的基础上,依据内部大型生活垃圾压缩机、集装箱运输车、大型桥吊、集装箱运输船等装备情况,成立了由骨干职工为领头、隶属于劳模创新工作室的5个创新团队。在日常科研创新活动中,工作室根据课题属性,抽调相关团队作为主力,开展科技攻关,既增强了劳模创新工作室的科研能力,又大大缩短了攻关时间。同时,为强化创新品质,工作室还聘请上海海事大学、华东师范大学的教授作为创新顾问,由此形成"劳模创新工作室+创新团队+教授顾问"的工作模式,推进劳模创新工作室进一步发展,作用进一步发挥。

四、劳模创新工作室今后的发展

(一)拓宽创新工作领域

目前,劳模工作室的研究攻关范围还有一定的局限性。为扩大工作室影响力,使工作室的典型示范作用更好地发挥,增强工作室的辐射和引导功能,公司下一步将研究拓宽工作领域,积极开发"五队"的多元化创新,为企业的技术创新做出更大的贡献。

(二)强化目标激励机制

劳模工作室将采用培养、推荐、奖励、考核等方式,来进一步调动工作室职工创新创造的工作热情。通过建立长效考核奖励机制,对课题项目取得优异成绩的职工团队,公司要从物质、精神、岗位上给予认可,对切实解决"急难险重"问题的技能人才和团队进行奖励。

(三)建立合理推进机制

劳模工作室要形成党政工团合力,共同营造创新环境的氛围。业务部门与工作室成员对接探讨技术难点,为工作室"引进课题";党组织、工会要设置专门工作室联络员,为创新成果推广"穿针引线";团组织积极推荐青年岗位能手,为工作室"引入活水"。党组织积极将工作室创新成果,通过自媒体微信公众号、宣传栏等渠道进行宣传,以增强工作室的辐射和引领作用。

(作者为上海环境物流有限公司三分公司党总支书记助理)

与时代同行：新闻生产的情感进阶

薛唯侃

从 2015 年的 6 月 16 日起，在上海的新闻场域里，一个名叫王海滨的小伙子因为救火救人而频繁出现在大众视野中。2018 年，已被称为"中国好邻居，救火真英雄"的他，在北京人民大会堂荣获"全国道德模范"奖。中共中央总书记习近平握着他严重烧伤变形的手，祝福他早日康复。而当王海滨捧着奖状回到上海，面对第一家报道他的上海市闵行广播电视台时，他感慨这家仅辐射 373 平方千米的区级电视媒体，不仅在 4 年前的火灾时刻参与"救"了他的命，更在此后的时间里，让小伙子感受到的是身边这家媒体像朋友般的情义和关照。

一、情感：应以"服务真实"为目的，以"客观"为方法论

附着情感或基于某种情感（例如：政治立场、同情、悲悯等）的报道理念，对于强调"客观性"的新闻专业主义来说很难接纳。"客观性"是意识到新闻报道中的"主观"，从而要求事实与价值分开的一种专业信念和道德准则，产生于 20 世纪 20 年代。从便士报开始的不偏不倚、事实与意见分开，到 19 世纪后期相信事实就是真相，是美国新闻职业化历程中的各种操作与观念的变迁。但事实上，"情感"也可以反映真实目的，成为不囿于"客观性"思维范式的新闻表达。

（一）从作品《中国好邻居：王海滨》系列来看这个问题

2015 年 6 月 16 日凌晨 1 点 45 分，上海市闵行区华漕镇诸新三村 14 号

楼发生火灾,大火迅速吞噬整个楼道。住在 5 楼的小伙王海滨发现险情后,冲进了充斥着浓烟和烈火的楼道,敲响了 11 户居民的房门,并打开楼底被烧烫的铁门,救下了整栋楼邻居的生命。他自己却 88% 深度烧伤,命悬一线。当笔者与本台另一名记者到达现场时,距离火灾的发生已经有八九个小时,当事人王海滨已被送往瑞金医院抢救。由于小区老旧,因此楼道没有监控画面。熊熊大火的楼道内,也没有人目睹王海滨敲响整栋楼邻居房门的过程。对于这个看似已经无法再现的新闻现场,记者采用了一段出镜报道:对这个没人看见的新闻现场进行了追忆式描述。

记者在现场测试了一下,1~6 楼的居民楼,总共有 80 级的台阶,即便是像记者这样睁着眼睛的情况下,都要花将近 40 秒的时间才能走完。可就是在这样的情况下,王海滨顶着明火,顶着令人窒息的浓烟,敲响了整栋楼 11 户邻居的房门。在 2015 年度上海新闻奖的评选中,这段出镜被视为该报道中的点睛之笔。通过记者的现场观察与测试,受众内心再现了火灾中英雄敲响 11 户邻居房门的画面。当年,以该报道为主的系列报道《救火英雄:王海滨》荣获了上海新闻奖一等奖。

(二) 在另一视角下,这段出镜也可以有更深层次的解读

笔者当时作为记者,对于火灾现场的表述更多的是受到了钦佩、同情等情感因素的影响。因为,笔者为了强调英雄不惧生死的大无畏精神,借用了客观数据,进行的是主观推测。记者对居民楼台阶数的统计以及上下楼梯的计时测试虽然都是客观的,但还原的只是属于记者亲历的事实,而并不一定是火灾中王海滨经历的事实。在事件当时,王海滨从 5 楼到达 1 楼究竟是何种状态,笔者因实际情况不可能作考证。但不可否认的是,这一段出镜尽可能地接近和服务了真实。同时,这样基于情感的表达,在受众端也更有效地引起了共鸣。

可见,倾注了情感的表达并不一定会妨碍还原真实。相反,恰当的情感倾注和表达,反而可能服务于更好地传递真实。至于"客观",其实更应成为平衡"情感"的方法论。

二、新闻情怀：情感在新闻生产中的升华

新闻情怀体现在新闻生产过程中，是新闻从业者经历了从自身对社会情感的积累，到情感对职业的反省，再到职业对人性和社会的思考之后，所产生的核心情感和行动自觉。这一职业的情感升华过程，是新闻从业者从职业回归人性的过程，也是职业回归社会的过程。新闻从业者对人性的坚守和对社会的责任意识就是新闻情怀中最重要的内容。

（一）说到对人性的坚守，一幅曾获得普利策新闻奖的照片和其拍摄者的故事不得不被再次提及

这幅名叫《饥饿的苏丹》的新闻照片，是摄影师凯文·卡特的作品，被刊登在《纽约时报》上。凭借这幅作品，凯文·卡特赢得1994年普利策新闻特写摄影奖。这是一幅极具争议的照片。1993年，凯文·卡特在到处是饥饿场景的苏丹采访，当他看到一个苏丹小女孩在前往食物救济中心的路上趴倒在地，并且身后是一只虎视眈眈的秃鹫时，凯文·卡特据说是花了20分钟选取角度并拍摄了这一作品。尽管作品本身的震撼不言而喻，尽管作者在拍摄完照片之后，赶走了秃鹫。但是，当这样一幅作品出现在人们视野中时，人们依旧不能接受一个作为人的记者，为何忍心在这样一幅场景之下，依旧坚持举着手中的相机，而不是第一时间去为那个随时发生危险的女孩儿做些什么。哪怕不考虑危险，仅从人道而言，那一刻面对弱小者的旁观，也是让人很难容忍的。最终，就在这幅作品获得普利策新闻奖后的短短几个月内，凯文·卡特坐在车里，用一氧化碳结束了自己的生命。根据相关的记载，在他的座位上有一张纸条："真的，真的对不起大家，生活的痛苦远远超过了欢乐的程度。"而在这一切之后，卡特更多留给同事回忆的，是他作为新闻记者遗失人性的那一刻。

所以，新闻从业者任何时候都不应该忘记，自己作为人的存在。保持对人性的坚守，是新闻从业者所不可忽视的情怀。但是，对人性的坚守远不止是在面对凯文·卡特那幅作品场景时的要求。对人性的坚守内涵广阔，但也不妨被具体化到一些切实的内容，比如对"人道主义"所关注的某些部分

进行扩充：关心最基本的人的生命、基本生存状况的思想。关注人的幸福，强调人类之间的互助、关爱，及重视人类的价值、人的尊严等。

（二）作品《救火英雄：王海滨》系列在这里，仍不失为一个具有探讨价值的案例

当王海滨在火灾中严重烧伤、生命垂危，在第一时间被送往以烧伤科见长的上海瑞金医院后，闵行电视台的记者们便以自己的媒体方式对他展开"营救"，即为拯救英雄营造更及时和强有力的舆论环境和氛围。中央电视台在获得信息后，也随即播发。牺牲独家重量级报道的首播权，就是牺牲媒体的自身利益，但面对这样一个人物，闵行电视台及其记者首先考虑的是，眼下英雄需要舆论环境为他鼓劲，需要媒体引导关注，引导社会倾斜一切资源去拯救英雄的生命。当天，几乎整个申城都在关注王海滨的抢救进展，瑞金医院主要负责人以及烧伤科最权威的专家全部赶到医院。最终，王海滨成为在88％大面积深三度烧伤的情况下，依旧被成功救回的奇迹。在这一过程中，医者的医术自然是居功至伟，但同时也有媒体情怀与医者情怀的功劳。

（三）这家区级媒体基于人性的关爱，将王海滨后续作为策划的经常性选题，让社会尽可能久地去关注这个将一生作为救火救人代价的年轻英雄

不仅如此，笔者还跳脱了记者的报道本职，与辖区文明办一同参与组建了"王海滨先进事迹宣讲团"，陪伴王海滨一同进行事迹宣讲，并撰写了以王海滨救火经历为内容的"宣传教育画册读本"。10多场宣讲，收获了人们无数感动的泪水。而读本的发放则覆盖了上海闵行的中小学校。这一切看似放下了新闻本职工作的行动，其实依旧是新闻从业者新闻情怀的体现。2018年，王海滨在荣获"全国道德模范"之后不久，"王海滨志愿服务工作室"也成立了。作为政府扶持的项目，这个工作室不仅让他找到回归社会的契机，更找回了实现人生价值的路径。

三、对社会责任的坚守是当然的新闻情怀

对社会责任的坚守是体现媒体新闻情怀的另一个重要的方面。媒体践行社会责任的方式并不少,但这里主要想提到两种常被需要的方式:(一)对社会的冷思考。(二)关注公共利益。这两种方式有一个共同的特点,即都是通过新闻生产去改变或影响社会的某一种不合理现状。

(一)我们还需要对社会进行冷思考,即主要是对社会现象、事件的质疑、分析、论证及给予结论的过程

这要求新闻生产者有足够解读事件、解读背景、解读环境的能力,同时还需要一定的判断力,对事件或现象的真伪、走向、可能产生的结果、效应,作出有理有据的预判。此外,对于一些事件和现象,要能够透过表层发现更值得关注的内核以及被隐藏的真实。

上海电视台记者王勇曾在参与一场关于轨道交通6、8、9号线攻克世界级施工难题最终实现通车的新闻发布活动时,以冷思考方式,在大多数媒体一片欢欣鼓舞的赞扬声中,发出了他理性的声音。当时,轨交世纪大道站为实现四线换乘,需在已有的2号线车站周围同时建设另3条线路的车站。为了避免2号线车站侧塌、上浮、移位等情况发生,施工方采用了多项世界首创的施工工艺。但是,上海电视台的记者在现场对工程专家采访时了解到,世纪大道四线换乘项目的开工仅比2号线通车晚2年。如果四线换乘车站早期能够同步规划,就不会产生后来那么多工程难题。如此一来,工程中所谓的"世界第一"更多体现的是规划不周而导致付出代价的无奈。于是记者最终确定了这样的主题:"我们要什么样的世界第一"。不止于此,记者还列举了11号线建设时,同样因为缺乏规划统筹,导致原规划路线被迫放弃,面临诸多世界级建设难题的情况。

记者的冷思考对当时的城市建设和规划起到了十分深远的影响。对加快城市硬件建设和发展起到了积极的作用。而这也就不止于记录历史,而是在影响今天,是记者从职业立场出发,对社会全局的责任体现。

（二）公共利益是个十分复杂的概念，但在新闻生产的实践中，笔者建议新闻从业者对公共利益的关注，可以简单理解为"对他人合法权益"的关注

这种"他人"不局限于个人，还可以是群体的指代。同时，就新闻生产的内容来看，公共利益是涉及交通出行、医疗卫生、教育文化、环境治安等方方面面的人的基本权益。新闻从业者要善于发现和挖掘那些不利于公共利益的行为和现象，然后站牢在新闻场景中公平公正的脚跟，去厘清现象所涉及的是哪些群体的何种公共利益，以及公共利益受损的表象和实质是什么，等等。

需要强调的是，有时需要被关注的公共利益涉及的对象群体并不那么大众，也并不那么显眼。同时其应该享有的公共利益可能并非受到直接的损害，而是这部分群体的公共利益要么鲜为人知，要么是未被给予足够的重视，导致某些群体在社会各类角色中权益的失衡。这意味着，新闻实践中或许隐藏着不少"他人的合法权益"或被忽视，或被遗忘的情况。所以，懂得如何关注公共利益，发现公共利益在哪里出现了缺憾，则是新闻从业者的情怀，也是素养。

（作者为上海市闵行广播电视台新闻中心总监）

创新发展篇

助推嘉定世界级汽车产业中心建设的思考

嘉定区市人大代表专题调研组

为优化汽车人才发展环境,助推嘉定世界级汽车产业中心建设,2018年5月—7月,市人大嘉定代表组围绕这一主题开展了调研,先后召开政府相关部门、汽车产业园区、高校、科研院所负责人和汽车人才代表座谈会6次,赴嘉定工业区、安亭、外冈等实地调研,走访上汽、沃尔沃、蔚来、汽车创新港等,赴浦东及合肥、杭州等地学习交流,在认真调研、充分讨论的基础上,形成了调研报告。

一、嘉定建设世界级汽车产业中心的人才优势

汽车人才已经成为嘉定发展的重要名片:

(一)人才实力增长迅速

嘉定区做实做强"汽车嘉定"人才工作,10多年来形成了一支实力雄厚的人才链。目前,研发人才总量超过2万人。其中,国家级上海国际汽车城海外高层次人才创新创业基地引进的中央"千人计划"特聘专家累计97位、上海"千人计划"专家累计73位;以中国汽车人才研究会为首的五大全国性汽车行业组织入驻汽车城联合办公,全球汽车精英组织和全国汽车行业人力资源经理人组织落户汽车城,人脉资源覆盖全国乃至全球,成为国内汽车人才高地。

(二)高校、科研机构云集

拥有以同济大学为首的7所高校、三大学科、九大科创平台,汇聚11个

国家级科研院所、10多个科技创新企业集群、产业集群、500多个研发企业、科研机构,集中了2万多名科技人员、50多位两院院士,是市郊唯一的科创中心重要承载区。

(三)行业组织集聚

在美中汽车交流协会和中国汽车人才研究会的共同推动下,嘉定区成立了全球汽车精英组织,这是一家总部设在中国的全球性汽车人才组织,核心成员囊括了多名国家"千人计划"人才。全球汽车精英组织为海内外汽车精英搭建了一个对话与交流的平台,为汽车城引入高层次海外人才及其创新创业项目牵线搭桥。依托科研院所和高校的集聚优势,嘉定区以科技创新公共服务平台建设为依托,面向全国、面向海外,积极吸纳优秀的科技专家和善于组织研发、促进成果转化的科技企业家,以及拥有科研成果、研发能力强的留学归国人才,形成海外人才创新创业的新高地。

二、嘉定建设世界级汽车产业中心进程中的人才瓶颈

主要表现在:

(一)人才国际竞争力还不强,还不能有效支撑世界级汽车产业中心的建设

如在人才类型方面,表现为缺少引领汽车"智能化、网联化、电动化、共享化"发展的核心领军人才和创新团队,缺少具有全球视野、把握汽车产业发展趋势、汽车技术变革方向的国际化人才;缺少从事人工智能、汽车芯片等领域跨界发展的专业人才;缺少技艺精湛、技能高超、体现产业发展水平的高技能人才;缺少具有国际视野和战略眼光、有效把握产业趋势、敢于突破创新、懂汽车、爱汽车的政府管理人才。

(二)人才安居问题日益困扰用人单位和人才个体

一方面,人才公寓性质模糊。目前,总体上凡是提供给人才居住的皆可冠

以人才公寓名义,缺少关于人才公寓的具体定义、性质、使用对象、基本原则,适用不同人才群体的住房待遇与用于住房保障的廉租房、公租房、共有产权房、动迁安置房、限价房混同使用,导致在实际操作中遭遇政策瓶颈。这些问题导致人才租房难、租房贵现象反映较多,青年人才跨省租房、合租房的现象比较普遍存在,房价的持续上涨对人才尤其是青年人才产生挤出效应。

(三)教育、卫生、交通等优质公共服务资源与人才发展需求之间还有较大差距

如在子女教育方面,引进人才对嘉定教育资源了解不够,普遍将视野集中在几所知名学校;在"二孩政策"放开背景下,平时照护难、上下班接送难、寒暑假托管难等问题更加突出。

三、优化汽车人才发展环境、建设世界级汽车产业中心的建议

建设世界级汽车产业中心,是嘉定区贯彻落实市委书记李强提出的"抓住时间窗口,把汽车工业、汽车产业做大做出特色,占领新一代的汽车产业制高点,在国际上真正有我们嘉定一席之地"要求,抓住世界经济正经历新一轮创新与变革、抢占战略科技前沿、赢得国际竞争主动的必然选择。建设世界级汽车产业中心,必须要形成一定的产业规模,必须要有能够引领未来交通的模式,而大力吸引、培养和留住汽车人才,通过人才引领发展是重中之重。对此,提出以下建议:

(一)出台世界级汽车产业中心发展和人才集聚规划

建议市委、市政府把嘉定加快发展汽车产业、建设世界级汽车产业中心,作为加快先进制造业再创新、再升级,助推并建成全球卓越城市的一项发展战略来谋划,充分认识汽车产业在赢得全球竞争、支撑国家发展中的战略意义,充分认识建设世界级汽车产业中心对新时代建设现代化产业体系、建设卓越的全球城市的战略意义,引领全市上下形成共识。如成立上海市促进汽车产业发展领导小组,由市委、市政府分管领导任组长,市各相关部

门和嘉定区领导参加，统筹研究产业和人才政策，特别是吸引和留住高端人才的特别措施。牢牢把握新时代汽车产业与能源、环境、交通、城市发展及人类生活等领域紧密结合的新趋势，对建设世界级汽车产业中心予以全新定位，提供政策支持、组织保障，促进产业与人才发展的深度融合，形成产业吸引人才集聚、人才引领产业发展的良性循环，推动世界级产业中心的建设。

（二）大力吸引集聚汽车产业人才

建议市发展改革委、人社局等部门聚焦汽车产业，抓紧制定汽车产业人才引进办法，建立世界级汽车产业中心重点产业、重点机构、重点岗位、重点区域人才引进名录制度，给予居住证积分加分等政策倾斜；试点降低外籍人才永久居留和长期居留门槛，取消职务级别限制，放宽居住时限要求；研究制定汽车产业领域特殊人才"绿色通道"机制，建立行业推荐、专家评价遴选、程序公正公开的特殊人才认定办法，结合嘉定产业特点，给予嘉定一定数量的直接落户额度。

（三）加大汽车产业人才培养力度

建议市科技、教育、人社等部门要支持嘉定及其区域内高校、科研院所、企业扩大汽车及相关领域博士、博士后设置范围，加大校企联合培养博士、博士后工作力度。市发展改革、科技、财政、教育、经信等部门要会同嘉定区，建立世界级汽车产业专项科技创新资金，完善科技创新人才创新资助制度，推进研究与试验开发、关键技术攻关、产业化，加快汽车产业科技创新人才成长。嘉定区要着眼于国际竞争，加大人才工作投入，加快汽车产业战略管理人才培养和储备力度，选送一批区内中青年干部人才到国外研究机构、国际组织、产业基地锻炼培训，增强国际视野和战略本领，把握产业和科技趋势，做好顶层设计，做好服务。

（四）打造标志性汽车人才发展平台

针对美国实施技术封锁的威胁，市科技、经信部门要争取国家有关部门支持，继续加大建立汽车产业国际研究项目合作，鼓励与国外高校、科研院所、企业建立全球汽车研究创新联盟,不断提升汽车产业发展水平。要聚焦汽车产业,建设一批具有辐射力、影响力的市级制造业创新中心,打造一批国内领先、具有国际影响力的企业技术中心,发挥国家级重点实验室、工程实验室、工程技术中心、工程技术研究中心的作用,形成对国内外汽车发展、汽车人才集聚具有重要影响的创新中心网络。建立世界汽车产业战略研究院、千人计划联谊会,打造汽车领域世界一流智库,提升产业战略决策咨询水平。市发展改革、规划、交通、公安部门要积极推进封闭测试场、开放场景等测试平台建设,强化大数据建设,完善服务世界级汽车产业中心的创新治理本领,不断提升创新创业能力建设。

(五)优化汽车人才宜居活力环境

对承担国家重大科技项目、国家工程实验室、国家(重点)实验室、国家工程(技术)研究中心建设任务的研究团队,安排专家公寓。市住房、规土、公安部门要明确人才公寓定义、内涵、适用对象范围、使用标准条件,探索将青年人才居住的租赁房、宿舍、长租房视为"合法稳定居住",办理社区公共户口、居住证等事宜。提升教育、卫生健康等公共服务资源配置。建议市教育部门要会同嘉定区,加大对重点区域优质教育资源配置力度,解决子女入学需求。同时,要积极争取国家教育主管部门支持,加快国际学校和中外合作办学机构等建设,以推进嘉定区域的教育国际化进程,更好地满足高层次人才子女对国际化教育的需求。

嘉定区市人大代表专题调研组
召集人:许谋赛
成　员:丁新华　于绍良　马春雷　甘永康　包培育　冯　燕
　　　　司徒国海　刘　炜　池　洪　许谋赛　孙　雷　严健明
　　　　李　健　吴梦秋　陆　强　陈卫良　陈必壮　陈贤章
　　　　陈海燕　林凯文　金银淑　周　宏　郑沈芳　郑君锋
　　　　赵雪平　胡丽丽　娄庆梅　姚　薇　袁婷婷　顾国明
　　　　徐小平　龚道安　章　曦　蔡　宁　翟伟华　樊建林
　　　　薄东兴

创建国家公共文化服务体系示范区的嘉定报告

嘉定区文广局

国家公共文化服务体系示范区创建(以下简称"示范区")是国家文化部、财政部主办发起的,旨在以公益性、基本性、均等性、便利性为基本原则,创建一批网络健全、结构合理、发展均衡、运行有效的公共文化服务体系示范区,通过充分发挥典型的示范、影响和带动作用,为我国现代公共文化服务体系建设探索经验、提供示范,推动全国公共文化服务向广覆盖、高效能转变。嘉定区于2015年8月获得第三批示范区创建资格。经过3年多时间的创建,顺利通过文旅部验收公示,并取得了全国东部地区第一名的成绩。

一、创建成效

嘉定区在创建中,以文化民生为宗旨,以创新示范为重点,示范区八大类63项东部指标,嘉定区全部达到优秀标准,其中28项远远超出优秀指标,同时,产生了大量在上海乃至全国有示范推广价值的公共文化工作品牌,梳理形成75条创新案例,形成了现代公共文化服务体系的"嘉定范例",取得显著的实绩实效。2017年5月,时任总理李克强和副总理刘延东分别就嘉定相关经验作出学习推广的批示,至目前,全国各地到嘉定参观考察公共文化建设的团体超过1 200批次、3.2万人次。

(一)完善服务网络,公共文化服务均等化程度高位提升

示范区创建期间,嘉定区按区域发展水平、人口空间分布的原则,科学

设置公共文化设施布局标准、公共文化基本服务标准等,有效提升了公共文化服务均等化程度。如在地域间均等化方面:合理布局公共文化设施,在大镇、大居、商圈、车站等人群聚集地设置延伸服务设施,建有100家"百姓书社"、5个24小时街区智慧图书馆、30个"我嘉书房"等,对公共文化设施全覆盖形成有益补充。同时,通过标准化体系覆盖,全面实现全区各个文化设施提供均等性服务,特别是2018年以来,重点提升公共文化"神经末梢"的居村综合文化活动室文化服务功能,针对错时延时服务时间、阅读空间配置、演出电影配送、数字服务等以高标准进行规范提升,确保市民享受普惠性、家门口的优质服务。

(二)社会力量参与,公共文化服务能力大幅提升

公共文化服务由以前的政府独家承担到社会共建共享,形成了政府主导下的市场供给、非营利性组织协助供给、公众自愿供给等社会化供给模式。一方面,文化服务量级大幅提升,创建前后,全区各类文化活动数量由年1.9万次增至年2.6万次,图书馆藏书总量由169万册增加至243万册,人均占有藏书量由1.04册增加至1.53册。另一方面,文化服务品质大幅提升,形成了一系列具有广泛影响力的文化品牌,形成上海汽车文化节、上海孔子文化节、南翔小笼文化展、江桥杯异乡风采才艺大赛等,形成品牌文化项目带动效应。

(三)搭建智慧平台,市民自我服务、自我管理能力大幅提升

1. 出现了一批有公共文化服务能力的文化社团

创建期间,全区有公共文化服务能力的文化团体、文化志愿者队伍大幅增加,由创建前的80支激增至目前的487支。在此基础上,嘉定区进一步定向扶持一批本土优秀群众文化团队,如江桥镇"北虹之星"公益社团、嘉定镇街道"聚乐轩文化志愿者管理委员会"、安亭镇故事团,帮助其成长为更具专业性的文化类社团,成为公共文化服务的好帮手。

2. 市民参与文化活动形成公序良俗

通过"文化嘉定云"建立公共文化信用档案,规范用户行为,维护文化活动秩序,帮助市民形成正确的公共资源消费观。据大数据分析,以往公益演出时有市民约而不至等情况,而如今市民订票后的入场率超过98%,市民们

积极参与公共文化活动并维护公共资源的合理与高效使用,共同营造有礼有序的文化氛围。

(四)严格服务标准,公共文化服务群众满意度明显提升

嘉定区严格制定服务标准,以高于上海标准为基础、对接国际先进水平为目标,研究制定《嘉定区基本公共文化服务目录》,明确了以市民满意为目标的服务宗旨和服务路径。据第三方机构的满意度调查,2018年年底,嘉定区公共文化服务满意得分为92.58分,比创建前提升17个百分点。

二、经验启示

嘉定区以需求为导向,特别注重"文化建设顶层设计"理念,以制度保障创新、以创新推动创建,成为公共文化服务体系建设的"嘉定经验"。

(一)高起点,公共文化建设与城市品牌打造相融合

2018年,嘉定区针对上海市委提出的打造上海文化品牌目标,进一步发布《构筑嘉定建设文化强区新优势三年行动计划(2018—2020)》,文件中,将"建成现代公共文化服务示范城市"列为嘉定区未来3年文化品牌打造的"四大重点任务"之首,开展"地标文化设施打造""公共文化设施网络健全优化""数字文化服务提升""公共文化服务标准体系建设""文教结合服务"等17项专项行动,以有力推动全区现代公共文化服务体系建设。

(二)大格局,协同推进公共文化服务体系整体建设

在健全扎实的组织保障下,嘉定区率先创出一系列扎扎实实的"文化+"建设成果,包括"文化+科技""文化+教育""文化+旅游""文化+体育""文化+商业"等,形成"大文化"的统筹建设。如今,各个文化单位,全区各条线均自觉加入延伸公共文化服务的系列中,如:区委组织部主动将针对嘉定区干部的文化培训项目"疁城大讲堂",划出空余座席在文化嘉定云上开放;区纪委在我嘉书房开设"廉香书桌";区委统战部开展了"盟声讲

坛";区委宣传部开展了"市民修身行动";等等。全区上下对于公共文化服务的重要意义有了前所未有的高度统一和深刻共识。

（三）重保障，落实公共文化建设长效保障机制

以完善的资金制度，保障公共文化建设落地有力：

1. 设立示范区创建专项

每年区级财政专项经费投入约1000万元，区镇两级财政另设配套资金，对示范区创建提供资金保障。

2. 设立嘉定区文化发展专项资金和信息化项目专项资金

形成针对公共文化数字化、社会化、人才队伍建设等的定向扶持。

3. 规范资金管理

明确相关资金的使用范围和使用程序，确保专项资金专款专用。3年人均投入均高于上海市平均水平，有力保障公共文化建设。

以社会宣传提升市民知晓率、参与度。策划发布"公共文化资源配送征集令"、"公共文化议事会招募征集令"等，鼓励市民积极参建公共文化建设。针对国家发布的"保障法""图书馆法"，以及嘉定区公共文化标准体系推广、上海文化品牌打造等重要事件，创新制作了《保障法》法宣连环画、《图书馆法》法宣普及读本、嘉定区基本公共文化服务标准读本、秒懂嘉定系列视频等在各文化场馆发放，让生硬严肃的法律、标准等知识，变得有趣而生动，深得市民的好评。

以区域交流提升品牌辐射力、带动面。积极承办和参与公共文化相关重大会议和活动，先后主办、承办"互联网＋公共文化服务"主题区域联动活动，"嘉定区创建国家公共文化服务体系示范区区域联动暨群星奖嘉定区获奖作品交流展示"活动，云南迪庆、楚雄和甘肃天水的"春雨工程"等，交流推广嘉定区公共文化建设创新实践成果。先后与广东佛山、南京江宁、福建福州等示范区开展交流互动，了解各地示范区创建进展，形成创建共识，推进创建实践，受到各级领导、专家、同行及社会各界的充分肯定。

三、下一步打算

（一）进一步建设好新时代意识形态领域主阵地

严格督查考核，加强机制探索，把好意识形态工作的方向盘，推动公共文化领域意识形态工作责任制落细落实；唱响主旋律，壮大正能量，最大限度地凝聚人心、振奋精神；切实加强公共文化服务阵地建设和管理，强化意识形态风险防控；进一步夯实公共文化队伍建设，增强意识形态工作的战斗力。

（二）坚持公共文化保障力度不减

巩固创建成果，确保党委政府不松劲、财政投入不减少、创新示范不停步。继续完善公共文化服务体系建设协调机制，及时将公共文化服务体系示范区创建领导小组转化为现代公共文化服务体系建设领导小组；继续全面贯彻落实《保障法》等法律政策，形成并完善示范区后续建设长效机制；继续重视和加强制度设计研究、加大公共文化投入、加强文化人才队伍建设，夯实公共文化服务基础。

（三）扎实推进各项文化改革试点工作

以国家"基层公共数字文化服务推广项目"试点验收为契机，继续推进数字化建设，完成嘉定区《公共文化数字平台服务规范》试点，使之顺利升级为上海市地方标准工作。以嘉定区文化馆作为上海市唯一报送国家文旅部的文化馆总分馆试点为契机，继续深化公共文化服务标准化框架下的文化馆总分馆服务体系建设。以嘉定区图书馆作为国家文旅部选定的上海市公共文化机构法人治理结构改革试点单位为契机，进一步深入推进以理事会为主要形式的法人治理结构改革。

（四）继续广泛动员各类社会力量参建公共文化

培育主流文化社会组织；继续繁荣文艺创作，传播体现红色文化、江南文化、海派文化等特色的优秀作品;继续推进文化科教融合发展、创新发展,引领文化供给侧改革,为全区举旗帜、聚民心、育新人、兴文化、展形象,提供强大新动能。

党建引领业委会 社区治理焕生机

黄浦区打浦桥街道党工委

打浦桥街道位于上海这座国际大都市的核心区黄浦区的西南,辖区面积1.59平方千米,是一个现代化宜商宜居的社区。辖区内住宅小区共有66个,既有以高档型商品房为主的新型住宅小区,也有以直管公房、售后公房为主的传统住宅小区,其中:商品房小区43个,系统房小区9个,直管公房小区14个;已组建业委会的小区共62个,占比93.9%。

随着城市建设的日新月异,业委会已经发展成为社区自治管理的重要组织力量,业委会规范化运作的程度,成为影响居民自治和社区治理的重要因素。近几年来,围绕业委会而引发的矛盾,呈现不断上升态势,主要是业委会成立难、业主参与率低、业主大会召开难、成员发挥作用难、管理监督难,住户的安居深受困扰。

为了确保百姓安居乐业、社区一方稳定,打浦桥街道党工委坚持从回应群众对美好生活的向往、巩固党在城市社区执政基础的高度出发,以党建为引领,对业委会建设进行了有益探索。

一、"双向进入、交叉任职"融汇党员力量

街道党工委通过深入调研后,决定以党建引领为龙头,在居民区党组织、居委会与业委会之间进行"双向进入、交叉任职"的尝试。即以业委会换届为契机,推荐属地的党总(支)部和居委会的"两委"委员经法定程序担任业委会主任或委员,支持专业能力强、素质高的适龄业委会主任、委员进入"两委"委员队伍。一方面,这些"两委"委员由于素质好、能力强、威望高,通

过"交叉任职"极大地促进了业委会的有序运作;另一方面,这些小区治理的行家里手,通过发挥自身优势,为党建引领社区治理提供专业支持,也搭建起了党组织与业主群众沟通联系的"连心桥"。2015年"两委"换届后,共有10名业委会成员当选居民区党总支委员、7名当选居委会委员,有10名居民区党总支委员、居委会委员或党小组长、楼组长成为业委会新进委员,占新进委员总数的40%。目前在62个业委会的305名委员中党员有87名,占比28.5%,有36名党员担任了业委会主任,占比58.1%。同时,街道党工委动员在职机关党员干部和退休的党员领导干部积极参与业委会选举,进入业委会工作,现在有1名机关党员干部和3名退休党员领导干部担任了业委会主任,充分发挥了党员在业委会建设中的顶梁柱和润滑剂作用。

二、"两个纳入、多方联动"强化组织保障

所谓"两个纳入",就是将业委会建设作为街道党建工作的重点内容纳入党组织加强基层建设的工作范畴;将业委会建设作为居民区党建工作的重要内容纳入党组织加强社区治理的工作职责。

在街道层面设立业委会工作指导办公室,建立街道一级的物业管理联席会议平台。业委会工作指导办公室为加强对业委会日常工作的指导服务而设立,其职能有三个方面:

(一)统筹业委会组建、换届改选等工作,有序推进业委会建设。

(二)指导业委会规范管理、高效运作,协调配合业委会依法履职。

(三)定期监督检查业委会工作。街道自治办、房管办每周组织召开例会,通报业委会、物业工作情况,协调解决涉及物业管理方面的重点突出问题,研究制定长效常态化工作制度。

在居民区层面成立业委会专委会,建立居民区所辖小区的物业管理联席会议平台。业委会专委会是指在有多个业委会的居民区成立由若干名有专业特长的党员、居委会成员和辖区业委会成员所组成的业委会专委会,研究疑难案例,交流区域内业委会建设经验,延伸指导服务触角,畅通各方联系渠道,及时传递上策下情,全面准确掌握社区管理中的矛盾纠纷,对问题做到早发现、早介入、早协调、早解决。同时由居民区党总支牵头,每季度组

织辖区业委会和物业企业参加座谈,交流工作、总结不足,同时不定期召开协商会,化解管理中的各类问题。

街道党工委注重发挥居民区党总支在业委会建设中的领导核心作用,全程指导和监督物业小区换届选举,牵头协调居委会、业委会、物业公司和业主之间的关系;街道党工委和居民区党总支指导帮助在有条件的业委会专委会中成立党小组,由此形成了业委会建设中街道党工委、居民区党总支和业委会专委会党小组等3个层级党的组织,强化了业委会建设的组织保障,实现了党的组织和工作全覆盖,把党的组织意图贯彻到业委会建设全过程,大大改变了业委会建设松、散、乱的不良局面。三级党组织严格遵循党组织与业委会"互补而不替代",业委会与物业"协作而不对立"的工作原则,在业委会换届选举阶段把好"换届选举工作小组组建、业委会候选人推荐、换届选举投票"等3个环节,在业委会日常运作阶段突出"业主对业委会建设的意见建议、业委会运行面临的困难和问题、业委会与物业服务企业之间的矛盾"等3个关注,形成了合法、有序的工作模式,确保了业委会工作正常有序运转,真正落实了街道党工委和办事处对业委会工作的属地主体责任及居民区党总支和居民委员会对业委会的指导和监督责任,为基层治理打下了坚实基础。目前,打浦桥街道62个业委会中已成立党小组28个,实现了应建尽建,占比为45%。

三、"弥补短板、排忧利民",用好党建经费

居民区党总支充分发挥党建经费服务群众的功能,以业主急难愁盼为切入点,梳理业委会建设中遇到的各种实际问题,分析形成的原因,对确实无法动用维修经费解决但对居民生活造成重大困扰的问题,如开城公寓和北蒙三共用垃圾压缩站的维修、北蒙三和银杏小区隔离绿化带的修剪、泰康居民区值班岗亭的移位、肇东居民区非机动车棚的智能化改造、局后垃圾乱倒点的绿化、思家公寓污水管的翻修等,居民区党总支对这些业委会建设中的历史遗留难题和矛盾集中点通过居民区的物业管理联席会议平台讨论确定,逐步通过党建经费项目进行立项解决。在解决过程中注重事先在小区居民中去充分听证、筛选解决方案、党建项目立项上报审批、群众现场施工监督、第三方审价、群众满意度测评等流程,确保办应该办的事,确保把好事办好。近两年共在居

民小区使用党建经费为业主实施44项实事项目,为业主办好事、解难事,得到了小区业主的普遍欢迎,拉近了党组织与群众的关系,有力地推动了业委会的难题破解,弥补了业委会建设中的短板,提升了党建引领业委会建设的影响力。

四、"党建牵头、业群结合"打造熟人社区

街道通过党建工作平台,充分发挥群团和工会作用,组织各种各样的活动,把业主、业委会、物业融合在一起,打造"熟人型小区",提高业主对小区事务的参与度。

街道层面:一方面,利用裙房、物业用房建立党建(群团)服务站,社区党建服务中心定期送服务、送项目,为广大业主提供开展党建活动、参与志愿服务的平台,最新建立的丽一居民区复兴佳苑党建(群团)服务站,以党员业主为骨干,动员其他业主积极参与,小区的事在这里讨论、小区的人在这里熟识、小区的未来在这里憧憬。另一方面,积极发挥街道区域化党建的平台作用,充分利用驻区单位的优秀资源,广泛发动各居民区业委会、业主和物业参与,精心组织了一系列内容丰富、健康向上、精彩纷呈的文化艺术活动,有大同居民区的"缤纷之夏文艺纳凉晚会",有汇龙居民区的"汇龙邻里节——金秋游园会"等,让广大业主学在小区、乐在小区、融在小区,在欢声笑语中拉近了居民区党组织同业委会、业主、物业的距离。

居民区层面:各居民区党总支相互参观学习借鉴,取长补短,共同针对小区管理中的常见问题,指导业委会制定《居民公约》,明确了业主在宠物饲养、房屋出租、车辆行驶与停放、小区通行、房屋装修、垃圾处理、物业管理费和邻里关系等方面的权利和义务,形成了自治规约,在潜移默化中达成了居民区党组织同业委会、业主和物业的共识。

通过党建引领,打浦桥街道的安居环境发生了明显变化,小区环境更加整洁,邻里关系更加和谐,业委会班子更加团结,街道党工委、居民区党组织、业委会和物业更加融洽,形成了社区治理的强大力量,党组织意图和居民对美好生活的向往得到了有效结合。目前,打浦桥街道业委会正常运作率达到了98%,业主参与率达到了80%,矛盾都能及时得到处置解决,党的基层建设和社区治理都取得了明显成效,焕发了新的生机。

陈强口述：环同济知识经济圈涌出创新之泉

陶雪松　夏　飞（整理）

所谓环同济，一言以蔽之，就是同济大学相关优势学科、科教资源外溢，并与杨浦区"三区融合、联动发展"的城区发展理念相结合，共同孕育出"政府引导、学科支撑、企业主体、市场运作"的产业发展新模式，长期在同济任教的我认为，这是杨浦区由"传统工业杨浦"到"知识创新杨浦"成功转型的经典案例。

一、业态之初：内生动力与外部需求的融合

二十世纪八九十年代，一部分同济大学师生自发在同济大学周边的赤峰路创办工作室或公司，很快，赤峰路便形成了"赤峰路建筑设计一条街"，这也正是环同济的发端。改革开放40年来，以赤峰路为起点，环同济完成了从"赤峰路建筑设计一条街"到"同济建筑设计产业带"再到"环同济知识经济圈"的跨越。环同济现象的产生并不是偶然的，它是内生动力与外部需求共同作用的结果。内生动力一方面源自同济大学自身的学科优势，包括土木工程、建筑学、城市规划、风景园林、交通、海洋、环境等学科，有些学科在国际上也是名列前茅。优势学科的发展也需要与产业互动。如果没有这么雄厚的学科基础，即使外部需求因素再强，知识经济圈的建设只能是无源之水、无本之木，只会昙花一现。

1998年，各高校开始进行大规模扩大招生，不管是学生宿舍还是教室以及办公室用房都出现严重短缺，同济大学当然也不例外，为了缓解这一突如

其来的矛盾,学校只好决定清理学校里的一些经营性用房。于是,一些公司或者工作室都搬出了学校,而且大部分都选择在赤峰路发展经营。慢慢地,从赤峰路与四平路的丁字路口开始,整个赤峰路沿线慢慢形成气候,成为远近闻名的建筑设计一条街。第一批开拓者成功之后,一个带两个,两个带三个……同济大学的创新创业潜力得以呈现,并且形成良性循环。一个老师如果创业成功之后,肯定利于学生的实习锻炼,在招收员工的时候也必将倾向于同济大学的学生。对学生而言,既锻炼了实践能力,也为设计行业的二次创业浪潮的到来打下了人才基础。

所谓外部需求,指的是来自市场的旺盛需求,这是一个特别重要的因素。环同济之初,我们处在一个特殊的历史时期,国家进入大规模建设时期,特别是从20世纪90年代初开始,浦东开始大开发建设,建筑设计、城市规划、工程咨询等方面的需求越来越大,为设计行业提供了广阔的市场。21世纪以来,城市化与房地产业的爆发式增长,聚集于同济周边的城市规划与建筑设计及土木工程等相关产业,逐步呈现出规模化、层次化发展的趋势。

不仅仅是20世纪90年代,从改革开放以来很长一段时间来看,整个国家发展都特别快,持续处在高位的固定资产投资率、每年增长1个百分点的城镇化率、持续高强度的房地产开发,这些都是需求因素,没有需求,内部动力再强也没有释放的机会。所以我觉得这是最关键的一个点。当内生动力与外部需求在一个特定的历史时刻发生碰撞和融合,环同济的能量就彻底激发和释放出来了!

二、区校合作:走知识创新之路

2000年左右,正是杨浦区寻求产业转型升级的关键时期。区政府希望摆脱传统工业经济落后、重污染等的帽子,希望充分利用区内高教资源丰富的优势,走"三区联动"之路。在赤峰路建筑一条街的税收贡献、财政收入贡献等方面刚有所体现的时候,杨浦区政府就敏锐地感觉到这个变化。设计、规划等行业不像杨浦传统的制造业一样对于场地有较高要求,需要很大的生产基地和办公面积。同时它是一种绿色经济,污染少、经济效益高,又可以集聚各种高学历的人才。

如此"完美"的经济业态,正是"踏破铁鞋无觅处,得来全不费功夫",杨浦自然十分重视环同济的发展。2000年7月,杨浦区委、区政府审时度势地发布关于依托高校优势推进杨浦经济和社会发展的决定,并出台税收减免、企业注册一条龙服务等一系列扶持政策,为同济大学的师生创业提供了良好的政策环境。2002年,赤峰路杨浦区段被命名为"赤峰路同济现代建筑设计特色街"。针对赤峰路一带环境较差、企业发展空间受限等问题,区政府投资800余万元对赤峰路进行环境改造。环境改善了,发展空间也充足了,企业特别是中小企业获得了进一步成长的空间,同年环同济就实现产值10亿元。

当时,杨浦区委主要领导和同济大学校长万钢(后任科技部部长)曾一起畅谈区校合作。两人一起在学校三好坞的咖啡馆喝咖啡,这时万校长就提了一个很大胆的想法,他讲我们能不能用10年时间把环同济的经济体量做到300亿元。在当时只有50亿元产出的情况下,在场的人都觉得是不可能的事情,是不是这个目标有点太高了。万校长讲这个目标是可以实现的,他建议我们,为了更好地发展,要做一个杨浦环同济的总体发展规划。区校同心,其利断金,当时区委、区政府动员了相关力量,同济大学也专门组织经管、建筑城规等学院的教授来参与,双方共同组成了一个课题组。2007年6月,区政府与同济大学签订了《杨浦环同济知识经济圈建设合作协议》,联合发布了《杨浦环同济知识经济圈总体规划纲要》,这也标志着环同济知识经济圈建设工作正式启动。规划纲要的发布最大贡献之一就是把杨浦环同济整个的概念弄清楚了,发展的方向也更加明确了。

三、日益成熟:产出强度迅猛增长

(一) 范围不断扩展

范围面积的变化是环同济快速发展的最直观的反映。原来的环同济指的就是以同济大学四平路校区为核心的地区。"十三五"期间这2.6平方千米核心地区几无可供开发的载体资源,制约了环同济产业升级的发展空间,许多企业发展壮大后由于办公空间不足或商务环境不够理想,不得不迁出环同济核心区向外围发散。这在客观上促进了周边地区的开发与产业集聚。

现在的环同济由核心区、扩展区和若干辐射点共同组成。核心区：以同济大学四平路校区为核心，包括密云路、中山北二路、江浦路、控江路、大连路围合组成的区域，总面积约2.6平方千米。扩展区：以曲阳路、大连西路—大连路、周家嘴路、黄兴路、邯郸路围合组成的，以四平路为中轴线呈对称状的五边形区域，面积约10平方千米。若干辐射点：包括位于"新江湾城科技园"规划中知识商务区的新江湾城辐射点，位于黄浦江北岸创新创意产业基地的滨江辐射点，位于营口路白玉兰环保广场（上海环保科技园）的黄兴公园辐射点，等等。由点到面，环同济的集聚效应不断溢出，辐射面不断扩大，逐渐成为杨浦知识创新区建设的重要引擎。

（二）业态不断发生变化

已形成同济大学规划设计研究院、同济大学城市规划设计研究院、上海市政工程研究院、上海邮政设计院、中建国际集团等五大设计集团为龙头，诸多中小企业遍布其中的"企业生态系统"，形成了非常完整的设计产业链。以建筑与城市规划设计为龙头的产业组群，覆盖景观设计、市政工程设计、通信工程设计、室内设计、环保工程设计、软件设计、工业设计、汽车研发设计、时尚设计、艺术传媒设计、设计教育等设计领域并链接工程承包、房地产、投资与管理咨询、装潢、图文制作、建筑模型、电脑维护、信息传输等相关产业。产业链中每一个环节都高度专业化，并带动了周边餐饮、银行、旅游、专业图书等传统服务业的发展。当然整个环同济还有一些新鲜的业态在出现。比如说教育产业，一些教育培训机构跟我们的主业是相关的，各种建造师培训、造价师培训，跟我们的产业链是相关的。

（三）产出强度已经达到相当高的水平

产出强度反映的不仅仅是总产值，更体现的是经济产出的效率。环同济的产出强度非常高，高到什么程度呢？我们用数据说话：产出强度涉及经济产出和产业载体面积两个方面。根据定期的统计机制我们发现，环同济现有的产业载体面积差不多已经到达极限了，稳定在100万平方米出头，再生长出一些产业面积很困难。我们环同济去年的产值已经达到360多亿元，假如用360亿元除以100万平方米，这个产出强度在国内也是不多的。这么小的地方蕴藏着数百亿元的产值,实在是难得!很多人或许不明白100多万平方米是一个什么概念。打个比方,我们现在所在的经管学院共23层楼,2.3万平方米,也就是说如果有40幢这样的楼的面积就可以贡献360亿元的产出,相当于每一幢楼产出9亿元。最可贵的是,它的产出对于环境所造成的损害是很小的,它是一个知识密集型、技术密集型,没有环境伤害,而且技术迭代非常快的区域。

四、载誉满满:总结经验再出发

最近10年日益成熟的环同济,获得了更多来自国家层面的支持。如2011年4月,由中意两国政府共同打造的国家级设计创新研发中心和服务平台——"中意设计创新中心"在同济大学成立。2011年8月,联合国教科文组织"创意城市"(上海)推进办公室落户同济大厦。2016年年末,科技部部长万钢明确要求同济大学牵头,进一步总结环同济发展的经验和启示,形成可复制、可推广的发展模式和发展举措,并谋划环同济的未来发展路径,更好地发挥创新驱动战略发展核心作用……这些政策支持或者说获得的荣誉,一方面是对环同济发展壮大取得成绩的肯定;另一方面也说明环同济的影响力已经达到一定的高度。只有创新才能走得更远,我们环同济也在这方面积累了不少改革开放的经验:

(一)坚持实施"三区融合、联动发展"战略

政府策动和主体联动是集群发展的必要条件。大学培育创新成果,市场机制推动发展,政府支持因势利导。同济大学通过有效集成学校设计类学科优势资源,推进学科链—技术链—产业链融合互动,构筑了较为完整的知识型产业生态链。区政府整合区域资源,以市场为导向,通过规划调节为企业提供商业用房,通过城市整治改善企业工作环境,通过专门机构及时为企业解决发展中遇到的困难,通过专项资金扶持、产业政策引导、人才保障、融资服务等机制体制创新措施,鼓励中小企业在设计领域进行创新,推动了该区域创新集群的形成和经济增值活力的提升。

（二）要加强环同济供给侧结构性改革，提高供给体系的质量、效率和个性化，增强产业持续增长动力

拓展和优化环同济产业链，以当前城市更新、新型城镇化、绿色生态、节能环保、智慧城市、海绵城市建设等热点需求为导向，构建覆盖全领域的城乡规划建设创新服务体系，将环同济打造成为设计领域创新资源汇聚的"规谷"（规划设计产业的集聚地），建成全球最新规划和设计理念、方法及技术的应用示范和集中交易区。

（三）加强环同济区域品牌建设，进一步优化周边环境，促进产业能级不断提升

加强品牌建设最直接的就是要改变环同济企业之间无序、同质化、恶性竞争的局面，解决无效和低效供给过剩和有效供给不足的问题。只有人心齐，才能打造出区域品牌，从而避免沦为竞相压价、无利可图的低端产业链。

（四）要立足上海，对接国际。环同济在立足上海全球科创中心和国际设计之都建设的总体目标、产业定位、功能定位的基础上，应与全球文化创意产业发展的新理念、新模式、新趋势有机衔接

加强国内外的交流与合作，扩大"环同济"的国际知名度和影响力，全力打造上海"设计之都"的核心功能区。对接国际还有一点特别重要，即："请进来"与"走出去"相结合。"请进来"指的是将国际上有影响力的国内外设计等领域专家、研发机构和公司引入环同济，既可实体入住，又可虚拟引进，提高环同济的国际化水平和协同创新能力。杨浦现在已经引进了全球百大设计公司总体排名第一的 AECOM 公司，以国际化设计产业龙头企业，带动杨浦区设计产业国际化水平的提高。"走出去"指的是在实施"一带一路"国家战略的背景下，环同济企业应积极"抱团出海"对接国际市场，提升工程设计、建设管理等综合服务能力和国际竞争力，分享"一带一路"的战略红利。

本文由杨浦区委党史研究室供稿，在此深表谢意。

（作者单位：上海大学）

不忘初心:营建阔步迈向
新时代的同心品牌

民建上海市徐汇区委

2018年,民建上海市徐汇(以下简称"区委")区委在民建上海市委和中共徐汇区委的正确领导下,以"不忘合作初心,继续携手前进"为主题,以自身建设为抓手,继承优良传统,进一步加强思想建设和组织建设,认真履行参政党职能,不断开拓创新。

一、以"牢记合作初心,继续砥砺前行"为主题,加强学习宣传

(一)区委坚持加强政治学习,统一思想认识

组织中心组成员和各总支、专委会认真学习贯彻中共十九大精神,深刻领会"习近平新时代中国特色社会主义思想"的丰富内涵、精神实质、重大现实意义和深远历史意义。深入开展"不忘合作初心、继续携手前进"主题活动,内化于心,外化于行。教育广大成员要继承和发扬民建的优良传统,坚持中国共产党的领导、坚定政治方向和理想信念。区委和各总支采取辅导报告、交流讨论和参观考察相结合的形式,分别开展了以下活动:"专题学习班";邀请民建市委副主委张兆安做"经济形势与参政议政工作"报告;举办汇源堂活动3次;出版《徐汇民建》4期;发动广大会员积极撰稿,丰富"徐汇民建"微信公众号内容。

（二）区委以纪念"五一口号"发布 70 周年和改革开放 40 周年为契机，组织各专委会和总支开展"牢记合作初心，继续砥砺前行"系列纪念活动

1. 开展学习读书活动

妇委会组织女会员阅读《邓小平时代》和民建市委编写的《踏石留印——民建人薪火传承的心路历程》，感悟改革开放的 40 年历程和回顾上海这片土地上，民建先贤和老一辈民建会员，为中华人民共和国的建立、建设、发展以及多党合作事业做出的开创性贡献。许多会员纷纷撰写读后感。区委还组织广大年轻会员、新会员参加民建市委召开的纪念中共中央发布"五一口号"70 周年座谈会和民建中央宣传部部长张皎所作题为"不忘合作初心，继续携手前进——民建会史专题报告"会，重温民建建会初心，牢记"爱国、民主、建设、团结、创新、奉献"的共同价值理念。

2. 召开主题组织生活会和跨区域民建组织交流，进一步领会习近平总书记在今年全国两会上提出的"新型政党制度"的深刻内涵和重大现实意义

各总支分别举办"听老会员讲——知我民建、爱我民建、为我民建的故事"和参观浦东川沙的黄炎培故居、抗战纪念馆、嘉兴南湖、"小姜村"和周恩来故居等活动，开展学习讨论。企业委员会与南通民建开展交流，贯彻落实民建市委"长三角协同战略"的要求。直属总支与企业委、中青委联合举办论坛等活动，庆祝改革开放 40 周年。

3. 认真组织各总支、专委会和广大会员积极参与民建市委、区政协和区委统战部举办的征文和各类纪念活动，展示徐汇民建的形象

获得民建市委"我与改革开放 40 年"征文活动优秀组织奖。

区委获"徐汇区统战宣传工作先进单位一等奖"、"徐汇区统战信息工作先进集体"和"民建上海市委宣传工作三等奖"。

二、加强基层组织建设

（一）区委以落实正副主委、正副秘书长分工联系各总支、专委会为抓手，大力加强组织建设

召开总支主委会议，加强基层总支建设。增补一名区委委员，充实区委

班子力量。继续推进跨区域的共建活动。第五总支与浙江嵊泗知联会交流共建。企业委与民建北京市顺义区总支委签约共建。

规范各总支的组织发展、预算执行和会费收缴工作,把支部真正建设为"家、学校和参政议政的集体",提高各总支组织生活质量。着力抓好组织发展和后备干部队伍建设。调整部分总支规模,进一步平衡各总支的体量规模、年龄结构。新建第六总支(总支成员90人,下设3个支部)和第五总支新建"汇源堂支部"。不断拓展专委会规模,紧密地与民建市委的工作相衔接。成立"民建徐汇区委金融委员会"和"民建徐汇区委文化体育委员会",更好地服务于参政议政工作,丰富广大会员的精神生活。制定《民建徐汇区委关于开展2018年度先进集体和优秀个人评选表彰工作的意见》,通过各总支、专委会开展先进评选。共产生先进集体5个,组织发展工作先进个人3名,学习宣传工作先进个人3名,参政议政工作先进个人5名,社会服务工作先进个人3名,优秀会员17名,以及会务活动积极分子17名。

全年共发展新会员52人,另有民建之友73人。举办"新会员学习班"。新会员通过学习,进一步了解了民建的历史和参政党的职能、党的统一战线理论。表示要加强自身建设,立足本职,认真履职。民建之友也更加坚定了入会信念。为进一步提高组织发展工作的质量,2018年3月和9月,分别制定并实施《徐汇民建组织委员会发展会员面谈工作简则》和"民建之友组织发展流程",既把好入门关,又提高工作效率。根据区委统战部的要求和部署,开展后备干部的民主推荐,形成71人的大名单。

(二)为进一步加强民建徐汇区委的自身建设,更好地履行参政党职能,2018年8月2日,中共徐汇区委统战部部长黄国平、统战部副部长卢蕴玉等对民建徐汇区委开展专项调研

他们对民建九届区委成立以来在学习宣传、组织建设、参政议政、后备干部队伍建设方面的工作及所取得的成绩予以了充分肯定。

2018年5月30日,民建市委召开组织工作会议。会上,区委的"同心品牌——民建徐汇沙龙"被表彰为"优秀工作案例",直属总支获"先进支部提名奖"。2018年6月14日,全国人大常委会副委员长、民建中央主席郝明金视察民建徐汇区委,对区委工作予以了高度表扬。

三、大力开展课题调研,积极参政议政

(一)区委认真履行参政议政职能,深入开展专题调研、广泛了解社情民意和"民建徐汇沙龙"工作

围绕中央经济工作会议精神等中心工作,以繁荣和发展徐汇区的经济及各项社会事业为目标,积极建言献策,在政协大舞台上认真履行民主监督、参政议政职能。积极参与中共徐汇区委召开的民主协商会和区政协的各项活动,稳步推进区委统战部下达的《着力构筑上海发展的战略优势,打响"上海服务""上海制造""上海购物""上海文化"四大品牌建设研究》《提高民主党派成员政治参与质量的策略研究》《提升风险防控能力,维护社会和谐稳定》和区政协经科委的"优化营商环境"课题调研工作;承接民建市委调研课题《提高民主党派成员政治参与质量的策略研究》;加强参政议政工作总结、布置和实务培训;金融委与区金融办开展"情况通报对口交流会";走访区民营上市企业"上海全筑建筑装饰集团股份有限公司",利用专业资源帮助企业解决好发展中的问题。

区委提交《创设新时代政府投资基金　助力徐汇经济优化升级》《开发地下空间,解决徐汇中心居住区停车难题的建议》和《加快高校科技成果转化的若干建议》等3篇提案,受到分管区领导和有关部门的重视,多次召开提案答复的会商、沟通会议。

(二)加强社情民意工作

全年共收到并上报区政协、区委统战部、民建市委社情民意报告303篇。其中1篇获中央领导批示;1篇获市领导批示,市政协采用5件,市委统战部采用3件、转有关部门6件,区委办采用3件,区政协采用31件。社情民意文章12篇刊登在民建市委《调研建言》。超额完成区委统战部下达的年度信息录用目标。另外,会员李伽撰写的《建议强制公开航运公司集装箱皮重数据库》被民建中央评为优秀社情民意。会员王劼的《关于提前准备中美贸易

摩擦向投资领域传导的建议》,获得民建中央单篇采用和中共上海市委的反馈。

为配合民建中央"大调研"工作,民建市委将"上海探索自由贸易港建设研究"确定为本年度的1号课题。区委多名会员主动报名参加,积极加入各课题组调研。其中,杨舒玥、黄少鹤会员分别提交了《将上海自由贸易港打造成具有国际影响力的文化创意产业贸易枢纽》《将区块链技术战略性引入自贸港以"智能贸易"促进贸易便利化》等2篇专题报告,向民建中央主席郝明金及各位专家汇报。杨舒玥会员的课题报告得到上海市副市长翁铁慧的批复。会员王劼出席郝明金主席召开的关于《风险投资助推高质量发展》调研座谈会,作专题发言。

(三) 承办民建市委"中小企业发展论坛"

该论坛是民建上海市委着力打造的品牌活动之一。这也是民建徐汇区委继去年成功举办"汇建未来——创新创业"论坛的延续与深化。未来,徐汇民建将继续发挥自身的优势和特点,为促进中小企业转型升级与创新驱动发展,为推进金融、投资与实体经济的深度融合,为提升中小企业的社会影响力贡献力量。

区委获2017年度民建市委参政议政工作先进组织三等奖和区政协"反映社情民意信息工作先进单位"称号。区委承接的民建市委课题《加快高校科技成果转化的对策研究》获2017年度优秀课题成果评选三等奖。

四、丰富会务活动,拓展社会服务

(一) 各工作委员会以开展多层面的活动来进一步增强组织的凝聚力

企业委组织会员企业之间的交流。积极参加"民建中央(深圳)风险投资论坛"和民建市委"浦江论坛"。老龄委开展丰富多彩的活动,关心300余位老会员。坚持周五学习制度。组织学习考察活动。妇委会举办"三八"联谊会及"女会员沙龙"之"爱生活、爱美丽系列"活动。

（二）连续 12 年慰问徐汇区社会福利院，关心看望结对的孤老，送上慰问品和礼金计 5 000 元

妇委会与华泾镇妇联结对共建，参与慰问社区重症患病儿童。参加"天使知音"关爱自闭症儿童慈善沙龙活动，捐款了 3 000 元。积小善，成大爱，奉献爱心。第二总支地铁志愿者队伍定期维护地铁秩序。深入社区，中青委与枫林街道开展共建，参与枫林社区活动。社会服务委不断拓展服务外延，发扬"扶贫济困，服务社会"的优良传统。春节、暑期组织各总支开展走访，帮困、慰问困难会员和老骨干 99 人次、计 43 300 元。落实民建市委"暖心工程"，慰问 1956 年之前参加民建的老会员。

探索精准服务模式：
天平路街道营商工作回顾

沈佩青

2018年,天平路街道营商工作在街道党工委、办事处的正确领导下,在营商领导小组的全力支持配合下,圆满完成了区委区府的各项工作任务,主要体现在以下几方面:

一、着力完善工作机制

7月,天平路街道召开优化营商环境工作推进大会暨成立街道优化营商环境领导小组会议,通过了《天平街道优化营商坏境实施方案》,明确将优化营商环境工作作为社区专项办的主要职能。在队伍配置上,专项办落实主任、副主任各1名,并新招录2名社工充实队伍。同时建立了一系列营商领导小组工作制度。

(一) 办公室每月工作例会制度

主要研究优化营商环境具体工作,沟通企业服务进展情况,及时协调解决企业发展面临的实际困难。

(二) 专项办每周科务会和每月联合功能区公司召开月度考核会制度

每周一下午和每个月的5号是工作例会的相对固定时间,及时沟通和汇总日常工作信息,主要研究解决企业服务中遇到的问题。

(三)设计工作流程,尽力确保走访服务企业的无缝衔接

设计了日常走访企业信息表和每月企业诉求汇总表,企业信息表属于一企一表,主要记录走访时间、走访人员等基础走访情况,每月企业诉求汇总表除了汇总走访总数以外,按功能区公司、营商办和其他三大块对企业诉求进行分类处置。自街道营商办成立以来,在走访企业过程中我们共收到各类诉求89项,其中涉及政策类诉求46项,由功能区公司对接,涉及服务类诉求33项,由街道搭平台解决,涉及其他类的10项诉求,通过街道优化营商环境领导小组办公室召开相关会议研究解决。

二、建立分级走访制度

2017年度天平路街道总税收100万元以上企业184家,其中500万元以上企业65家,2 000万元以上企业23家。为进一步健全企业走访,我们落实了分级走访制度。

(一)街道主要领导每人负责对接走访12家重点企业

由分管领导陪同走访,目前已走访过半。

(二)由专项办两位科长分别带1名社工,和功能区公司业务员联合走访100万元以上企业

遇有企业外迁或企业提出重要诉求,由专项办分管领导协同功能区公司负责人共同走访。

(三)对于100万元以下50万元以上企业,由专项办2名社工负责走访

通过分级走访,进一步加强了与辖区企业的联系,提高了走访服务的精准性和有效性。截至10月底共走访企业94家,其中500万元以上企业61

家,100万元～500万元企业11家,50万元～100万元企业22家。

三、做好载体资源调查

为了做到底数清、情况明,做了以下调查工作:

(一)召开楼宇、园区物业经理座谈会

通报街道优化营商工作情况,了解目前天平辖区楼宇、园区企业入驻情况及企业诉求,同时征求物业经理们对做好优化营商工作的意见建议。

(二)完成了辖区10幢重点楼宇、两个园区内企业的调研摸底

截至10月底,共有入驻企业544家,其中户管企业123家,属地率为23%。

(三)对辖区1万平方米以下、3 000平方米以上载体进行调查摸底

截至10月底已完成9幢普通楼宇358家企业、两个众创空间75家企业的走访。通过对载体的调研,使我们对辖区载体资源底数及载体内企业情况有了初步掌握。

四、探索精准服务模式

通过帮助解决企业诉求、开展丰富多彩活动,不断探索对企业走访的服务形式,促进企业社区融合发展。

(一)搭建平台解决企业诉求

在街道营商办的牵头下,认真梳理日常走访中企业的诉求,做到事事有回音,件件有着落。比如:新华社上海分社反映燃油锅炉房及2层车库改造诉求,街道及时协调区建交委、环保局相关负责同志到现场办公,了解实际情况,对燃油锅炉改造给予大力支持,但对车库改造事宜因该2层车库无产

证且车库下方是化粪池,由于承重因素,不适合建设大型立体机械车库,建议分社维持车库现状,并向分社介绍了周边社会停车资源,得到了分社领导及区委常委、政法委钟晓咏书记的一致肯定。又如:汾阳视听医学技术有限公司噪声扰民及外墙张贴小广告问题,街道及时协调城管中队、功能区公司人员,一起实地勘察,成功化解了邻里矛盾,同时通过街道聘请的第三方对公司外墙广告进行了妥善处理。

(二)开展丰富多彩的活动

比如:开展了"高温送清凉""金秋送健康"活动,举办了第一届"天平杯"社企篮球联赛(辖区共有 16 支队伍参赛),组织企业参加"区产业政策解读会"、参观进博会以及申报学科带头人。

(三)发挥好商会平台作用

召开了商会分会工作会议并推荐 8 家企业加入街道商会,组织了辖区部分企业赴云南红河州元阳县开展扶贫考察活动,并积极响应"百企结百村"倡议,落实了 12 家企业参与结对帮扶工作,等等。通过一系列积极有效的走访和活动的开展,让辖区企业感受到了天平路街道温度,进一步促进了企业融入天平社区共同发展的信心。

(作者为上海市徐汇区天平路街道办事处副主任)

徐汇之光篇

和《新民晚报·夜光杯》的缘分：
如同结识大方的邻家姐姐

姚 虹

我最近的学生队伍里，有过一支特别能写作的梦之队。这支梦之队的12名同学在2018年高三毕业，进入了各自理想的大学，掀开了新学涯的篇章。当然我们在过去高中三年当中结下了非常深的情谊，也在王泠一博士的陪同下进行了上海城市文明发展的探讨，他们收获满满；也感谢母校徐汇中学给他们的高中留下三年美好的经历。他们送了我一套书，我们也一起搞了一次茶叙活动，也非常有幸，我把感想写成了一篇文章投稿并刊登在新民晚报·夜光杯上，这也是我人生当中第一次在《新民晚报》上发表的文章。我想也许可以换一个角度，从一个非常普通的新民晚报·夜光杯读者的角度谈谈我对新民晚报·夜光杯副刊的想法。

一、《新民晚报·夜光杯》的情结

我是从初三那一年开始读新民晚报·夜光杯的，因为20世纪90年代初期，家里面也没有像现在这样订报纸的习惯，我是在报刊栏上看到了新民晚报·夜光杯的文章。我印象非常深刻，到现在为止我还记得我看的第一篇文章是介绍一个舞蹈学校的学生，这个学生今天已经成了享誉世界的芭蕾舞者。当时上面还有一张照片给我的印象非常的深刻，因为那张照片的题目叫作"力"。我后来也听过对这个主人公的介绍，她一开始进入舞蹈学校的时候遇到了很多的困难，那个时候她可能刚刚在上海的芭蕾舞蹈界崭露头角。我对那篇文章的印象非常深刻，还因为她是我的同龄人，这位同龄人在她的人生道路上的探索和追求，非常的孤独、非常的艰难，但是最后绽放出非常美丽的光彩。我后来也一直关注她，包括她最近回到上海并去了她的母校等情况。我那个时候看到这篇文章觉得《新民晚报·夜光杯》很有意思。那年读初三的时候，我就和爸妈说初三要好好学习，我想多一点语文的素材，所以我要订阅《新民晚报》、我要看《新民晚报·夜光杯》。我自己读中学的那个时候还做了好几本的剪报，我还特别喜欢里面的连载小说，后来就在《新民晚报·夜光杯》上发现了我喜欢的专栏作家，这是我一直保持的习惯，这也是我与《新民晚报·夜光杯》的一个情结。

二、《新民晚报·夜光杯》，上海文化品牌的见证

等我进入大学，我学的是历史专业，我其实最喜欢的文章是夜光杯里面的叙事散文，它非常符合上海人的口味，讲的是上海的方方面面，充满着市井的生活气息，这和我们的海派文化也是非常契合的。我读这些文章的时候就会想到杨绛有一篇很重要的散文《老王》，非常平易自然，但是这个人物非常鲜明；他的语言非常简单，看起来平平淡淡，这篇文章中虽然没有波澜，但字里行间充满着一种真情，我读很多《新民晚报·夜光杯》的文章都可以体会到这些。还有一篇秦万年的文章叫《后来什么都有了》，对类似文章都可以产生共鸣，读来令人感动。正好我那天读这篇文章的时候和我妈妈有一点不开心，心里比较酸，第二天又去哄妈妈了。

还有一个见证就是当代心灵史料。《新民晚报·夜光杯》几十年来刊载的文字，我之前读过很多老三届、上山下乡的故事，从我们那个时候的角度来说这也是一种类型的史料，现在它是与时俱进的，有很多上海市民关注着菜篮子的话题。我最近还读到一篇关于快递的文章，讲的是小区的快递员怎么样和卖家联系送快递，还读到过家里的保姆、钟点工的文章，这样的文章特别生活化，读起来感到特别的放松。但是从几十年的历程来看它在不断地记载，其实是一部非常鲜活的城市发展历史，不仅体现出上海这座城市本身在发展高度中的魅力，而且是上海发展的见证者和记录者。我记得上海解放60周年的时候《新民晚报·夜光杯》也出过专题，还有对老建筑、老码头等的口述历史。有时候也是触景生情，由情生爱，这也是爱上海很多理由

中的一个,所以《新民晚报·夜光杯》留下的文字不仅具有审美的价值,还具有史料的意义。在我来看《新民晚报·夜光杯》,她是在构建和代表着上海的城市精神、文化和品位。

三、品牌的发展

过去,我以为,我们在学校里求学的小朋友要发表文章非常难,直到我当了老师以后才知道,小学生可以经常在作文报上发表文章了。但是如果在《新民晚报·夜光杯》的快乐作文版上发表自己的文章,档次就非常高了。我记得《新民晚报·夜光杯》的快乐作文版是2004年开设的,这也是文化品牌的一种发展。实际上一份报纸的发展有很多的挑战,也有读者的流失,而且现在的孩子还会看爷爷版的报纸,所以我们要把报纸办得让孩子们喜欢。我现在也非常喜欢读书栏目,会介绍很多的书,如前一阵子推荐的书本也是和现在"一带一路"的主题发展相契合的。还比如环太湖的马拉松比赛,有一个违背规则给比赛的运动员递国旗的事出来了以后,没过几天《新民晚报·夜光杯》就介绍了跑马拉松规则的文章,也就是潜移默化地给我们的读者们一些提醒和意识,我觉得这也是《新民晚报·夜光杯》不断发展的品质。

如果让我打一个比方,我觉得《新民晚报·夜光杯》是一个非常可亲的,非常恬淡、大方的邻家姐姐的形象。它所登载的各类文章的篇幅虽然总体上都很短小,但却都很精细,读者们从中可以感受到开放、创新、包容,不管什么年龄、什么学历、什么职业都可以从中找到你所喜欢的社会风尚,有一种随意当中的精致;和风细雨背后,则是对于真实的追求,这也就是上海精神的所在。

(作者为徐汇中学"少年中国梦孵化基地"主持人、历史特级教师)

感受知识的魅力：
协助孩子尽快适应高中生活

李怡婷

常有高一家长倒苦水："我的孩子在初中学习成绩还是在班级里名列前茅的，可是为何进入高中后，成绩会大幅度下降，甚至出现高挂红灯的情况呢？"这个让许多家长和学生都感到困惑的问题绝不是个别现象。之所以会这样，很大一部分原因是没能顺利地做好初高中的衔接工作。

一、高中学习知识容量大、难度提高

学科门类虽然与初中差不多，但初中学习很多只要求作定性研究，而高中则要求深入理解，作定量研究，教材的抽象性和概括性大大加强。如初中语文淡化语法知识，尤其是文言文中的语法知识，高中则要求学生要有系统的语法意识和语法理念；初中代数侧重于解方程、运算，而高中代数一开始就是相当抽象的集合、映射等，这样的变化让许多高一学生无所适从。高中学习的能力要求也高。相比于初中，高中教学内容的系统性更强，各知识点之间是一环套一环的关系，构成完整的知识体系，学生只要其中某一个环节掌握得不牢固，就会出现多米诺骨牌现象。相对来说，初中教学中机械性记忆内容较多，但高中学习过程中仅靠单纯死记硬背是没用的，要能灵活运用阅读能力、鉴赏能力、写作能力、运算能力、实验能力、逻辑分析能力，这会让很多学生感到不适应。此外，学科间知识相互渗透，相互为用，也加深了学习的难度。

二、如何做好初高中的衔接呢?

以下几个方面值得家长关注:

1. 端正学习态度

许多学生中考完后,觉得紧张劳累了许久,终于可以歇口气了,趁机放纵自己,沉迷于小说、动漫、电脑游戏中难以自拔。还有些学生抱有侥幸心理,认为高中学习和初中差不多,只要最后一年临阵磨枪恶补一下就好,等发现自己远远落后于其他同学时,已经为时已晚。高一是马拉松长跑的新开始,家长一定要帮助孩子转变思想认识,要让学生从一开始就意识到与初高中学习的不同,端正学习态度,不能有刚上高一,离高考还有两年,可以喘口气懒散一下的想法。

2. 转变学习方法

好的方法,是成功的开始。由于高中学科知识量大、难度大、学习进度快、综合性强、能力要求高,所以高中教学不可能像初中那么具体地要求学生每个环节怎样做,而是要求学生能独立完成各个环节的任务,如预习、听讲、科学地记笔记、课后复习、独立作业、考后查缺补漏,等等。家长可以尝试引导孩子自觉地对自己的学习进行回顾、思考、总结、评价、调整、改进,形成良好的反思习惯,而不是等着老师来指出问题。大多数孩子习惯于有老师督促的初中学习,而高中学习则需要更多的自觉性与主动性,主动找出新旧知识的联系、主动翻阅参考书、主动跟随老师思考探究、遇到不会的问题主动找老师请教……学生有了主动求知的欲望,自然事半功倍。

3. 定位目标准确

有一些学生进入高中时,也立下了一番雄心壮志,一定要在高中开辟出自己的天地。只是没有明确的目标,不知如何计划,如何掌握学习技巧,懵懵懂懂,不知不觉中,时间流逝了,学习成绩自然不理想。建议家长引导孩子有计划地安排学习,分析自身对于各学科学习的兴趣以及优势或劣势,克服学习上的无目的性和盲从性。

4. 关注心理变化

高中教育不是义务教育,能上高中的学生,都是经过了中考选拔的,要人人都名列前茅是不可能的。家长们望子成龙、望女成凤的心理能够理解，但还是要面对现实，给自己的孩子做准确的定位。期望过高，往往造成失望越大，从而导致自信心受挫。即使孩子的成绩不理想，家长们也要适时调整好心态，切勿用简单粗暴的方式指责孩子，要与孩子一起分析原因，多沟通，多关注孩子的心理变化。

以下举一案例说明。曾经有一个叫佳佳的学生，上初中时各方面都非常优秀，成绩名列前茅，积极参加学校各项文体活动，是校园里的风云人物。但进入高一后的几次考试，她的排名都在年级中游，加之学校里优秀的同学很多，在学生会及社团活动中她不再是那个发号施令的领头人了，双重打击下让她对自己的能力产生了质疑，觉得自己很失败，情绪越来越低落，学习上也破罐子破摔，提不起劲儿来。在与其父母的沟通中也了解到，他们家庭对她的期望值非常高，希望她能考入名校，对于她进入高中后的表现，家长既困惑又无奈，不知道如何处理。

这个案例中的孩子佳佳从昔日的风云人物到默默无闻，这种落差造成的挫败感使得她失去了努力的动力，而家长的过高期待对她而言更是一种无形的压力，也不知道如何舒缓她的压力，长久之下孩子心理状态出现了很大问题。

我的处理方式是先找了佳佳本人，选在一个只有我们两个人的休息室，我和她先聊了一些初中时期的事情。她话匣子渐渐打开，回忆起自己在初中时组织过哪些活动，活动中发生过哪些有意思的事情。可是当她一联系到目前高中的境况，讲着讲着就突然沉默了，继而眼圈略微发红。我平静地告诉她：老师知道你进入高中后遇到了一些困难，不那么开心，如果想哭的话也不用忍着，这里只有你和我，想哭就哭吧。她拿着我递过去的纸巾，放下戒备地抽泣起来。这个过程中我并没有去打扰她，心理学上有一个词叫作"共情"，即我理解你的经历，我允许你有自己的情绪。这个学生在进入高中后一个人默默承受了太大的压力，她需要一个释放的空间，"哭"亦是释压的方式。

待她情绪略平复后，我告诉她："你会难过是因为你对自己有要求，你是个好强上进的孩子，我很欣赏你的好强，在高中学习阶段这个特质非常重要。"先认可学生身上的优点，给予其信心，再与她一起分析自身的优势与劣势。佳佳的文科底子还是不错的,基本适应了语文、英语的教学进度,但理科让她感到非常头疼,老师上课讲的她能听懂,就是一到独立做题便迷茫起来。我告诉她这是因为初高中的学习侧重点不一样,高中知识量较大,对能力要求较高,光靠死记硬背还不行,要有灵活运用知识的迁移能力。"当然能力的培养绝非一日便能速成的,你有信心改变吗?"佳佳点点头。"那我们就从学习方法上开始改变,课前你要先预习,做到大致了解教材知识框架,课堂上注意力集中,准确把握核心知识点,课后遇到不会的题目及时请教老师,作业完成后对于一天所学的知识点再回顾复习一下。学,然后知不足;练,然后知困,老师相信只要你坚持这个习惯,一定可以改变现状的。"

佳佳在我的鼓励下明显有了士气,她调整了自己的心态,重拾信心投入学习之中,后来我还与佳佳的父母做了进一步沟通,让他们也能调整好心态,对孩子有准确的定位,站在金字塔尖的人毕竟有限,不要过于追求成绩而忽视了孩子的心理状态。家长也认识到自己过于急躁,他们表示将全力支持孩子。之后的几次考试,佳佳的理科成绩有明显提升,虽然算不上名列前茅,但她对于自己的进步非常满意,学习也更有动力了。

这个案例使我深刻意识到,我们的教育不可能把每个学生都培养成全才,但教师和家长可以培养学生自我规划、准确定位、自主学习的能力,帮助他们尽快适应不一样的高中学习,在学习过程中感受知识的魅力,树立自信,是非常重要的。

(作者为徐汇中学高一年级二班班主任、历史老师)

军训日记：在东方绿舟感慨团队协作的力量

徐可风

在此起彼伏的闹铃大合唱中，我们迎来了东方绿舟国防教育崭新的一天。这天的项目对团队协作要求很高。团队协作就是同学们一起为了一件事共同献上自己的一份力，取长补短，求同存异，发挥出 1+1>2 的效果，最终事半功倍。

如在早上的翻越逃生墙活动中，全班 42 名同学要协作翻越一堵 3 米高的墙。这看似不可能的任务，而比赛前男同学们就围在一起，讨论活动中的"出场顺序"。轮到我们班时，我心中仍有畏惧，站在我前面的同学都迅速在其他同学的帮助下成功翻上了逃生墙，我心中更加忐忑不安，既怕从 3 米高空做"自由落体运动活体实验"，又担心自己拖累了班级。轮到我时，我身后的一圈同学托着我的腿和脚，把我往上送，我稍微跃起，双手努力向上伸，马上就被墙上的同学一把拽住，当时我的脑子一片空白，本能地把腿向上迈，墙上的一个同学一把捞住我的膝盖，直接把我"掀上"高墙。平稳落地后，我回头一看，想向那些拉我的同学道谢，他们却已弯腰伸手去拉下一位同学。少时，最后一个同学助跑起跳后被墙上一圈同学一起拉上高墙。顿时全场掌声如潮，欢声雷动。这一切仿佛都发生在眨眼之间。公布成绩时，我们班的成绩也一骑绝尘，引来满场沸腾。

看似无解的问题在同学们的互帮互助下迎刃而解，我不禁感慨集体的力量：如果仅有我独自一人，可能摔断腿也无法翻越高墙。但当同学们合作起来呢？难以逾越的困难也不过如此。一个优秀的团队就是可以让每一个人都能发挥出自己的力量，一个人的力量毕竟是有限的，但如果每个人的力量加起来呢？众人拾柴火焰高，无数单薄的力量汇聚起来便可气吞山河。在这次翻越逃生墙活动中，全班每位同学都奋力拼搏着：体格健壮的男生们主动挑起大梁，把每位同学安全拉上高墙；身材娇小的女生们也许没有这个能力，但在一旁鼓掌加油呐喊助威。在这次活动中，42个1相加得到了一个远大于42的结果。

在下午搭帐篷活动中，同学们也继续发扬着团队协作的精神：打钉、扶杆、系绳、撑帐……每位同学都找到了适合自己的"岗位"，也许有些岗位很累、很枯燥或者起到的作用没有那么大，但每位同学都没有嫌弃自己所在的岗位，认真负责地工作着。我可以很确信地说：如果42位同学缺少了任何一个，我们最终完成的帐篷都不会如此完美。但有时团队协作也会起到反作用，这也是非常真实的。

如无线电测向是连队评比项目之一，下发器材后，每个小组都在互相协调，讨论战术。我是我们这一组的组长，拿到器械后，就开始根据每位同学的客观条件分配工作：让试音时对声音比较敏感的同学负责操控无线电接听破译和核对，其余的同学分别负责传递信息、接受整合其他小组提供的信息、询问园内的工作人员。也去和别的小组长讨论规则的细节，一起寻找可能出现的漏洞，最终我们制定出了一套非常高效的"情报传输系统"。比赛开始后，同学们奋力奔跑找点。有些同学并不是很适应长时间奔跑，但也努力调整气息紧跟队伍，同时还不忘自己负责的工作。我们组破译出两个点，由"情报员"传递出去后，又在"情报传输系统"里找到我们所需要的点，就回到了大本营向老师汇报。前五组中有三组出自我们连队，我们本以为胜券在握，但最终得知的成绩非常不理想，气氛一下变得十分冰冷，在未来广场上来回窜动的萧瑟秋风更是渲染了这份凄凉，当别的连队为他们所得成绩欢呼时，我们这一片死寂。

赛后同学们经过分析和总结，发现有些同学破译密码时操之过急，听岔了音频，发布了错误"情报"，导致在我们引以为豪的"情报传输系统"中出现了错误"情报"。虽然我们也未去寻找责备那些出了错的同学，但这件事仍然给了我们一个警示：我们强烈的求胜欲望有时却会对我们取得胜利起到反作用。现实是美好而又残酷的，美好的愿望、辛勤的付出、不懈的努力，我们每样都有，每样都具备，但事与愿违。难过不甘都是很正常的，作为组长，我更是目睹了每一位组员的努力，心中更是愤愤不平。可事已至此，如何调整心态转换心理，以及如何在这种困境下放平心态做更好的自己，这才是我们应去思考的。

这天的三大项目都紧紧围绕着"团队协作"这一主题，但每位同学的能力差异都或多或少地限制着我们。而文艺联欢会上以及之后的内务比拼中，每位同学都发挥了自己的聪明才智。本以为只需要在台下鼓鼓掌看戏的我还是平淡无奇，没想到文艺联欢会和内务比拼上各校间风起云涌，暗流涌动。尤其是内务比拼中，我校代表与其他 5 所学校的代表同台竞争，在开始计时前，旗手们就跑到舞台前，我们则在座位上讨论稍后如何声援。教官宣布比拼开始后，旗手就在台前挥舞我们的旗帜。我们的座位离舞台较远，同学们站起身，或鼓着掌，或挥舞着军帽，扯着嗓子在嘶吼喊叫！后面我们还自发"吼"了校歌与校风，把原本文艺清新的校歌"吼"得杀气腾腾。来自徐汇学人的声援声气贯长虹、震耳欲聋，场面极其壮观。任何人置身其中都会热血沸腾。我身后的女孩子平时都十分腼腆，声音纤细，但当时我却很清晰地听到了她的呐喊。结束后听说前排的一个男生把手都拍破了。而当我喊到嗓子中泛起铁锈味时，两行热泪莫名地滑下眼角。

对于我们班很多同学来说，徐汇中学是度过了整整四载余的家，在这里我们学习知识、结识挚友，度过了美好的青春年华。对于我们来说，徐汇中学给我们带来了无数回忆。可我们报答学校的方法始终有限，在这个千载难逢的场合中，我们把这四载余在徐汇中学留下的记忆、对徐汇中学的感谢都化在了这几声声嘶力竭的嘶吼中。我们不仅是用声带在喊，更是在用心呐喊。对于初中并非徐汇中学的同学们，徐汇中学仅陪伴了他们短短 3 个月，但他们也都为徐汇中学这个还有些许陌生的学校喊红了脸、吼哑了嗓子。作为一个徐汇学人，今日我以徐汇中学为荣，明日不仅要徐汇中学以我为傲，更要保持对徐汇中学的赤胆初心。在这短短 10 分钟内，我们的团队协作不再止于形，更是至于心。

这跌宕起伏的一天定会永远被我们铭记住，明天也要加油呀！

（作者单位：徐汇中学高一年级一班）

细微事物中的人生哲理：你幸福吗？

金子青

闲云潭影日悠悠，物换星移几度秋？古人常感叹岁月匆匆流逝，因此加倍珍惜每天读书学习的时光，闲暇时分也常常劳逸结合，做对身心有益的事。

一、享受闲暇时光

高科技的事物诚然大踏步地改善了我们的生活，提供了许多便利，但如果使用电子设备过度，也是对生活的消磨和浪费。与其像这样碌碌一生，因小失大，我们为何不像智者一样享受生活，享受闲暇，体会生活的乐趣呢？

古有匡衡凿壁偷光勤学苦读，现代有鲁迅卖金奖章来换取买书的钱。虽不必像先贤一般刻苦至此，但闲暇时为何不阅读美文，与书中人物为伍？以书为鉴，可以明得失、知兴替、防己过。无数智者贤人选择在闲暇时刻投身书海，不正是看中了书本——人类进步的阶梯，是最能洗涤我们的心灵，升华我们的智慧，使我们耳目一新，获益匪浅吗？可见，书本这位良师益友，是闲暇时一个好的陪伴者。

自然之美为天成，闲暇时何不投身自然，与花果草木为伍？沈括出身于仕宦之家，年纪轻轻就随父周游祖国各地，丰富的游历经验和对大自然的钟情使他自小就勤于思考，善于观察，最终经过反复推敲，著成《梦溪笔谈》这一旷世奇作。正是沈括闲暇时亲近大自然，多观察、多思考、勤学好问的好习惯成就了他，成就了《梦溪笔谈》。既如此，闲暇时多多亲近大自然吧。

父母在，人生尚有来处；父母去，人生仅剩归途。闲暇时何不回归家庭，多与父母、兄弟姊妹沟通,享受天伦之乐呢?经历了繁忙的工作和学习,让自己短暂地远离喧嚣,感受来自父母的关怀,同时报以父母关怀和爱。纳兰容若曾吟诗:当时只道是寻常。闲暇时牢牢把握与家人共处的时间,珍惜眼前人,珍惜眼前事,方为上上之道。

德国哲学家叔本华说过:"智者总是享受着自己的生命,享受着自己的闲暇。"碎片化的生活中,很多人过着家、公司或学校两点一线的生活。一天24小时几近被学习、工作和数不清的琐事填满。闲暇时光对我们来说弥足珍贵。与其浪费时间于无意义的事情中,不如享受当下,享受闲暇吧!

二、细微之物中的人生哲理

佛在灵山,众人问法。佛不说话,只随手拈起一朵金婆罗花,示之。众弟子不解,唯迦叶尊者破颜微笑。他由此悟出宇宙间的奥秘,不过在佛家花中。"道",就在日常生活中,就在寻常事物中。

智利诗人聂鲁达曾经说过:一粒沙里藏着一个世界,一滴水里拥有一片海洋。我们多关注于看似深奥难懂的大道理,将繁复冗长的语句挂在嘴边凸显自己的学识精深,在朋友圈中侃侃而谈自己所以为绝妙实则肤浅的心灵鸡汤,却往往忽略了来自日常生活、来自寻常事物中的道理,忽略了"无处不有道"。

纵情于自然间,忘我于山川中。那一片稚嫩青涩的竹笋长成郁郁葱葱的竹林需要何等坚毅的意志和日复一日的努力。燕子筑巢,蜘蛛结网,即使刮风下雨,所有努力成果毁于一旦,它们也会重新来过,任劳任怨。而你可曾注意到这些细微之物?可曾感叹于它们坚韧不拔的精神?不经历风雨,怎能见彩虹。这是细微之物教会你的。

纵情于艺术间,忘我于书画中。有经验的老师傅会告诉你,古筝的每根琴弦都是用多股丝弦凝聚缠绕而成的。学堂里的先生会告诉你,古时给丝绸上色要足足经历9次漂染才能不褪色。挥笔龙飞凤舞的书法家会告诉你,王羲之练书法时,勤奋刻苦到将一池塘水全部洗成了黑色。而你可曾注意到这些细微之处?可曾敬佩先贤们的勤奋刻苦?铁杵磨成针,功到自然成。这是细微之物教会你的。

纵情于生活之间,忘我于柴米油盐之中。小时候,妈妈会告诉略有点调皮的你,淘米剩下来的水不要扔,拿来浇灌花木蔬菜或是洗手去污最好不过了。卖油翁用自己的经验告诉你,以油经铜钱口灌注入葫芦,而使铜钱不沾分毫油其实并不难,只要找准手法和窍门,勤加练习就能"但手熟尔"。而你可曾注意到这些细微之处?可曾将这些知识牢记于心?山重水复疑无路,柳暗花明又一村。这是细微之物教会你的。

看,细微之物的人生哲理就是这样多,引人深思,发人深省,值得所有人去探究,去推敲,去铭记。去多多探寻生活中那些很不起眼的小事物吧,所谓"深奥难懂"的道理,就在我们日常的小事物中。

三、新时代,你幸福吗?

习近平总书记在十九大报告中指出:"中国特色社会主义进入了新时代,这是我国发展的新方位。"时代在发展,人民在进步,两者相辅相成之间,中国这头沉睡的雄狮在过去的几十年里暗暗在积蓄着它的力量。现在这头雄狮正昂着它的头颅,坚定并有力地载着所有中华儿女一路高歌,砥砺前行。新时代赋予了国家,社会和人民以新面貌;为政治、文化、生态灌注了新力量。

如果身处 30 年前,你可曾想过中国的科技会如此迅猛地发展,完成从"中国制造"到"中国创造"的质变;你可曾想过"脱贫致富"再不是一个无法企及的高度,一句空喊的口号,小康将逐渐成为现实;你可曾想过中国的文化,向全世界人民展示中华传统的魅力。

中国的光伏产业历经十几年的反战,已经成为世界顶尖产业;阿里巴巴的支付宝和腾讯的微信齐头并进,网络支付方式变得更为快捷安全,出门在外的人们现在只需要一个手机就可以解决许多问题;各地的扶贫、脱贫政策取得了前所未有的成功,孩子们从原先的饥一顿饱一顿到现在的衣食无忧,能每天开开心心地和小伙伴们一起去学校学习;各类诗词、诗歌、成语、俗语大赛进行得如火如荼,慕名而来的外国友人愈来愈多。记得从前我和家人一起出行时多半选择自驾和乘坐火车,而现在出门游玩,飞机、高铁、轻轨各种交通工具不胜枚举;小时候常常在爷爷奶奶住的小巷子里和同伴嬉戏玩闹,低矮的平房和狭窄的过道是儿时游戏的特色,一晃不过 10 年时间,各式新型小区高楼林立,人们的生活变得越来越优裕。

祖国蓬勃向上的发展和为人民幸福做出的贡献让全国老百姓感到舒心且满足……在党的号召下,我们凭借实力让外界重新认识了中国,凭借实力来捍卫自己的国尊和自尊,凭借实力跨入了中国发展的新时代。

正所谓"大鹏一日同风起,扶摇直上九万里。"在这场跨时代的进步和发展中,祖国的发展是豪气冲天劲风,我们中华少年是借风扶摇直上的幼鹏。借着这场风,借着青少年"初生牛犊不怕虎"的热情,借着新时代的蒸蒸日上的发展,相信祖国会在往后的二十大、二十一大,乃至未来的几十年、几百年中,发展得越来越好。

现在,再问自己一句,"我幸福吗?"我相信答案一定是"幸福。"

(作者单位:徐汇中学高二年级一班)

规划科学是最大效益：
沪宁城市规划异同点观察

徐汇中学 2016 级课题组

"城市规划在城市发展中起着重要引领作用，考察一个城市首先看规划，规划科学是最大的效益，规划失误是最大的浪费，规划折腾是最大的忌讳。"习近平总书记对于城市规划重要性的积极评价刻印在南京市规划建设展览馆的一面墙壁上。城市的规划建设必然要因地制宜。本研究性课题将从浅显的现象入手，探究南京市与上海市城市规划的异同，并深入地探讨造成异同的原因。差异对比：

一、人行道宽窄

在此次南京考察中，我们发现南京有一个非常严重的问题，那就是南京的人行道与上海相比窄了很多，许多行人不得已只能在非机动车借道，非常不安全。然而为什么会产生这个问题呢？接下来就让我们对此逐一地分析一下原因。

（一）人口密度的原因

南京常住人口 823.59 万人（2015 年），上海常住人口 2 419.70 万人（2016 年），而南京总面积为 6 597 平方千米，上海总面积只有 6 340 平方千米。从人口密度来看，上海对于人行道的需求与标准是远远大于南京的，所以上海的人行道必须造得又宽又平，以应对更多的人流，而南京的要求则可以低一点。

（二）现代化程度的问题

上海的现代化建设始于20世纪初列强在此设立租界,起步较早,步伐较快,南京的现代化建设则始于1927年国民政府定都南京,后因战乱而起步晚。当上海在建高楼大厦的时候,南京还在进行一次又一次的道路施工,不断调整道路建设规划。不断地道路施工以及建设规划前期道路宽度不足的问题也是造成南京人行道非常窄的原因。

（三）绿化的问题

即南京绿化占用人行道的问题。在我们本次的南京考察之行中,是在由南京博物院前往颂福楼的清溪路上,或许是由于路旁有一个高档小区的原因,路边的行道树特别多,路很窄,但幸亏这条路并不是很长,否则恐怕要耗去更多的时间在路上了。然而不管从什么角度来说,南京绿化占用人行道其实还是属于起初道路规划建设的不足,有绿化是不错,既赏心悦目又有利于环境,但与行人的个人安全相比,又孰轻孰重呢？

二、非机动车道

在本次的南京实地考察中,我们发现,南京与上海类似,共享单车的投放量还是较大且投放范围很广,骑共享单车出行的市民也随处可见。共享单车俨然成了人们出行的新选择。事实上,这也已倒逼着政府去建设更好的道路,让自行车出行变得更加安全。但实际上,南京的非机动车道建设状况实在不容乐观。

（一）南京道路的修整重建太过普遍,不仅仅是市区内的城市道路,还有各种大大小小的桥梁都在修理加固之中。这直接影响了市民平日的出行。

（二）人行道的建设并不完善,有的太过狭窄,有的地方甚至没有人行道。行人无可奈何只好到非机动车道借道,行人走得胆战心惊,自行车等非机动车的骑行也变得更困难。

相比而言,上海的道路建设,情况虽已算是良好,但同样有很多问题。上海交通大学建筑系耗时2年制作了一份上海道路系统评级图,对路面是否平坦、占道现象程度等项目进行打分。45分为满分,大部分道路的得分在20分以下,路边对骑行干扰程度一项的评分尤其低,代表着骑行者在一条路上,平均要受3~5次干扰,这严重影响了骑行的质量以及安全。

沪宁两座城市的自行车友好城市的建设如今仍是任重而道远。

三、城市绿化规划

为了摘去"火炉"这一称号,南京市政府在绿地覆盖上下足了功夫,真正地实现了"出行300米,步行5分钟就可以到达一片绿地"。

相比较,上海的高楼大厦星罗棋布,公园绿地却凤毛麟角;古老的南京城拥有着道路两旁的参天大树,拥有着各具特色的公园绿地。在第二天的自主考察中,我们就参观了享有盛名的玄武湖公园,美不胜收。

不可否认,南京在绿化方面做得比上海好,几乎每一条小路都有如上海兴国路那般夏日好成荫的老树伫立在道路两旁。据统计,南京的人均树木量远远高于上海。但是,这一结果其实也是有原因的。从15年的数据可以看到,上海的总人口数几乎是南京的3倍,但是占地面积却是相差不大的。因此,上海的人口密度也就远远大于南京。若现在突然要从市中心的商业区或住宅区开辟出一片绿地,这肯定是不现实的。

其实,在发展经济的同时,上海也同样关注着绿化环境。从上海市绿化和市容管理局可以了解到,2016年上海的人均绿化面积达到1平方米,绿化覆盖率甚至超过了37%,虽然与南京2014年统计的44%还是有一定的距离。

四、城市历史建筑保护

南京市对分散分布的文物保护单位分别划定保护范围和建设控制地带,对已经公布的281处市级以上的地面文物保护单位分别划定保护范围和建筑控制地带。举个例子,如将汤山史前遗址区、薛城史前遗址区、石头城遗址区等13个历史悠久、地下历史遗留文物丰富的区域定为地下文物重点保护区,规定区内如有建设工程,必须先进行文物勘探,防止地下文物遭到破坏。

而上海对于古建筑或古文物的保护意识略有欠缺，如此海纳百川的城市，在总体规划中，肯定会有一系列的漏洞。就拿上海比较知名的石库门建筑来说，这类建筑一定是老一辈的记忆，同时，石库门早已经满足不了上海人居住的需要，纷纷搬离拆迁。在这期间，一些优秀的建筑因为保护的经济成本过高，或者保护政策法规缺位，最后被拆除。或是一些建筑完全偏离当时的设计，翻新过度，也造成了建筑被破坏严重，再也无法复原的局面。当然也有不少历史文物或是建筑得到了完好的保护，光彩依旧。

随着城市转型的加快，城市规划更要循序渐进，不可一步到位，在保护历史上，需要加强法规制度建设，完善政策，创新机制。

其根本原因分析：除了上文提到的城市现代化时的历史因素以外，城市的主要职能也是影响城市规划的重要原因之一。南京作为江苏省省会、副省级都市、南京都市圈中心，由一个"六朝古都"经过现代化改造而来，其城市化的规划显得"细水长流"，一次次微调修改间使城市规划更加完善。而综合性行政城市的定位相较于它原来的身份也基本未发生改变，南京的规划多为在原有的基础上进行改造，并大量保留文化类建筑；而上海由租界快速发展而来，自中华人民共和国成立后就被设立为直辖市，一举成为长江三角洲城市群的核心城市，经济发展迅猛，城市规划更是可谓"大刀阔斧"，全力为经济发展做准备，而其优越的经济基础又为政府进行规划建设增添资金。故上海的基础建设更加完善到位，交通发达、商业繁荣，但在城市绿化率与文化建筑保护上略有不足。

（课题组主要成员：周安杰、张予捷、黄芃澄、陈心奕、陈　诺、陈松涛）

接天莲叶无穷碧　映日荷花别样红

张羽凡

由中国文联、中国舞协主办的中国舞蹈"荷花奖"评奖,是1996年经中宣部立项、中央两办批准的全国性专业舞蹈评奖活动,旨在奖励优秀的舞蹈艺术作品,表彰成绩突出的舞蹈创作与表演人员,活跃舞蹈理论与舞蹈评论,推动我国舞蹈艺术事业健康发展,每2年举办一次。2018年11月25日—12月9日,第11届中国舞蹈"荷花奖"舞剧评奖在上海国际舞蹈中心举行,共12部入围作品中的7部作品参加展演。主要作品介绍如下:

一、《大禹》

舞剧《大禹》拉开了本次"荷花奖"的序幕:上古时代,洪水滔天,遍地荒芜,民不聊生。鲧(大禹之父)率领众人治水,以堵为主,反被水害。众人怒责,大禹挺身而出,为父受过。巫祝以母子生灵投水祭祀,大禹观之大恸,想到自己已经怀孕的妻子女娇和未出世的孩子,立志治水。大禹身先士卒,奋力拼搏在治水前线。女娇即将分娩,大禹回家路上,恰逢天象骤变,大禹过家门而不入,返身继续与水搏斗。极其艰难而无望的工程让众人退却,唯大禹孤身挖山不止,感动众人,追随其后。女娇病危,大禹梦中回家,而身不得入。大雨下,篝火旁的巨石炸裂,启发大禹,动员九州力量,一起烧红涂山,开山导水,获大成功。经年累月的劳苦,让大禹浑身获病,单腿落下残疾,走出"禹步"。治水成功之时,大禹回到家门,只有儿子启立于门侧,家室空荡,女娇远逝。英雄大禹,喜对九州安定,念妻悲从心生。禹会诸侯于涂山脚下,划定九州,天下认同:多族统一,抱团取暖,战胜所有困难而获得美好新生,是中华民族生存的至善大道。"大禹治水"这一神话家喻户晓,安徽省花鼓灯歌舞剧院用舞蹈语言梳理其中细腻的情感,赋予了英雄"大禹"更多的"人性"。

二、《草原英雄小姐妹》

1964年冬,蒙古族少女龙梅和玉荣,为保护集体羊群,与暴风雪搏斗一个昼夜,自己却因冻伤而致残,她们的英雄事迹传遍了祖国大江南北。由内蒙古艺术学院带来的舞剧《草原英雄小姐妹》将内蒙古元素与当代叙事结合,以当代视角与多重空间的表现手法,穿越时空、跌宕起伏、真实质朴地演绎了当代小学生与20世纪60年代小姐妹的心灵碰撞,激发出爱国主义、集体主义精神的故事,彰显了草原蒙古族人民的英雄主义情怀。通过讲述这个激励了几代人成长的草原故事,颂扬民族真情大爱的英雄赞歌,弘扬了社会主义核心价值观。

三、《井冈·井冈》

由北京舞蹈学院创排的舞剧《井冈·井冈》讲述了90多年前,井冈山波澜壮阔的革命岁月。通过红军夫妇托孤在井冈山的后代,回首父辈留给他的书信中所讲述的井冈山红军的故事,选取井冈会师、红米饭南瓜汤、送郎当红军、小井之难、十送红军、托孤等真实素材进行艺术呈现,展现当年红军为信仰执着追求的坚定信念,为理想前赴后继的青春激情,为求人民新生而无惧生死的天下情怀。这是一曲关乎理想与信仰的青春之歌;这是一场薪火相传的壮志宣言;这是一次对革命先烈的缅怀致敬。这是回望,更是自省,为共和国奠定基石的岁月,从来都不曾远去,更不会被忘却,那是我们代代相传的信仰之歌。

四、《花木兰》

花木兰是中国古代的一位传奇女性,她代父从军、保家卫国的英雄事迹,千百年来深受中国人的尊敬并被世代传颂。近年来,花木兰的故事和形象被中国和世界的诗歌、戏剧、舞蹈、电影、动画、文学等多种形式广泛表现,影响深远,历久弥新。舞剧《花木兰》是由中央歌剧院与宁波市演艺集团歌舞剧院共同打造的民族舞剧,以"孝""忠""勇""爱"为主线,讲述花木兰从一位美丽的田园少女走向巾帼英雄的历程和蜕变,除了塑造花木兰代父从军英姿飒爽的形象,也加入了少女的柔情,展示了人类文明历史中所共同秉持的人生观、爱情观和价值观。

五、《刘三姐》

南宁市艺术剧院的舞剧《刘三姐》根据壮族最具代表性的人物故事"刘三姐"改编,讲述了善良、聪慧的壮族姑娘刘三姐与勤劳勇敢的阿牛哥不畏权势,勇于和邪恶对抗的故事,展现了壮族人民正直、勇敢的民族品质,歌颂了忠贞不渝的爱情:绿水青山,烟雨如画。姑娘们采茶,小伙子们打鱼,劳作后,刘三姐和阿牛哥领着乡亲们在溪流边对起了山歌。地主莫怀仁被刘三姐的美貌所吸引,他戏弄不成,下令封山,不准采茶、不准唱歌。刘三姐带领乡亲们赶走了莫怀仁。在"对歌定输赢"的约定中,莫怀仁让管家请来3个秀才与刘三姐对歌,却丑态百出、落荒而逃。大榕树下,月洒江边,刘三姐和阿牛哥深情对望,"山中只见藤缠树,世上哪见树缠藤。青藤若是不缠树,枉过一春又一春"。立夏时分,山谷之中,恼羞成怒的莫怀仁将利箭射向这对恋人,"哪个九十七岁死,奈何桥上等三年",纵然生死也无法分隔这天荒地老的爱情,愤怒的乡亲们,举起火把,点燃了莫家老宅,熊熊火焰照亮了天空。

六、《醒·狮》

广州歌舞剧院推出的舞剧《醒·狮》中,将武术、醒狮与舞蹈共融,充分展现了南粤的淳厚民风和悠久的醒狮传统:临近四乡子弟阿醒、龙少等积极筹备,欲夺三元里村狮王。大赛前夕,阿醒与龙少茶楼首次交手,阿醒险胜。龙少胞妹凤儿对阿醒芳心暗许,两人月下相会,情意相通。龙少百胜一败,家族荣光尽失,为求胜竟不惜沾染大烟。醒母因往日恩仇坚决反对儿子练武习狮。大赛当日,侵略者的炮火袭来,广州城破,家园满目疮痍,凤儿血染废墟。民族大难当前,醒龙两人过往恩怨尽数消融,携手抗争,击鼓出狮,与三元里众乡亲誓死抵御外敌。

黄豆豆对此认为:这个时代赋予舞者得天独厚的发展空间,舞者见证改革开放以来中国舞蹈的变迁。因此,舞蹈国际交流应该更自信。黄豆豆于2018年11月2日—5日随中国文艺工作者代表团赴朝鲜参加中朝文艺工作者联合演出,取得圆满成功,受到各界观众的热烈欢迎和广泛好评,充分展示了新时代我国的艺术发展水平和艺术家精神风貌,有力配合了我国对朝鲜工作的大局,为新时代中国特色社会主义文化事业和对外文化交流事业的发展做出突出贡献。中华人民共和国国务院新闻办公室授予黄豆豆"讲好中国故事文化交流使者"称号。

同时,黄豆豆对于舞蹈队伍的培养也毫不松懈。身为文艺界的领军人物在《星光大道》栏目担任点评嘉宾,吸引了一大批电视观众;多次给生产车间的一线工人、部队和英雄故乡带去慰问演出;参加《喝彩中华》节目与著名昆曲艺术家谷好好搭档跨界扮演美猴王孙悟空、参加上海京剧院跨界系列音乐会——大雅清音,弘扬中国传统文化;到全国各地和各个高校举办公益讲座和舞蹈专场表演,在青少年中培养他们对于舞蹈艺术的认识和兴趣;在上海国际艺术节上带来作品《东去西来》和《墨戏》并一同获奖;《艺术课堂》节目荧屏开讲美育课,用身心解读舞蹈……根植传统文化,真诚的当代表达,将中国舞蹈传播给世界。"接天莲叶无穷碧,映日荷花别样红。"中国的舞蹈事业迎来了蓬勃发展的时代,"荷花"的种子已播撒全国各地,待到盛夏时节邀请世界一同欣赏中国舞蹈的精彩。

(作者为上海师范大学一年级本科生、徐汇中学2018届校友)

教育实践篇

诗词曲集成

高一小学：自主快乐成长为新时代好队员

余闻婕　朱海燕　赵树平

我们一直在思考：如何通过改革，使少先队作为党领导的少年儿童群众组织的特点更加鲜明，让少先队员更喜欢少先队，少先队集体活动更有活力，在立德树人中的独特作用和贡献度、价值创造进一步提高；让家庭和社会更支持少先队，发挥少先队的桥梁和纽带作用，少先队的服务能力和影响力进一步提升。

一、理论依据和工作思路

坚持正确方向。习近平总书记提出了实现中华民族伟大复兴的中国梦，而"一带一路"就是为实现国家富强、民族振兴、人民幸福的中国梦而提出的重大倡议。要让学生理解"一带一路"，培养激发学生的爱国情怀。

坚持遵循规律。符合小学生年龄特点、认知规律和教育规律，注重学段衔接和知行统一，强化道德实践、情感培育和行为习惯养成，努力增强少先队组织归属感，让少先队员自主快乐成长为新时代好队员。

坚持协同配合。发挥学校主导作用，引导家庭、社会增强育人责任意识，形成学校、家庭、社会协调一致的育人合力。

围绕改革开放，少先队工作也要在不断改革创新中探索，学校少先队设计了少先队主题活动"小脚丫探索新发展的成长之路"，分为三大维度："小脚丫探索丝绸之路——中国新发展""小脚丫探索人文天湖——上海的变化""小脚丫探索成长之路——队员自主成长"，使队员在活动中切实体会改革开放中的国家、社会以及自身的发展和变化。

二、实施过程及特色做法

"小脚丫探索丝绸之路——中国新发展"活动是以各个中队为主要阵地来开展的,因为"一带一路"对学生来说是个比较难理解的概念,就算对于老师,也未必能说清楚,搞明白,所以学校进行了各级层面的培训和探索。

学校层面:带领教师共同感受"一带一路"倡议对于沿线国家贸易、经济、文化等方面的促进,感受这条促进共同发展、实现共同繁荣的合作共赢之路带来的巨大变化。

家长层面:理念上的认同;给孩子空间;给予班级学校课程上的支持。

教师层面:活动传递的理念;活动的策划;分享活动感悟。

在经历自然、美术、数学、语文、英语、音乐学科活动学习探索后,在"六一"节"小脚丫探索丝绸路"游园活动中,一个中队教室化身为"一带一路"上的一个国家主题馆,让学生不用走出校园,就能周游"一带一路"上的沿线国家,领略不同的风土人情,在每个国家主题馆中,队员们能看到最具特色的当地布置,体验有趣的手工制作,品尝各种美食,学习中国和这些国家合作贸易、共谋发展的有关知识,加深对"一带一路"的了解,也能在活动中感受到改革创新中的中国发展变化。

"小脚丫探索人文天湖——上海的变化"是以小队形式开展活动,由学生自主组队、选址、考察、搜集和汇报资料,培养队员独立、自主能力。高一小学(高安路第一小学)地处名家名人汇集、文化积淀深厚的天平路街道。活动旨在让不同年龄段、不同家庭背景的学生感受天平路街道的红色人文,感受改革开放历程中的上海、社区的变化,从而引导学生做向上、向善的高一美德少年。

学校编制了《走进天湖》半日考察课程,以天湖学区所在建筑、场馆、名人故居等作为考察对象,各年级依据实际情况,选择两个至多个考察地进行实地考察。对学生进行融"知识学习""体验实践""情感熏陶"为一体的综合素质的培养,引导学生在活动中进行思考、调查、研究、体验。

课程实施过程中运用整合的思想,充分关注考察内容的深度和广度,围绕课程目标,根据"班队会""探究课""拓展课"等课堂要素,引导学生经历一个完整的学习活动过程。

课程评价多元,不仅有老师评价、家长评价,更有在参观过程中场馆的工作人员作为第三方对整个小队考察过程中的文明礼貌等作出评价。优秀中队、优秀小队的评选,用全新形式,充分放手,发扬自主精神。

通过课程活动,探索少先队活动与课程活动的有机结合点,以小队为活动单位,让每个少先队员(儿童团员)在队组织活动中,自我教育,自我管理,让队员(团员)人人有任务,队队有收获,激发了争做新时代好队员的热情。

"小脚丫探索成长之路——队员自主成长"活动中,学校根据少先队员的年龄特点,创办少先队特色课程——《成长脚印》,助力儿童团员和少先队队员的成长。大队部根据分年级主题,将课程内容与少先队活动有机整合。通过贯穿一整个学年的少先队课程活动,增强少先队组织的吸引力、凝聚力和影响力。带领全校少年儿童肩负时代使命、练就过硬本领,成为勇敢顽强、搏击长空的雄鹰,开创了少先队各项工作的新局面。

一年级开展了"我是儿童团员了"的活动。一年级的同学在宋庆龄奶奶的汉白玉雕像前,加入了小红星儿童团,成为一名光荣的儿童团员。增强了组织归属感。

二年级开展了"我入队了"主题实践活动,队员们在活动中掌握少先队的知识,增强使命感,了解少先队的历史,牢记并践行少先队的作风。迅速从一名苗苗儿童团员成长为光荣的少先队员。

三年级的活动主题是"我10岁了",10岁是人生道路上的重要一步。三年级的少先队员们做了特别有意义的一件事——他们担任了一年级同学"小红星儿童团"的入团辅导员,让一年级的同学能尽快认识少先队这个大家庭。

四年级开展了"我长大了——我是小小志愿者"的活动,让全体少先队员认识了"奉献、友爱、互助、进步"的意义,在学校、社区都留下了小小志愿者的身影。队员们以用心、耐心、细心感受着志愿精神,锻炼了队员的综合素质与能力。让队员感受到了自立、勇敢、奋斗和感恩的精神。

五年级组织了"我毕业了"少先队活动。健美操比赛激情洋溢,三对三篮球比赛加强了队员们体育锻炼的意识,也培养了吃苦耐劳、团结合作、积极进取的良好精神品质。成长的记忆、老师的陪伴、朋友的关怀,这些幸福的时刻将永远铭记在少先队员的心中。

三、主要成效和经验

学校少先队工作始终紧跟时代,坚持以队员为中心,坚持在继承中创新,在改革中发展,在探索中前进。引导少先队员们听习爷爷的话,跟党走,"从小学习做人、从小学习立志、从小学习创造",争做新时代中国特色社会主义的接班人。

队员们通过学校设计的活动,已经感受到改革开放中国家的变化,家园、社区的变化,更是通过《成长脚印》课程活动,关注到自身的发展和变化。在2018年少代会收到的72份提案中,评选出了10份最佳"金点子"提案。提交的提案中,代表们提出了丰富多样的校园活动的建议,期待能在校园的舞台上体现小主人的风采和面貌。《创建学期末展示活动》《校园安全教育活动开展的建议》《将拓展课拍摄成微视频》《开始辩论指导课》《校园外语角》等提案反映出队员们希望丰富课余生活,在新时代的校园中陶冶情操,拥抱生活。《相约自然实验室》《让美术室更加美丽》《属于我们的健美操房》等提案体现出代表们关注学校专用教室的使用和建设。这些提案内容都紧紧围绕学校少先队工作,体现了少先队员们普遍关心的热点、难点问题。提出的问题也是可以解决的现实问题,一事一案,有情况、有分析、有具体建议。能从队员自身的角度思考,提出富有儿童特点的建设性对策办法,易于队组织的自我教育、自我民主管理。提案都被转交给了学校各职能部门,都会被一一回复,代表们用小小的提案推动了身边校园的发展。一份份提案反映了队员们的心声,体现了队员们当家作主的精神,推进了学校少先队工作和课程建设的创新。

两年来,学校精心设计和认真开展了三个维度的活动:

(一)引导学生牢记习爷爷的教导,认真践行社会主义核心价值观。

(二)擦亮少先队品牌,增强少先队活动的实践性,促进少先队员的全面发展;学校少先队以丰富的少先队活动为途径,以学校少先队特色、少先队课程为抓手,以创建快乐队集体为目标,切实开展道德行为规范教育活动,真正发挥少先队组织的独特作用,推动我校少先队工作的新发展。

（三）勇于担当改革的先行者,锻炼少先队员自主能力。我们坚持自主教育,发挥少先队小干部的作用,在辅导员帮助下自主管理,增强队员们的责任心和少先队的光荣感、归属感,让队员们在各类学习、实践中充分展示自我,不断学习提升,自主快乐成长为合格的新时代好队员！

（作者单位：上海市徐汇区高安路第一小学）

党建引领：关于加强小学生意识形态教育的思考

上海市实验小学党支部

一、理论依据和工作思路

小学是基础教育的起始学段，对人生起着重要的奠基作用。"为谁培养人""培养什么人"，是教育的首要问题。我国是中国共产党领导的社会主义国家，学校教育应承担起培养德智体美劳全面发展的社会主义事业建设者和接班人的重任。学校党支部必须深刻把握习近平总书记关于"意识形态工作是一项极端重要的工作"的重要论断，旗帜鲜明地做好学生意识形态工作，培养一代又一代拥护中国共产党领导和我国社会主义制度、立志为中国特色社会主义奋斗终生的有用人才，确保党的事业后继有人、兴旺发达。

2018年9月10日，习近平总书记出席全国教育大会并发表重要讲话。他为新时期学校的教育工作指明了方向，明确提出了6个"下功夫"，即要在坚定理想信念上下功夫，要在厚植爱国主义情怀上下功夫，要在加强品德修养上下功夫，要在增长知识见识上下功夫，要在培养奋斗精神上下功夫，要在增强综合素质上下功夫。

经过前期访谈，党支部发现当前的21世纪后出生小学生经过学校的日常学科德育渗透、主题教育强化、实践活动深化，他们对党和国家建立了真挚的情感，初步形成了国家意识、文化认同与公民人格。超过九成的学生对自己身为中国人感到自豪，对国家发展与个人前途充满信心与期望，认同成功要靠脚踏实地来实现的主流价值观。与此同时,我们也发现他们身上存在对时事新闻的关注度不高、对国家改革开放的发展史了解不多、面对困难挫折的抗压耐挫能力比较薄弱等问题。

基于现状,2018年,党支部聚焦意识形态教育问题,以纪念改革开放40周年为契机,发挥党建带队建的作用,顶层设计"少年承伟业 共筑中国梦"系列教育活动,引导学生通过感受身边真实的人、事、物,回顾和感受改革开放40年来波澜壮阔的伟大历程,点燃他们爱党、爱国、爱社会主义的激情,增进对未来美好生活的向往,树立"少年强则国强"的使命感与责任感。

二、实施过程及特色做法

(一)开学第一课,奏响改革交响曲

在党支部的领导下,学校少先队组织在假期中组织学生开展了丰富多彩的主题活动,并精心设计了以"回眸四十年 逐梦新时代"为主题的开学第一课,为学校纪念改革开放40周年系列活动拉开了序幕。

开学第一课,以互动交流方式展开。二年级学生利用暑假采访家人,寻找老照片、老票证、老物件,通过一组组今昔对比的生动照片,讲述小家奔小康的幸福变迁;三年级学生在认真观看《超级工程》《厉害了,我的国》等纪录片后,积极参与了"改革开放"观影微评活动,从儿童的视角领略祖国的发展,并创编诗歌抒发心中的感慨;四年级学生纷纷给2035年的自己写信,憧憬未来,勉励当下;五年级学生以长三角城市群为观察点,在旅行中感受以上海为中心的各大城市的特色与发展,在阅读中了解长三角城市群的未来规划,从交通共享、人文共享和资源共享等不同角度,大胆畅想2035年上海城市群建设的蓝图。互动交流中的开学第一课如同一曲交响乐,在学生心里奏响改革的强音。

(二)党员故事屋,点燃改革引力波

面向小学生如何讲好"中国故事",是学校党支部特色项目——"党员故事屋"持续至今的研究。8年来,党员集体研发故事课程,每年结合教育形势确定主题,全体党员与班级结对,一对一进班宣讲,将社会主义核心价值观

的正能量根植于少先队员的思想深处。

2018年,举国上下迎来了纪念中国改革开放40周年的喜庆日子,在中国共产党的领导下,中国人民成功走上了一条中国特色社会主义道路。学校党支部以此为契机,精心设计了"为时代喝彩"2018年党员故事屋系列活动。

"为时代喝彩"2018年党员故事屋活动方案

年级	主题	主要内容	主线
一年级	赞中国桥 接力中国梦	说一说上海桥 夸一夸中国桥 看一看港珠澳大桥 画一画未来桥	桥的故事
二年级	回眸四十年 幸福我的家	看一看祖国的变化 拍一拍我家的变化 说一说我的梦想	家的故事
三年级	神州现巨变 我把祖国颂	找一找生活的变化 看一看改革的成就 颂一颂伟大的祖国	国的故事
四年级	时代的楷模 我们的榜样	走近改革开放40周年 改革开放的总设计师 走近时代的楷模 我们学习的榜样	人物故事
五年级	忆改革之路 立少年志向	一场会议:十一届三中全会 一次签约:小岗村签约 一次讲话:经济特区 一组成就:辉煌巨变 一点感悟:少年中国梦	事件故事

党员教师群策群力、联合备课,每个年级的故事屋活动形成了"四个一"模式,即一个主题、一条主线、一组故事、一点感受。党员教师坚持核心价值引领,遵循知、情、意、行的规律,寻找适合学生年龄特点的故事突破点:一年级以"桥"为主线,从造桥的技术看祖国的强盛;二年级以"家"为主线,从小家之变看国家之变;三年级以"生活"为主线,从便捷的生活中感受发展与进步;四年级以"人物"为主线,从杰出人物的贡献了解各行各业的成就;五年级以"事件"为主线,从影响改革的大事记了解变革背后的政策与战略。"党员故事屋"犹如具有强大磁场的引力波,激发起学生探寻改革开放成功密码

的兴趣与热情。

(三) 党建带队建,激活梦想动力源

党支部发挥党建带队建的作用,党员教师带领学生开展参观实践活动。师生走进一大会址,探寻党的诞生,从革命传统中感悟崇高精神,从红色基因中汲取前进的力量;师生走进"生逢其时 美好生活"展览,探寻生活的变化、城市的变迁;师生走进中国商飞,探寻国产大飞机C919的首航,感受我国自主创新能力和国家核心竞争力的提升。学校还组织学生采访学校杰出校友、上海市劳模、中国航天运载火箭总指挥翁伟樑爷爷和全国教育先进工作者、十九大代表杨荣校长。翁爷爷向同学们介绍了参与国家航天事业建设的经历以及克服困难解决问题的奋斗精神。杨校长引导队员思考由两个百年奋斗目标组成的伟大中国梦给学习、生活带来的影响与变化,明确师生肩负的责任与成长的目标。三代实小人一起感知百年奋斗与实验辉煌,树立中华骄傲与民族自信。祖国的召唤、师长的期许是莘莘学子发奋图强的动力源泉,激励着他们在中华民族伟大复兴中国梦的蓝图中找到少年梦的坐标,开启少年的筑梦、追梦、圆梦之旅。

三、主要成效与经验

(一) 宣传改革成就,培育学生理想信念

党支部对学校的教育工作要肩负起全面领导的任务,坚持社会主义办学方向,坚持把立德树人作为根本任务,坚持把服务中华民族伟大复兴作为教育的重要使命。支部充分发挥自身的政治优势和组织优势,使支部成为学生思想政治建设的高地。宣传工作中,党支部注重抓了:1.搜集改革成就事例,了解中国辉煌;2.发掘改革发展成果,感受中国力量;3.寻找典型人与事,展现中国智慧。支部把握教育契机,引领学生坚定理想信念,立志报效祖国。

(二) 凝聚改革共识,坚定党员政治定力

在新的历史起点上,党的十九大对党和国家事业发展提出了新要求,教

育是全面深化改革的一个重要组成部分,党支部凝聚起改革共识,形成改革合力,号召党员争做教育改革的先行者,创新发展的排头兵。党支部的做法是:1. 找准项目,坚持"党员故事屋"的持续实践;2. 找准目标,坚持核心价值育人;3. 找准方式,坚持教育形式创新;4. 找准资源,坚持教育内容扩容。在纪念改革开放系列活动的策划、组织、实施的过程中,党员更牢固地树立了"四个意识",主动担负起教书育人的责任。

(三)促进课程改革,提升课程建构能力

学校以社会主义核心价值观为设计原点,加强德育主题课程建设,丰富完善"爱祖国"模块的课程架构与课程模块,通过"学科融合、课程整合、综合实践、家校互动"等方式实施,实现价值育人。学校德育团队在问题中研究,在行动中研究,在情境中研究,在价值中研究,团队的课程领导力、规划力、实施力等方面均有所提升。

立德树人,做好学生的引路人,我们必须要对照习总书记6个"下功夫"的要求,发挥党建带队建的作用,落实意识形态的主体责任,顶层设计学校德育工作,整体规划德育课程及活动。"少年承伟业,共筑中国梦",愿伴随中国梦成长起来的一代新人,胸怀家国大爱,与祖国和人民同行,用积极的行动为少年梦增添精彩亮色,用执着的奋斗为党和国家的美好未来创造新的辉煌。

(执笔:徐进)

中学生对于荧屏"阴柔风"现象的看法

赵 卿

性别与气质、形象与责任,是学生德育的时代课题之一;尤其是对于知识成长期和青春勃发期的中学生来说尤其重要。这不仅是学校、家庭的教导必然,也是全社会共同关注的焦点话题。2018年9月26日,南洋中学于求实楼107会议室举行关于荧屏"阴柔风"现象的专题座谈会。座谈对象方面,教师代表有徐恺成、赵卿、施秀梦;初中学生代表有夏乐天、罗振洋、杨承龄;高中学生代表有杨东昊、袁昊时、杨文静、张楚楚、沈易。以下就是该座谈会的主要观点:

一、对于"阴柔风"产生的原因剖析

(一)娱乐产业对于市场经济效益的追求

"网红经济",为了占领市场、博得眼球,用夸张的手法达到荧幕艺术表现效果,对艺人进行过度的包装,媒体宣传过度渲染和放大。大量的音频、视频信息刺激消费群体的视觉,久而久之,成了舆论和审美的热点,从而占领市场,获得更高效益。

(二)多元文化的渗透和融合

经济全球化下带来了多元文化融合的现象,中国的娱乐消费群体开始深入接触更多元的日韩娱乐文化。但快节奏的生活和消费习惯也带来快餐文化的盛行,造成对于日韩娱乐文化的学习浮于表面,对于美学的定义流于形式,并没有深入到对于荧幕艺术表现背后想要表现的人性和时代背景。

（三）新时代中学生的特点

"阴柔风"的出现，符合21世纪后出生的学生开放、独立、自信、叛逆的个性。对于天性和自由的追求，改变了传统的审美标准，从"中性风"到"阴柔风"，引起异于传统的流行趋势的变化。

（四）家庭和学校对于性别教育的忽视

独生子女家庭，家庭教育的过度溺爱，稳定甚至优越的生活，容易造成中学生安于现状，缺乏阳刚的斗志。造成男生娇生惯养的生活习性，"女性化"的性格和行为习惯明显。

二、对于"阴柔风"的态度

（一）"阴柔风"存在的合理性

言行举止得体妥当，折射了一个人的内在涵养，也成为新时代的分层标准。阴柔代表着"隐忍、细密、委婉、退守和虚静"，阴柔的性格，弥补了传统文化中大多男生粗心不够细腻的一面。可以培养男性隐忍和淡然的处世态度，懂得规避冲突，运用"以柔克刚"的怀柔政策。

当男性开始注重护肤美白，说话注意细声细语，穿着逐渐"中性"甚至"女性"化，代表了当代部分男性在社会文化中的一种选择。儒雅、体贴、斯文的优质"暖男"更容易受到女性的青睐，打破了原来"男强女弱"的文化认同与价值取向。

（二）"阴柔风"在中学生成长过程中带来的负面影响

对于价值观尚未完全形成的中学生而言，如果错误地将"阴柔风"理解为是行为上的模仿和仪态上的效仿，容易造成学生沉溺于过度娱乐化的思想氛围中和对于过于浮夸、表面的"美"的追求中。

另一方面花费大量的时间在化妆和打扮上，影响学习和体质锻炼。对身心健康造成侵蚀，导致男学生身体素质下滑等现象。

精神上的盲从,会带来心理上的脆弱、责任感的缺失和自强精神的消退,造成精神世界的荒芜和血性阳刚之气的销蚀。青少年在价值判断过程中,对于原则性的问题本该有的严肃和决绝的态度,也会随之转化为嬉弄和柔化的态度。

三、对于"阴柔风"的正确应对

(一) 尊重多元文化,培养价值思辨

面对社会多元文化的渗透和融合,有容乃大,是一种情怀,更是一份责任。无论是学校教育还是家庭教育,都要注重培养学生在多元文化下用广阔的胸襟去包容各种文化现象的出现,

同时有正确认识事物的能力,形成理性的价值判断和思辨,促进学生的综合素质发展。兼顾"阴柔之风"下中学生"宁静致远、大气稳健"的精神气质和"阳刚之气"下学生明亮、正直、进取的人文气质的培养。懂得用阳刚之面的"坚毅"面对生活的困难、用青春热血去拼搏属于自己的未来,同时用"阴柔"直面的细腻饱含温情地去珍惜生命中的美好。

(二) 利用典型教育,弘扬社会正能量

1. 从政府、社会、媒体层面,进行正面的宣传,展现优秀艺人应有的品质,通过引导学生消费群体正确理解荧屏偶像所带来的积极意义和正能量。

2. 用符合青年特点的教育模式重新激发青年学生的热血和活力,以中华民族英雄事迹、烈士事迹、优秀发明创造等精神偶像,进行正面精神引导,激发中学生的阳刚之气、勇敢斗志和浩然正气。

(三) 增强身体素质,学会责任担当

青年人有血性,民族才有希望。加强身体素质训练,磨炼吃苦耐劳意识和坚韧品格是应对"阴柔风"盛行的有效方式之一。将刚健勇毅的时代气质、自信自强的社会风尚塑造成为社会文化主流。培养责任担当、坚韧不拔、坚强勇敢的品质。练就强健体魄、血性阳刚的气魄,敢于直面困难挫折

的勇气,用青春奋斗成就未来中国。

(四) 树立信仰的旗帜,坚定文化自信

在思想教育方面,根植于中华民族优秀传统文化,引导学生注重外在形象塑造的同时,更应该注重内在涵养、精神境界和意志品质的培养,从思想上根除"女性化"。发挥党和团的思想引领作用,在思想上引领学生形成正确的价值观追求和理想信念,对于"美"的追求、艺术的欣赏和剖析,深入内里,用男儿的根性、血性、骨气和力量彰显民族的实力。培育和塑造学生的家国情怀,才能真正做到不忘初心,托起中华民族伟大复兴的中国梦。

(作者单位:上海市南洋中学)

市二初中"身边的知识产权"科技实践活动管窥

崔 鹏

上海,是国际社会公认的知识产权保护模范城市。近代上海,最早出现了商标和广告意义上的市场型知识产权概念。我校是百年老校,成立之初,当时在商务印书馆就已经出版了知识产权类多种图书。改革开放以来,上海也是最早设立知识产权法庭的城市。与此同时,上海也是在全国率先在中小学展开知识产权教育的城市。而这方面,市二初中已实践了15年。

一、不以申请多少专利为衡量

2018年年末,由上海市知识产权局与市教委主办的"上海市中小学知识产权教育工作现场推进会"在上海外国语大学附属大境中学举行。上海市知识产权局局长芮文彪出席活动。来自全市16个区知识产权局、区教育局相关负责人,以及中小学校代表近80人参加现场推进会。16所上海市中小学知识产权教育示范学校获颁授牌;大境中学、市二初级中学、奉贤区知识产权局分别作了交流发言。

在推进会上,芮文彪希望市、区两级知识产权和教育管理部门以及相关中小学校加强合作,进一步深入推进青少年知识产权教育工作:

(一)思想上要高度重视,因地制宜组织推进知识产权教育工作,发挥好知识产权教育方面有经验、有特色学校的示范带动作用,争取实现"区区有示范"。

(二)推进中要扎实规范,以创建活动为抓手进一步建立健全中小学知识产权教育工作体系,做到教学有师资、学习有课时、体验有平台。

（三）措施上务求实效，进一步从"实"处着手，不以申请多少专利为衡量，而更多从知识的传递、意识的播种和实践平台的搭建上着力。

据了解，上海自2017年便在全市开展中小学知识产权教育示范学校创建活动，通过推进创建工作，以点带面，带动全市各中小学学生知识产权意识提升。目前上海已有16所市级中小学知识产权教育示范学校，其中5所入选国家级中小学知识产权教育试点学校。而市二初中等相关学校开设了涉及专利、商标、版权等知识产权内容的课堂教学、社团课、专项课等日常教育课程，开展形式多样、各具特色的讲座报告、模拟法庭、竞赛、社团活动、兴趣课等知识产权教育活动。

二、知识产权会催化教育改革

在徐汇区教育局、区相关部门、天平路街道和校外专家的指导下，我校的知识产权教育，选题贴近生活实际，体现学校特色，鼓励和引导学生积极参与科技创新和专利申请的实践。普及知识产权基础知识，引导青少年从小建立起知识产权保护意识，按照科学发展的客观规律和法律法规实现自身的科学发展，最终成长为科技创新的主力军。激励青少年不仅要树立知识产权的意识，更要身体力行地宣传和保护知识产权，从而带动全社会形成良好的知识产权氛围。在开展知识产权教育培育科学上海人的过程中，将为城市精神注入丰富的科学内涵。

我校展开相关活动的原则是："三个整合，一个渗透"。即知识产权教育的实施与青少年科技实践活动相整合，与课程教材改革相整合，与现代信息技术相整合，渗透未成年人思想道德建设，弘扬敢于创新、勇于实践的科学精神。15年的不懈坚持，为知识产权教育贡献了力量。

在活动管理方面，我们的基本经验是：

（一）纵向贯通，横向联合

我校一贯重视并求真务实地开展科技教育，校园氛围良好，教师指导精心，同学们投身创新性学习的热情高、成果丰，学校被评为2005年度"上海市科技教育研究和成效显著学校"。后在原有较好的科技教育基础上，"纵向贯通",在知识产权教育中再攀科技教育的新高峰。"一个好汉三个帮",为了使知识产权教育更富成效,我校紧密依托区域内的各种科技教育力量,建立了"资源支持系统",而他们包括徐汇区知识产权局、区青少年活动中心、伯瑞杰知识产权代理有限公司、上海市交通大学物理系等。又通过多方的"横向联合",如召开研讨会和现场指导等方式,使外部信息源源不断地注入我校,实现了青少年科技活动融入社会、融入现实生活、融入现代科技,使我校的知识产权教育活动保持着活跃性和创造性。

(二) 机制确保

即校长室领导—知识产权教育工作小组组织—相关部门配合。将知识产权教育纳入学校整体教育计划,成立知识产权教育工作小组,由校长室直接领导,负责设计、组织和实施知识产权教育活动。配备相应资金作为专项费用。充分发挥校内各方工作积极性,全方位、多渠道地实施科技教育,促进学生全面和谐发展。

(三) 量与质相结合,普及与提高相结合

公平合理地对活动情况进行跟踪评价,活动结束后评选出表现突出的个人和班级,给予奖励。注重量和质两个方面,既要面向全体,有一定的数量要求,又要注重质量标准,明确提出质的要求。做到量与质相结合,普及与提高相结合。

(四) 以学生发展为本,发挥教师创造潜能,做精学校科技特色

纳入学校的校本课程建设,编写《我们身边的知识产权》校本教材。力求将集法律、科技、经济于一体的知识产权概念清楚地传授给学生,促进学生的最大限度的发展。同时,校本课程的开发有利于教师创造潜能的发挥,促进了教师的专业化发展。师生的共同发展赢得了学校新发展,并孕育出学校新科技教育特色。

三、活动过程和效果举例

活动过程是跨年度的,已坚持迄今。如首次活动就从 2005 年 10 月—

2006年4月,活动分4个阶段进行。内容是:

(一)"我创意,我设计,我发明"科技发明活动

1. 向学生推荐《思维加油站》,在课余时间阅读。
2. 邀请徐汇区青少年活动中心李鑫国老师作专题讲座,介绍科技创造发明的方法。
3. 邀请向明中学科技老师黄曾新作专题讲座,对中学生创造发明的专利和作品进行案例分析,同时请李弘基和吴健闳同学介绍科技创新实践的心得和科技发明的成果。
4. 初一年级在拓展课上举行"大科学家的少年时代"主题班会,以故事、事迹介绍的形式学习科学家的钻研精神,启发自己的创新灵感。
5. 在全区开展"徐汇区青少年科技创造发明设计大奖赛"。

(二)专利申请活动

1. 科技辅导员作"在创新活动中运用专利检索基本知识"的讲座,结合学生的创新设计,在互联网上进行专利检索演示,让同学们了解如何利用专利技术信息来启发自己的发明构思,点燃发明创造的智慧火花,并防止重复发明,从而引导学生更加科学地开展小发明、小制作等创新活动。
2. 如作品符合专利申请条件的,对创作该作品的同学进行专项辅导。
3. 申请专利。

(三)知识产权基础知识教育

1. 向学生推荐一本知识产权知识读本,在课余时间阅读。
2. 由徐汇区知识产权局推荐有关专家学者做专题报告,使学生掌握知识产权的基础知识。
3. 各班级以"我们身边的知识产权"为主题,设计黑板报或宣传栏,制作电脑小报。
4. 以身边的事件为素材:身边的伪劣、假冒商品、侵权行为等,开展"如何创造知识产权?怎样保护知识产权?"的专题讨论或案例分析活动。

5. 开展"知识产权知识知多少?"知识竞赛。

(四)"4·26知识产权日"大型宣传展示活动

即于2006年4月26日,举行以"我们身边的知识产权"为主题的文艺表演活动,各参赛校每校1项(表演时间一般在5分钟之内)。即以学生所喜闻乐见的表演形式,生动地展现知识产权教育的内涵和成果,实现科技教育与艺术教育的整合。

实施成效上早有收获:科技创造发明活动异军突起,提升了学生的科学技术素养,提高了教师的教学研究能力,发展了学校的科技特色,推出了学校的科技明星。同学们积极参与各级科技类竞赛。预初、初一年级有突出表现的同学成立了"小苗科技社",学生接连设计出"自行车计程器""室内空气中甲醛检测清除器""掌上双键盘单双屏多语种会话电脑""全自然能冷暖空调",都成功获得了国家知识产权局的专利申请号。而笔者作为科技总指导被评为上海市第六届青少年科技节先进个人、徐汇区2005年度先进教育工作者。学校知识产权氛围日益浓厚,普及了知识产权的基础知识,引导青少年树立起知识产权保护的意识,早在2005年12月就被评为"上海市知识产权教育试点学校"。

通过连续10多年举办"市二初中杯"青少年知识产权教育活动,学生在知识产权教育活动中提高了创新思维意识和创造能力,更学会了应该尊重和珍惜他人的劳动成果,懂得只有大家尊重科学、维护知识产权,才能使我国科技得到飞跃的发展。随着知识产权教育的不断深入开展,学校先后被评为"上海市知识产权教育试点学校""上海市科技教育研究和成效显著学校""徐汇区知识产权教育优秀学校"。学校将继续致力于鼓励和引导全区的学生参与知识产权教育活动,探讨如何在青少年中开展发明创造教育,以及青少年发明创造与知识产权保护相结合的有效方式。我们期待并努力:引导青少年从我做起、从身边做起;尊重创新成果、保护知识产权、抵制侵权盗版;积极创新发明,争当创新人才。

(作者单位:上海市第二初级中学)

南模体育导向：实现有卓越价值的教育人生

王　斌

上海市南洋模范中学创建于 1901 年，是中国人自己创办的最早的新式学堂之一。学校致力于构建导向正确、文化浓郁、特色鲜明的南模课程学习场，促进南模学生充分优质的发展，体验健康美好的中学生活；促进南模教师专业成长，实现有价值的教育人生；促进南模中学始终保持模范立校，追求卓越的办学本质。

一、指导思想与工作目标

（一）指导思想

以南模中学整体工作思路为指导，结合区教院工作要求，树立"以人为本""立德树人""基于标准"的观念，深入开展课程与教学改革、聚焦课程教学与教师研修实践中关键问题的解决，聚焦课堂教学与教师专业发展，助推"基于课标"的上海市高中体育专项教学课改的深化，促进高中学生的身心健康，促进教师专业发展，加强团队凝聚力提升。

（二）工作目标

1. 学习《普通高中体育与健康课程标准》，聚焦课堂教学，深化课程教学和评价改革，结合学情、校情，制订学校高中体育专项化教学改革。遵循上海市高中体育与健身学习评价方案，结合学校学生综合评价体系，完善体育学科评价数字化、规范化、科学化。

2. 以篮球传统项目为引领,推动学校校园体育文化建设。强化学生锻炼习惯,提高学生体质,锻炼学生意志。摸索"多元一体"体育课程体系,培养学生运动兴趣,促进学生体质。以体育课堂教学为主线;以早操、活动课、体育课外辅导、学生体育类社团和体育各项竞赛为补充;以高水平运动队训练为提高,多元一体,相互促进,有机结合。充分利用学校资源,如田径场、篮球场、篮球馆、体操馆、乒乓馆等,最大程度地为学生参与体育活动,接受体育教育创设条件,学习与巩固体育技能,提高体能,增强体质,增进健康,培养学生锻炼习惯和良好的生活方式,丰富校园文化生活。

3. 深挖学科的育人价值,将人的教育与身体的教育置于立德树人思想的指导下,培养学生的学科核心素养,健全学生的人格,引导学生做具有模范意识青锋行为的南模优秀学生。

二、主要工作与成效

(一)课程建设

学校根据市里要求和区教育局的安排,设计高中体育专项化南模中学方案,准备在高一年级积极推进专项化体育课程改革。

学校体育课设有三类课程:基础课、拓展课、研究型课程。

1. 基础课程:每周2+1+2模式,2节为体育基础课(田径、球类、体操、武术等),完成课程标准中所规定的基本内容;1节学校校本课,(篮球课);2节为活动课,开展形式多样的选项活动。

2. 拓展课程:每周1节拓展课,针对学有余力的同学,通过校园网选课形式来确定自己的体育拓展课,注重培养学生的合作学习、创新精神,激励学生积极进取。开设有足球、排球、乒乓球、健美操、健美、羽毛球课等。

3. 研究性课程:每学年每位同学选择性参加体育类研究型课程,学校现有"南模杯对学生运动积极性的影响"等66个研究课题。保证每位高一、高二任课教师指导3项研究性课题,每2年教研组需要对研究型课程体育类课题进行更新。

依托学校近80余年的篮球特色、"篮球校本课程",形成南模中学特有的篮球特色课程教学。篮球特色课程化、普及化:使"健康第一"的核心理念深入师生的学习生活中;体育课程评价方式力求体现"以学生为本",把体育课堂教学考核评价和学生体质健康数据测试相结合,融入学校自身学生综合评价体系中,强调全面、综合地评价学生体育学习状况。

(二)校本教研

我校体育学科教研组工作除了完成常规教学任务以外,校本教研是我们教研组工作的核心和特色活动之一。教研组自进行校本课程的开发以来,"基于课程标准教学的区域性转化与指导策略研究"以学科教学手册的编写为指导,对校本课程的完善、学校特色项目的开发以及教师专业能力的提升上进行定期的教学研讨。完成《篮球》《田径》校本课程的编撰。在教师培训校本研修方面,近年来,在"高中篮球教材教法的研究"中,教研组采取以老带新、新带新、备课组成员捆绑学习的形式进行了各种形式的教研活动。重点加强体育教师教学技能、相关理论的共同学习、提高。注重体育教师自身的健康、自身体能技能和理论水平的提升。

(三)阳光体育

1. 学校阳光体育:每年3月,举行全校"同一杯"迎春长跑比赛;4月,举行"青锋杯"足球比赛;5月,举行全校乒乓球比赛;7月,承办"南模五十四杯"篮球赛,10月,举行校秋季田径运动会,广播操比赛,健身舞比赛;11月至第二年4月,举行第37届南模杯篮球赛、体育摄影比赛;12月,举行校跳踢比赛、拔河比赛;12月至第二年3月,组织开展全校性冬季晨跑活动比赛,以班级为单位,鼓励所有同学参加。

2. 体育社团:学校现有乒乓球社、足球社、羽毛球社、跆拳道社、空手道社、排球社、啦啦队、轮滑社、飞镖社、炫舞部落等体育类社团,足球社团开设青锋杯足球比赛,乒乓社团设有学生乒乓球比赛、羽毛球比赛等。确保每周两次的社团活动正常进行。每位体育教师至少负责1个社团的指导工作。2012年足球社、羽毛球社、跆拳道社、空手道社被评为徐汇区星级体育社团,2014年羽毛球社被评为上海市星级体育社团。

3. 阳光体育大联赛:体育教研组老师坚持组织课余体育训练,带队成绩突出。教研组每位体育教师分项带训,篮球男队、女队、足球队、乒乓队、健美操队、田径队、羽毛球队等,在近年来的市、区级各类比赛中屡获一等奖。

4. 校篮球队:孟家森老师带训学校高水平篮球队,每周训练6次,3年来,囊括了市级高中篮球的全部冠军,成绩斐然。

(四)体质健康

学校高度重视把学生体质健康数据测试作为学校工作的重要任务,实行校长责任制,明确工作目标和具体人员,制订本校测试、上报工作方案,统筹安排、全面落实。认真做好宣传发动工作,切实提高教师、学生和家长的认识,激发学生积极锻炼身体的主动性和自觉性。注重测试教师的业务能力,确保操作程序规范,测试方法科学,测试数据准确,全面提高工作质量。

(五)团队建设

每学期教研组都会组织教师自学或团队研读新的课程标准的内容,并结合实际情况制订教研组、备课组工作计划。把体育教研组建设作为重要的工作内容,定期检查和督促教研组工作制度,建立考核教研组长、备课组长机制。建立体育活动安全应急管理机制。成立南模教育集团视导组,参加体育教研活动和听评课,关注课堂教学。学校重视抓好每周三节体育课的教学常规管理工作,每周两节活动课方案翔实,每天广播操组织纪律严明,自编室内操2套。

2015年,教研组修改校本课程《篮球》,开发培训课程"高中篮球教材教法研究",2016年发表论文《徐汇区高中体育社团的现状及发展对策》。获得区级课题评选二等奖。2016年编写《南模中学体育教学手册》,2015年教育局一般课题"资优生参与体育活动的态度及动机研究"立项并结题。2015年市学校体育一般课题"上海市试点中小学体育场馆对外开放的现状分析与对策研究"结题。承办"南模五十四杯"篮球赛,承办徐汇区教工篮球比赛,承办或协办上海市篮球锦标赛、中国高中篮球联赛(上海赛区)、市运会篮球赛等。对于南模中学的篮球而言,正是通过组织和参加不同级别的赛事,在提高自身篮球水平、组织能力的同时,是最好的展示、宣传、学习。

三、问题分析与对策

(一) 提升教师专业水平,引进优秀教师

高中体育专项化对于教师专项要求较高,现有教师的专业相对集中在篮球、田径和健美操上。应积极参与市、区的教师专项化培训,提升知识技能,适应教学要求,满足南模中学学生知识技能渴望。随着几位老教师退休,专项化后课时数增加,梯队建设需要引进优秀教师,关注青年教师成长,促进教研组建设。

(二) 完善体育场地设施

现有的体育场地设施需要修缮,要适应高中教学不同项目所需。高考改革 3+3 后,高二年级走班后带来了教学困难,要错峰使用场馆,最大程度地利用空间设置运动器械。

(三) 课程图谱建设

思考南模中学课程图谱建设。从学生的可接受水平与可持续发展出发,对学生必修与选修的项目、模块进行总体的系统设计,并关注各项目间的相互关联与影响,形成结构清晰的学校体育课程框架,再根据学校的条件与可能,对课程进行长期一贯而卓有成效的研究与建设。通过对课程图谱的选择学习,让学生有属于自己的"跑道",成就学生美好的高中生涯。

(作者为上海南洋模范中学体育教研组组长)

对外汉语本科专业如何迎接新时代的教育春天？

要 英

复旦大学国际文化交流学院自 1993 年开全国之先河,开办面对留学生的本科教育以来,至今走过了 26 个年头。如何在教学中弘扬中国文化,显示文化自信、道路自信,是新时代对每一位教育专家、教授和从业人员的基本要求。2005 年,本人在《文汇报·文汇时评》发表《汉语热不等于软实力》谈的就是这个忧虑。但扎心的现状是:一些学校走的是一条去文化的空心化的道路,实在让人忧心如焚。

一、关于学生的培养目标的思考

关于培养目标,当然还是培养高层次、有专业知识的汉语人才。笔者单位的名称叫——国际文化交流学院,这个名称的原创者是教育家、物理学家和复旦大学老校长谢希德,显然她初心是文化为体、语言为用。没有文化作为底蕴的语言训练,就好比没有土壤的水仙,有时候也能开花,表面上也有些香味,但无法可持续,也始终只能苟且在花盆中。而我希望的学院,是春天的百花园。

然而,这些年来学院是如何"培养"留学生的呢? 先来看一下我们的课程设置。贯穿 4 年的所有课程中的,大一、大二的必修课基本着眼于语言,大三、大四也是如此,唯一不同的是有微量的着眼于文化内容的课程,这是不断消灭有知识含量的专业课程、并单方面加强语言培训的结果。只是这种偏执性的结果会慢慢成为苦果,也会逐步降低上海不少知名大学追求品牌学府和高峰学科的国际竞争力。

一位资深的国际问题专家这样告知我：苏联的僵化，实际上是从高等学府中开始弥漫的；当工具型的训练成为主体，文化的没落就已经出现了端倪。而历史上的那些游牧民族为什么会消失呢，并非是因为没有语言，而是因为没有文化。

二、这样的课程设置受学生的欢迎吗

从我们服务的对象——外籍留学生来说，到目前为止大一、大二年级语言课程的全方位设置已经部分削弱了一些学院对于留学生的吸引力，特别是随着中国越来越全球化的趋势，高比例在华接受中小学教育的留学生们，已经对中国文化的接受热度形成星火燎原之势。他们从跨入大学的第一天开始，就渴望对中国文化的了解，但我们的课程让这批汉语水平优秀的学生心里凉了半截，更糟糕的是，目前汉语课的设置一直延续到四年级，漫长的4年时间，他们几乎就是通过汉语课本学词汇，做练习，而大一、大二最优秀的汉语课是视听说课，到底有多少文化含量，可想而知。

在这样的课程设置下，留学生对高品位知识的渴求被遏制，从课堂上几乎很难满足高级需求，甚至汉语水平高的而又渴望知识学习的留学生厌学、逃课，用玩游戏打发时间，这些迟到、缺课、逃课的学生慢慢地居然就成了老师心目中的坏学生。而我积极认同的高等教育的核心价值观，则是补短板、水涨船高而非削足适履。留学生的学习、交流和享受、传播文化之美的能动性，是有容乃大的根本动因。作为中华文化的赤子，我们应该去领略文化的高峰而不是在山上简单地数石头。如果没有鲜活的文化体验，就是默写出一些咏月的古诗也会遗忘情怀。

三、着眼于知识的课程设置受欢迎吗

目前，大三、大四也有文化课，比如课时少得可怜的历史、文学、哲学、经济、法律等方面的课，授课内容大多是对中国学生教学的缩略本，如果任课教师是该专业出身，就显得非常专业性、理论性，而全面、活泼、生动、有趣、智慧闪光的高品位知识内容就被明显弱化。而不对路的教材,就意味着丧失了语言学习的最佳契机。而良性互动的前提是有文化与语言有机融合的课本,它就像蜜蜂在酿蜜过程中的花粉,花粉才能传播更美的春天,但我们恰恰是在内容供应上出了问题。

据留学生们反映,个别教师甚至会非常强调死记硬背那些他们并不感兴趣的东西,文化课没有很好地发挥出自己的特长,反而以点名、批评和考试等强硬方式,把那些有学习兴趣、擅长自由思考、自由表达的留学生的文化心理优势泯灭了,对学生造成第二轮打击,从而形成极为可惜的"逆淘汰"的现象,我们流失的无疑是留学生对我们的宝贵信任。同时,这也并不利于上海国际形象的传播。

显然,对于留学生而言,这样的大学生活几乎成为一个鹦鹉训练营。鹦鹉当然不会自觉地去"学舌"的,只是因为其脚丫子上都有一条牢固的锁链。我曾经观察到表演间隙期间的鹦鹉,它们都在啄着那条明晃晃的锁链;因为它们的灵魂本质上是追求自由的。也有留学生和我交心时这样比喻,单纯机械的语言训练和死记硬背的考试题目,就好比在屋檐下被动地躲避梅雨,不知道阳光啥时候明媚。

四、如何破解留学生的"鹦鹉训练营"

这里需要破题的两个基本点,就好比是人的两条腿。

(一) 课程设置应该着眼于高品位知识,并融入发展中的中国国情。

(二) 教师队伍建设任重道远,结构重组已是不可回避的课题。如果不能够破解之,汉语言本科就会蜕变成"语言培训中心"。长期以来,对外汉语教学界的最大学问之一就是"教材与教法",意思是只要掌握这把钥匙,那就貌似解决了所有问题,语言课如此,文化课也如此,当然它蕴含的智慧曾令本人也获益匪浅。但它带来一个负面影响就是,人们认为文化课程就是小菜一碟,忽视教师队伍中吸收有各类有专业知识的人才加入,而仅仅主要吸收"对外汉语教学"专业人才。比如有的学校在 2010 年后新增设了汉语言商务方向本科,但并没有成功引进急需经济背景的专业人才,这是令人遗憾的。

当然本科生教学,需要有专业知识储备的人才,但需要强调的是仅仅有专业知识储备的人才,仍然不能保证综合类教学的成功。合格的教师还必须要通达留学生教学窍门。因此吸引有专业背景又懂留学生教育方法的教师,成为当务之急。

目前,有专业背景的老师不是没有,但我们缺乏培养他们的土壤,即让他们得到充分发展的专业环境。比如除了语言专业和对外汉语专业的老师,其他背景的老师本来也应该成为硕士点的接班人。但实际情况不容乐观,文学、历史、经济专业的不少教师被排除在外,汉语国际教育的天地里没有他们的一席之地。因为目前汉语国际教育硕士点从课程设置来看,有汉语言要素教学、汉语语言学、跨文化交际等,但对外汉语本科的文化课程教材编写赫然不在其中,这显然是画地为牢,且局限了发展空间。这说明,留学生本科教育与硕士培养并没有有效对接。

另外,从教师队伍的考核机制来看,不尽合理。对外汉语教学专业属于语言应用研究,挂靠在语言研究一级学科下,而并不是纯理论的研究。但目前对从事留学生教育的教师,与大学各个院系的考评标准居然是一样的,即课题、项目、论文以及评奖。所以,在这样的考核机制引导之下,那些有一定科研能力的又想继续"上进"的教师,宁愿把时间花在所谓的理论研究和课程奖项申报上,以求名利双收。我们虽然不能随意去评论这样的行为,但发展战略导向是偏差不得的。

与此同时,为本科留学生的教学需求花心血,仅仅是一种道德驱动。当然一些有强烈责任心使命感的教师,也会这么做,但困难的是,从事留学生教育的教师最低每周课时量与目前上海的中小学老师不分高下,这就几乎牵制了大学留学生教师的全部精力。一心扑在教学上和文化品位交流中,高负荷的工作后果就是成为科研的不活跃者,从而导致与升职称、立项目、拿课题无缘,当然更无心去申请奖项,这样或被考核系统警示为边缘人。笔者认为,这是需要决策层引起警惕的。

显而易见的是,目前,我们如果要想担当起弘扬中国文化的神圣职责,真的是问题和困难很多。在这些问题和困难面前如果选择回避,那就等于是盲人摸象。

五、重新出发：寻找面向未来的指南针

弘扬中国文化的春天到了，近年来教育部直接对大学的指令无论本科，还是研究生都要为留学生开设"中国概况"课程。而且，特设了用英语讲授"中国概况"课程。同时，国家强调在教学中把弘扬中国文化融入课程教学之中。我们完全应该顺势而为，既解决目前只着眼于语言的课程设置而出现的问题，也能跟随新时代的脚步。我们也常说中国人民的中国梦，既是我们每一个中国人的梦，也是和世界各国人民的发展梦是相通相连的。习近平主席提出的"一带一路"倡议和人类命运共同体的主张，也已经声名鹊起。更何况其著作中，有着大量的典故、成语、警句和古诗词，以及世界各民族经典故事，这又何尝不是我们的教学宝库呢？

因此，我们必须思考如何在本科留学生教育中弘扬中国传统文化，以及如何践行中国梦、一带一路、人类命运共同体等中国主张、中国倡议、中国风范。就我自己多年来的实践和心得而言，不能把对传统的片面理解就等于自己的独创。

什么是中国文化？我以节日文化举例，大家会一目了然。比如说，中秋节，就是传统中国节日。那么圣诞节平安夜，一听就是洋节日啊，有意思的是，西安碑林博物馆的《大秦景教流行中国碑》就记载了——基督教在中国唐代传播的具体事件。"大秦"是汉唐之时对罗马的称呼，"景教"是唐太宗李世民给基督教起的名字，那么就可以推断，早在唐代，中国人就在过圣诞节。而在现代社会，当西方世界的圣诞树上点起灯火过圣诞节、平安夜的时候，中国各路商家为促进生意兴隆，比西方人还早就开始积极营造过节气氛，并华丽转身成为促销的狂欢节，不断刷新每日销售新纪录。甚至连圣诞树，基本都是中国制造的。

那么什么是先进文化？已经一目了然，那就是，凡是中国人认为可以为我所用的，对自己有好处的，就是我们的文化，也就是说鲁迅先生所说的用"拿来主义"，用自己的眼光去挑选，去占有、去充分利用好一切有价值的东西。

同时，应该积极从汉语言专业商务方向本科的课程设置，来看如何弘扬

传统文化。如果是简单理解弘扬传统文化,那我们开设的课程只应当学习的是古代以来的中国经济学思想,比如春秋时期的管仲所推行的"官山海"政策(国家垄断经营的思想),再到孙中山的《建国方略》呢?答案一定是否定的。我们知道工业革命是中西发展的分水岭,西方经济发展从此一日千里,此后200年诞生了不少经济学家,出现不少的经济学著作,他们的思想其实也是我们的宝贵财富,比如亚当·斯密、李嘉图、凯恩斯到马克思、斯蒂格勒、库兹涅茨、舒尔茨、熊·彼特等,他们表达的内容没有一个是中国人发明创新的,但我们的党和国家就是在马克思理论指导下诞生的。结合中国具体条件不断发展马克思理论,指导国家发展,这难道不是我们的先进文化吗?一些合理的西方经济学思想难道不是我们应该吸取的思想源泉?所以先进文化的正解就是,本着实用的原则,不断学习、不断吸收全世界最优秀的、鲜活的、有生命力的、有益于本民族和国家发展的文化。因为这是一个全球化的、开放的概念,而非一个闭关自守、唯我独尊的概念。

最后,需要强调指出的是:习近平新时代中国特色社会主义思想是当代中国的发展指南,也是世界各国人民的精神财富。无论是联合国千年目标的设置议程,还是二十国集团峰会场合,更多的是中国主场外交舞台;习近平主席的演讲词总是得到最广泛的聚焦和第一时间上的主流媒体传播。中国领导人的务实精神和卓有成效,和跨年度波及2019年的美国政府停摆、法国及欧盟中心国家的"黄背心运动"以及悬而未决的英国脱欧等闹剧,形成了鲜明的对比。这种对比,自然吸引着留学生们的目光和思考;在我的课堂上已热烈地讨论过。讨论之中,中国道路和人类命运共同体的主张越来越清晰和引发留学生的普遍尊敬。而这,又何尝不是文化自信呢?

(作者单位:复旦大学国际文化交流学院)

附: 汉语热不等于软实力(2005年7月27日)

要 英

汉语的复兴及其国际化,是我们这个时代不可回避的文化事实。这一事实,代表着一种基本的趋势:那就是中国和平崛起和世界多元文化潮的出现,正在为全球所接受。

而可以见证这一基本趋势的最近一个经典案例莫过于近日在北京举行的世界汉语大会,这个大会从各个角度看都取得了圆满的成功。值得强调的是,来自66个国家和地区的600名中外代表参加了这次会议,会议的主题为"世界多元文化架构下的汉语发展",这是中国首次召开的以汉语为主题的盛会,也可以说是中国改革开放近30年来,汉语热在全球逐渐兴起后一个水到渠成的盛典。

在首届世界汉语大会上,有海外学者指出:正是中国的崛起和巨大的发展潜力,凝聚并形成了这股前所未有的强劲的横扫世界各地的汉语热旋风。那么,这股汉语热旋风具体地表现在哪些方面呢?有关统计表明:

一、汉语热体现在各国的中等与高等教育中。在日本,开设汉语课的高中数量从1986年的40多所增加到今天的近500所。在韩国,已有近200所大学开设汉语课程,汉语考试已被正式列入韩国外语高考科目。在美国3 000多所大学中,开设汉语课程的有近800所。在法国,开设中文课程的大学有100多所,150多所中学开设汉语课,有13所大学的外语系开设了汉语专业,其中,5所大学设有硕士点,2所大学设有博士点。在德国,去年将汉语纳入许多州的中学会考科目。在南非,其最大的电视公司已开始向全国播放汉语教学节目。据统计,全球100个国家有超过2 500余所大学在教授汉语,世界上学习汉语的外国人已超过3 000万人。

二、汉语水平考试(HSK)作为测试母语非汉语者的考试,目前已经形成包括基础、初、中等与高等系列考试,以全面满足对汉语测评的需求。截至今年6月,汉语水平考试在世界上37个国家设立了154个考点,已有40多万名考生参加了这一考试,特别是近两三年来考生人数增幅较大,达到了40%。

三、随着全球更多的政界人士认识到改善汉语教学的重要性,一些国家打算设立专项财政拨款并启动汉语教育项目。如不久前美国国会两位参议员发布了"美中文化交流促进议案",该议案要求联邦政府在2006—2011年的5个财政年度内拨出13亿美元,用于扩展和加强美中两国的文化交流,特别是美国的中文教育及与中国的初高中、高等教育留学生交换计划。此议案一经通过,美国教育机构不仅能获得更多的拨款,还将全面提升中文教育水平与地位。而且根据中美两国协议,美国将于2007年启动AP中文项目,即在美国中学开设汉语和中国文化预修课程与考试,学习成绩将得到美国大学的承认。这标志着中国语言文化教学开始进入美国国民教育主体学校了。此外,国内不断举行的留学生演讲比赛、朗诵比赛、作文大赛、世界大学生中华文化才艺展、摄影展等,可谓让人目不暇接、眼花缭乱。

那么,我们亲眼目睹的汉语热真的就等于汉语国际化了吗?回答是这是不充分的,很多汉学家也认为汉语国际化,仅仅依靠语言的功利性推广是远远不够的。笔者从事对外汉语教学已经有10个年头了,也经常遇到这样尴尬的情况,即一个外国留学生特别是西方国家的成年人,往往能操一口流利的汉语,但对中国的态度却是"零友好",对中国社会的进步还是"零了解"。出现这种看上去匪夷所思的现象,说明我们在从事对外汉语教学中,过多地偏重了语言尤其是发音的训练,但语言这一思维的外壳本身之所以能够传播,关键还是有文化底蕴的魅力做支撑。离开了文化魅力这块基石,语言的力量辐射未必能够像经济要素的流动那样深远。但世界上学习汉语的人要超过学日语者,汉语还是联合国的五大工作语言之一,其背后的关键就是我们的文化底蕴。

现在的问题是,要真正实现汉语的国际化,光靠老祖宗留下的文化底蕴还是缺少国际竞争力的。一个反证是,中国每年有60万人去韩国旅行,凭着韩流电视剧的印象,他们大多对韩国文化怀有美好的憧憬,其中,绝大多数人根本不会说韩语,如此鲜明的对比不难说明,我们的文化"软实力"影响还远远不够。

为此,我们还应该在扩大中国文化的"软影响"方面付出积极的努力。最近一个可喜的行动计划已经展开,那就是国家汉办在世界主要国家和我国周边的主要城市已经开始设立孔子学院。其中,第一家孔子学院于2004年11月在汉城开张,至今已有26所孔子学院落地,包括在经济发达的德国和瑞典都以孔子学院为延续汉语热的文化基地,而下一所孔子学院将于2005年9月在与中华文化有相当交流的美国城市芝加哥举行落成典礼。笔者相信,孔子学院的诞生,对于新时期的中外文化交流将起到决定性的作用。它将使官方的文化交流计划、民间的文化互动、师资力量的投放和培训、新型文化表现方式的运用以及文化传播经费的落实,都上升到了规范化和现代化的层次。这不仅是我国综合国力继续增强的标志,更是提升中国文化"软影响"的有效抓手。也只有中国文化"软影响"的格局在全球化的背景下得到了根本的改变,汉语热才意味着汉语真正赢得了充分的国际化地位,从而具有绵绵不绝的生命力和对国家利益的创造力。

金色年华篇

金色夜叉

读《新民晚报·夜光杯》：聆听月亮和云朵的对话

王淇仪

暑假里的8月15日，2018年的上海书展正十分红火。这天，刚好是我认识上海社科院王泠一博士一周年。这一年里，他陪着我读了不少《新民晚报·夜光杯》上的散文；还把我的一篇心得文章推荐给了晚报副刊部主任刘芳老师。为了鼓励我，刘芳老师安排发表了我的这篇处女作——《蝉去又蝉回》。今年刘芳老师主编的《爱夜光杯爱上海》一书，在上海书展上更是一书难求。而我很荣幸的是，得到了刘芳老师的签名本；她还鼓励我"好好学习、天天向上"。在开学前的两周里，我如饥似渴地精读了这本高品位的散文集。以下就是我的心得：

一、白衬衫的美：《她的白衬衫》

张永莲出生于上海，是分子生物学家，2001年当选为中国科学院院士，1987年加入九三学社。

通过《她的白衬衫》这篇文章，我第一次认识她，被她的人格魅力所吸引。

她是一个豁达的人。从不害怕生活困苦，勇于面对生活困苦，跟别的科学家不一样，她很相信充实生活。在为拍摄化妆时，她说了一句话："既然这是我人生中第一次化妆，那么待会儿拍摄的照片，我要留着做以后的遗像用。"要知道，提及和"死"有关的事宜是十分忌讳的一件事情，然而这位老人却能如此坦然面对。她的那颗心如同所穿的白衬衫般质朴纯净。

她是一个乐观的人。"文革"期间,她失去了所有的美裳华服,只剩下了白衬衫。到后来,连熨烫白衬衫的熨斗都没有了。但是她没有将就,而是巧用方法,晚上睡觉时,把衣服压在身体下,这样第二天起来衣服就像被熨烫过般平整了。

她是一个永不言弃的人。她说当真正"退下",会去学弹夏威夷吉他,去做许多别人觉得不可能的事。坚持做自己,走出自己的路,活出精彩。

张院士白衬衫的故事,给我带来很多启示。当我和他人发生矛盾时,我能否以豁达之心去对待。当我遇到挫折时,我能否以乐观之心去面对。当我遭遇失败时,我能否有坚持到底的决心。

有那么一句话叫"腹有诗书气自华",张院士正是以自己的一份豁达、乐观的心态,一份执着坚持的精神,让朴实无华的白衬衫,散发着最耀眼的光芒。

二、上海味道:《来碗上海小馄饨》

文中作者所写到的上海小馄饨,现在的我们已经吃不太到了。

上海小馄饨讲究薄薄的皮,"要求薄如纸,半透明,能露出里面粉红色的馅料来"。里面的肉不多,汤里只有少许葱花,配几滴麻油足矣。然而我吃的小馄饨,大多肉多皮厚,有的馅儿里加了虾仁、荠菜等食材,味道自然丰富,但是却少了独有的小馄饨味儿。我还是更喜欢自己手工包的正宗上海小馄饨,因为吃到了它,仿佛就吃到了爸爸、妈妈小时候的美食,吃到了老上海的味道。

曾经去乌村(乌镇旁边一个亲子度假村)游玩,在那里吃到了和老上海味道很接近的小馄饨,也打开了我爸爸对于小馄饨的记忆。他说,他们小时候没什么钱,也没有如今那么多的小吃,小馄饨是他和同学们最热衷的一种街头小吃,价廉物美。放学后的小吃摊边,他们一边说笑着学校发生的趣事,或是讨论着昨晚的申花队精彩的射门,一边享受着那香气扑鼻的小馄饨。小馄饨还能用来当早饭,祖父祖母都练就了包小馄饨的绝活儿,天冷时吃上一碗热气腾腾的小馄饨再出门上学,一天都有劲头。

对于爸爸而言,小馄饨不仅是食物,而且是上海人的生活方式,里面有着友情和亲情。

三、过去和现在:《今年我1岁》

刚开始我看到题目写着《今年我1岁》,就觉得很奇怪,心里嘀咕:1岁既不能写字也不会说话,作者是怎么写出这篇文章的。读完以后,才恍然大悟,作者已经过60岁了,而且听爸爸、妈妈说,她是一个大美女。这个大美女认为,60岁是一个结束,也是一个开始。有她的这篇文章,我不由得想着,让我能回到小时候,那该是件多美妙的事情。

我喜欢小时候,虽说我现在也还是个小朋友。在以前,我可以随便玩游戏,成天在幼儿园和小朋友们玩过家家。康建公园是我的乐园,几乎每个双休日,我都会去那里逛一圈。而现在的我,要做作业,要弹琴,要跳舞,几乎没有什么属于自己的时间。

长大真的是那么没有意思的一件事情吗?

我又仔细看了一看作者所说的"1岁",这一年她做了许多自己曾经不曾做过的事情,经历了许多有趣的事情,所以她觉得这一年是最快乐的一年。

我也思考着,既然我们回不到小的时候,那么为什么不把每大了1岁,就当做是一件礼物。在这大了的1岁中,我们能学习更多的知识,能看到更美的风景,能结识更多的朋友。回不到过去,那么就尽力做好现在该做的事吧!

四、沐浴在阳光之下:《我的幸运》

作者陈丹燕老师的幸运,在她所言,是她生活在了一个能给与她长途旅行的时代。那么我的幸运是什么呢?

我的幸运,是有爱我的家人。我的爸爸、妈妈都很普通,一个是公司的职员;另一个是学校的老师。而在我失败时鼓励我;在我伤心时安慰我;在我成功时夸奖我,陪我度过的每一天虽然平凡,但都让我感觉沐浴在阳光之下。

我的幸运,是有教导我的老师。在学校,教我们知识和做人的道理,每日批着如小山般的作业。每当我们有进步时,她总是笑得那么开心。有首歌中唱到"老师像妈妈",我觉得真是一点儿都不错。

我的幸运,是有3个好姐妹(吕安芯、芮语菡、张意瑶)。我们被大家叫成

"四小天鹅"。从 2 岁多我们就认识了,一直到现在一起走过 8 个春秋。虽然我们在一起总是会吵吵闹闹,但是每一次的相聚,我们都格外珍惜。我相信,我们的友谊会一直继续下去。

我的幸运,是遇到了王博士。王博士可有趣了,他圆圆的脸上总是露着灿烂的笑容,鼓鼓的肚子里装着许多的知识。他会让我做许多有趣令人难忘的事情。今年"五一"劳动节,王博让我用"5 元钱"买来了 10 个鸡蛋,我将鸡蛋做了水煮实验,判断出 7~8 分钟的蛋黄凝结度口感最佳,还和爸爸共同分享了美味的鸡蛋。

这些都是我的幸运。

五、妈妈我爱你:《姆妈的菜馒头》

作者通过文字,回忆自己母亲如何做菜馒头,这也是对母爱的一种怀念。作者有那么一份偏执,认为天下的馒头姆妈做的最好。那是因为馒头里有妈妈的一份爱。

在做吃的东西这件事上,我的妈妈,也可以说是有着"惊天动地"的改变。

据说以前的妈妈笨手笨脚,什么也"不会"。她是家中的独生女,外婆、外公从小宠爱她,没啥家务要她做的。可是,现在有我了,可不一样了。她必须要学会做许多事情,最重要的就是学做饭。

看菜谱,手机上下载了教做菜的 APP,慢慢地,妈妈有了好几道拿手好菜,都是我爱吃的:咖喱牛肉饭,意大利面,手工饺子,自烤蛋糕和饼干。虽然有的时候依旧是笨手笨脚,切菜会切到手,我担心地问她,手怎么了?她总是笑着说没事、没事。我让她以后还是不要弄了,她说这总不能一朝被蛇咬,十年怕井绳吧。

妈妈还有一大改变就是变成了"大力士"。以前她的力气很小,搬很轻的东西都搬不动。但是,不知道是那个魔法小精灵给她使用了大力士魔粉,她能轻而易举地把我给抱起来。爸爸说,那是因为从我出生起,妈妈就一直抱我,锻炼出来了大力气。

妈妈,我想在这里说一句,你辛苦了,我爱你!

(作者单位:上师大一附小四年级)

天鹅湖般的笛子课和我所喜欢的姜红燕护士长

徐相麒

中国汉字千千万,我最喜欢"爱"这个字。世界上有许多爱,我印象最深的是父亲给我的爱。这是为什么呢?就让我给你说一说吧。有人说,父爱如山,他能为你遮风挡雨。而我认为,父爱更是一种极强的忍耐力。

一、我最喜欢的一个汉字

一个周末,妈妈去旅游了,只有我和爸爸在家。午饭前,爸爸问我:"今天吃点什么菜?"我想了想,回答说:"就吃宫保鸡丁吧。"不一会儿,厨房里响起了锅碗瓢盆交响曲,爸爸拿出食材和刀,开始切菜。

平时,爸爸很少在家做饭,爸爸烧的菜会是什么滋味呢?"哎哟!"忽然,厨房里发出奇怪的声音,我连忙跑过去一看,原来爸爸切鸡胸肉时不小心割到了手指,红红的鲜血滴在了砧板上。我连忙说:"爸爸,别做了,我不吃了,我们可以到外面吃饭。""没事,没事,这点小伤不算什么,家里的饭菜最卫生,我继续给你做。"爸爸一边冲洗着伤口,一边说。按压了一会儿,血止住了,消了毒,贴上创可贴,爸爸又切起鸡胸肉来。

准备工作完成后,鸡肉下锅,油花四溅,几滴油像长了眼睛似的,向爸爸的伤口"进攻"。爸爸的伤口还没愈合,手上又滴了几滴滚烫的油,这该多疼呀!可爸爸并没有停下来,甩甩手继续烧菜,我被爸爸这不怕痛的精神感动了。"去做作业吧,菜烧好了,我再叫你。"爸爸看见我很担心的样子,于是把我赶出了厨房。

不一会儿,屋子里飘满了饭菜的香味。"上菜啦!开饭啦!"厨房里传来了爸爸笑呵呵的声音。我赶紧跑到厨房,和爸爸一起把三菜一汤端上桌。看着丰盛的饭菜,我很不安地说:"要是我不吃宫保鸡丁的话,您就不会受伤了。"爸爸轻轻拍拍我的肩膀说:"给儿子做饭我很高兴啊,再说男子汉受一点点小伤又有什么关系。"

爸爸做的午饭滋味怎么样啊?告诉大家,爸爸做的饭菜特别好吃呢。

二、爷爷可真了不起

我的爷爷是位画家,画猫是一绝,只要他一画起画来,就会废寝忘食。一天,我正在爷爷家写作业。忽然听见奶奶喊道:"开饭啦!"于是,我就立即停下手中的笔,跑到厨房把饭菜端上桌。我帮奶奶端好饭菜,拿起筷子正想吃,就被奶奶喝住了:"等你爷爷来了再吃。"我就放下筷子,等爷爷来吃饭。5分钟过去了,10分钟过去了,15分钟过去了,爷爷就是没来吃饭。奶奶也等不及了,说:"去看看你爷爷在搞什么鬼。"于是,我就向爷爷的书房走去。我轻轻地推开虚掩着的门,发现爷爷正在专心致志地画画。和往常一样,我没有打扰他,回到客厅,向奶奶说:"爷爷在画画,我们先吃吧。"于是,我们就把爷爷的那一份留着,自己先吃了起来。

我们刚吃完不久,就听见爷爷欣喜地大喊一声:"终于画完啦!"爷爷走了出来,看见我们的饭都没有了,奇怪地问:"你们不吃吗?"我回答:"我们已经吃好了!"说完,我就去欣赏爷爷画的画。画案上铺着一张长长的宣纸,上面画的一只只神态各异、憨态可掬的猫咪活灵活现,好像就要从纸上跳出来似的。原来,经过2个多月的努力,反复地斟酌,爷爷的《百猫图》终于完成了!

爷爷画的猫,尤其是工笔画,猫的皮毛看上去非常柔软蓬松,特别逼真。这种超乎寻常的立体效果是用细毛笔一根一根画成的。这样一幅细致的工笔画创作,需要投入大量的精力和毅力,我的爷爷可真了不起啊!

三、我喜欢的一堂笛子课

要问我最喜欢的一堂课是什么,当然是笛子课,为什么呢?就让我来说一说吧。

那是一个周日的下午,我和往常一样来到王老师家上笛子课。王老师微笑着说:"今天,我们来吹《四小天鹅舞曲》。"我听了,并没有多大惊喜,但是,王老师示范吹时,我越听越熟悉。原来,这是《天鹅湖》中的一段。王老师眼睛微微眯起,双手持笛,手指灵动地按压着笛孔。我边听边看,随着轻松活泼、轻快跳跃的笛声,眼前好像有一群天真活泼的小天鹅在起舞,十分有趣。

"现在你来试着吹吹看。"王老师对我说。我刚开始吹奏时,就比较熟练,等我吹完后,王老师说:"你是不是提前练过了?"我点了点头。"但你还有一些地方有小问题,比如在有十六分音符的地方吹得比较模糊,不干净,还需要多加练习。"王老师严肃地说,随后,他指出我气息和指法存在问题的地方。等我练习得比较完美了,他就播放伴奏,让我跟着伴奏吹。在王老师的指导下,我经过反复练习,笛声终于节奏干净利落,随着欢快的乐曲,我的小天鹅好像也在湖畔游动嬉戏着。

笛子课快结束时,王老师与我用二重奏的方式跟着伴奏一起吹,美妙的音乐让我们深深地陶醉了。转眼间,下课时间到了,王老师夸奖我说:"这首曲子你掌握得很快,应该是提前练习的原因。"临走前,他又反复叮嘱我:"平时仍然要多多练习,这样才能更快地进步。"

王老师是一位负责的老师,因为我喜欢他出色的吹奏艺术,还有做事认真的态度,所以我越来越喜欢上笛子课,这应该就是所谓的"爱屋及乌"吧。

四、护士长姜红燕

2019年1月27日,马上就要到春节了,我去采访上海市第五人民医院的护士长姜红燕。走进急诊大厅,只见大厅里排满了床,医生、护士们忙得不可开交,有的在给病人治病;有的在询问病人的情况,一片忙碌的景象。

我乘上电梯,直奔6楼。护士长阿姨就出现在我的眼前。经过采访,我得知这位姜护士长是一位地道的闵行人。她毕业于闵行卫生学校,来到医院后在第一位老师董桂琴护士长的指导下开始了护士工作。

如今,姜护士长已经工作20年了。她告诉我,她从业以来记忆最深刻的事有两件。第一件事：无论在胸外科，还是后来到消化内科，她认为，要认真做好本职工作。护士的工作是要理解病人、照顾病人，用一颗爱心去减轻病人的痛苦。因此她在同事和病人之间都建立了很好的感情。离开了原来的科室后，还有许多老病人来找她，有原来的同事找她，还带了护手霜送给她，让她非常感动和温暖。第二件事是：她刚做护士长的时候，父亲突然生病了，并到胸科医院做了手术。术后住院期间，父亲的家属护理都是护士长阿姨做的。对一个护士长到家属角色的转变，使她有了很深的感悟。听了这两个故事，我觉得做护士是辛苦的，是高兴的，是有责任感的。

后来，我又问了大家十分关心的医患关系，她胸有成竹地说："医患关系更理性了，如果我们继续保持全心全意为病人服务的精神，那么医患关系也肯定会逐步改善。"

她还告诉我，南丁格尔是英国的一名护士，是现代护理教育的创始人。她开创了护理事业，让昔日地位低微的护理工作成为崇高的象征。护士长阿姨还告诉我，是南丁格尔创办了英国第一所护士学校，以后以她的诞辰日定为国际护士节，可见，护士，这是多么神圣的一个职业！

最后，护士长阿姨告诉我五院的南丁格尔小队在茁壮成长，南丁格尔的事业在发扬光大。每当临床的用血量进入高峰时，护理部都有很多青年志愿者参与无偿献血，加入中华骨髓库志愿者队伍。入夏后，急诊患者明显增多，急诊就诊人数达到接诊能力极限时，南丁格尔护理志愿者们都积极利用下班后的业余时间支援急诊科。现在还不断有志愿者加入，在社区、学校开展志愿服务。听了这些，给我深刻的印象是，尽管南丁格尔小队的工作强度大，工作环境复杂，但是他们坚持自己的热忱，用爱心、耐心和细心对待每一位病人，认真对待每一天的工作和每一次的志愿服务，用行动实践着志愿者的誓言。她们永远是我学习的榜样。

（作者单位：上海市闵行区江川路小学南校区五年级二班）

美食美景的顿悟和被我所战胜的拖拉

叶梓宸

我的生活好快活呀！有美食、有比赛、有参观、有山有水，还有老师指点……

一、热闹的年夜饭

大年三十，主人们都在厨房里忙碌，准备着年夜饭的美味佳肴。

等人到齐了，开饭！第一道上桌的是开背虾。鲜美的红虾用开水煮沸，剁蒜成泥，双刀齐上。把蒜炒熟，加入酱油调味，炒蒜时香味四射，炒好后，蒜一点也不辣，在蒸好的红虾上面放上蒜泥，然后在上面浇上热油，发出滋滋的声响，再撒点葱花提香，一道美味、香气扑鼻的开背虾就完成了。

过了一会，第二道菜上来了，"兄弟你好！你叫什么？""我就是人见人爱，每桌年夜饭桌上都有的——八宝饭。我色泽鲜艳，咬上一口，香甜可口，美味无比，让你吃了一口还要再吃一口。好吃！还有兄弟的帮忙，豆沙弟弟，白果哥哥……都来帮助我了，所以我才这么美味、香甜。我食用方法也十分方便，不用像你一样蒸，也不用炸，我只要一转，一碗美味的我就呈现出来。"

正当它们聊得开心，许多兄弟姐妹都陆续被端上了桌。有绿黄相间的小葱炒蛋，色泽鲜红的红烧肉、甜甜的南瓜饼……"我……""我很好吃……""我很好吃。这真是一桌热闹的年夜饭。

二、美丽桐庐

国庆节,我和家人去了浙江桐庐旅行。那里有巍巍屹立的高山、潺潺流淌的溪水、随风舞动的茶树。在那里我登上了大奇山,游览了富春江……在我记忆的电影中不断回放的,是瑶琳仙境的美景。

在瑶琳仙境的入口处,有唐代诗人韦庄的诗:"钱塘江尽到桐庐,水碧山青画不如。"一走进去,迎面扑来丝丝寒意,外面却是30℃的高温,真是"冰火两重天"呀!瑶琳仙境是由钟乳石组成的群石景,钟乳石对远古地质考察有着重要的研究价值。

我们顺着小道走进去,里面别有洞天。有的像狮子舞球,有的像双龙戏珠……这么多石头,都可以与黄山奇石相媲美了!在这么多奇形怪状的巨石中,一块名叫"狮像"的迎宾石是我的最爱。一走过隧道,只见门口有两块巨石,一块像一头大象,卷着鼻子;另一块像一头狮子,提着一只脚掌,那狮子眼睛眯成一条线,像是在和人们挥手。

走着走着,一股酒香扑面而来,走过去一看,原来是个酿酒圣地!桐庐的奇石美,而且灯光也非常漂亮。在灯光的映衬下,石头呈现出不同的颜色。一块黄澄澄的,一块红彤彤的,一块半紫半黄,一块蓝灰相间,真是五彩斑斓!

美丽桐庐,你是一座文化底蕴深厚的江南山水名城,你是一颗镶嵌在富春江畔的明珠!

三、我最不爱听的一句话

"你看看别人家的孩子,比你厉害多了!"每当听到这句话时,我心里难过极了。

一个阳光明媚的下午,我高兴地骑着自行车来到网球场。等我们选好场地,和伙伴们一起练习网球,之后便开始了激烈的比赛。也许是因为我选的场地正对太阳,太刺眼了,我只能把眼睛眯成一条缝。由于视线不清晰,我连发两次球都没发进,给对手送了一个"好机会"。最终以1∶3的分数败下阵来。平时对手都是我的手下败将,今天我反胜为败,不禁有些丧气。妈妈见状,向我走过来。我以为她要来安慰我,没想到妈妈一张嘴就数落了起来:"你看看别人家的孩子比你厉害多了!"我的心情一下子跌到了谷底。失败一次又怎么了?失败是成功之母。不知怎么,被妈妈说过之后,我的状态更不好了,作为常胜将军的我,第二轮还是输了。妈妈看我输了两局,板下脸来:"你看别人家的孩子比你厉害多了!"又听到这句话,我的头就像炸开了似的,心里就像有块大石头压着,堵得慌。

这样的事时有发生,骑车的时候,每当我比别人骑得歪歪扭扭一些,妈妈就说:"你看看,别人家的孩子比你厉害多了!"做练习题时,我比别人多错一题,妈妈也会说:"别人家的孩子比你厉害多了,都全对!"……

妈妈,每个人都不是完美的,总会有缺点,你不能光看我的缺点,我身上也有许多优点,有些是内在的,有些是外在的,只是还没被发现。妈妈,我不想再听这句话了!

四、我战胜了拖拉

这学期,数学老师给我们布置了每天做口算的作业,老师会定期地检查。在一次抽查时,我还剩好多没有做完,只能连夜补。这都是拖拉带来的后果。

从那以后,我下定决心改掉拖拉的毛病,于是我给自己定了3个法则:一是保证质量;二是今日事、今日毕;三是提早完成能完成的作业。

可是,事情总是说说容易做起来难。在自修课上,老师让我们做三天的口算题,如果没做完可以回家继续做。这时,我桌子里《闪亮的五(二)班》"跳"了出来,我想:看一会没事的。我就津津有味地看了起来。看同桌做完了,我才想起我的法则二,我便把心爱的书放下,开始做起了口算。晚上,我早早做完了作业,便打算看会电视,妈妈问我:"口算做好了吗?""做好了!"我十分坚定。"明天的做了吗?"我想起了法则三,我把我原本想说出的"没做"两字收了回来,飞快地拿出口算本做了起来,并很快完成。

我终于战胜了拖拉,成功用上了三大法则。拖拉大王,拜拜!

五、游上海交通大学

一个阳光明媚的上午,阳光照在身上暖洋洋的,我来到了妈妈的母校——上海交通大学徐汇校区。

我还没跨进校门,却被古色古香的大门吸引住了。大门的两侧有两头强壮的狮子,给人历史悠久的感觉。校门两旁的花坛上种满了五颜六色的鲜花,红的,黄的,蓝的……一朵朵美丽的花儿争相斗艳,引来了一只只翩翩起舞的蝴蝶。

然后我来到了校史博物馆,它建于1996百年校庆之际,展厅面积有600多平方米,里面陈列着许多爷爷、奶奶、叔叔、阿姨的证书和奖状。我还了解到60年前的毕业证书都是手写的,我还知道了上海交大毕业的名人,知道了上海交大发明的专利……校史博物馆内的展品非常多,以后有机会一定再去慢慢参观。

除了老校门、校史博物馆,这里还有许多其他历史建筑,中院、新中院、老图书馆、体育馆、工程馆、总办公厅……,徐汇校区被列为上海市优秀历史建筑,让我不禁赞叹,这真是一所美丽、历史底蕴深厚的学校!"

(作者单位:上海市闵行区实验小学五年级六班)

附: 王泠一致叶梓宸信

叶同学:

你好。我是你妈妈的同事,我也认得你爸爸。在上海,大家都叫我王博士,简称就是"王博"。我曾在你妈妈的微信发布上见过你军训的照片,精神风貌上斗志昂扬呢。

今天,看了你妈妈帮你打印并电邮给我你的作文连篇,觉得很亲切,让我想起了和你一样大的时候的片断。我小学五年级时正好是40年前,我当时住在上海长宁区天山路的弄堂;同学即邻居。我和我父母、姑妈、表妹、堂妹,都是校友。教过我长辈的班主任就是我读书时候的校长,对我管束还特别严格。校长来家访(其实是告状,说我在学校如何捣乱),我就得爬到树上躲起来,否则就会被大人打屁股(真打!用竹子做的量衣尺打屁股或手心)。当时的教育观念是不打不成器,你和同学们现在是无法理解的。

看了你生动的作文,觉得你语文比我那时学得好,见识也比较宽,已经到上海交大去参观过了。我小时候,注意力总是在动物和动物园。我还有小黄狗,每天陪我步行去学校(大约15分钟的路程);冬天的上海还挺冷的,晚上小黄狗卧在我脚上,让我觉得很温暖。我们那时候升学初中是要参加全市统考的,最后一学期小黄狗被我父亲送给外婆家了。考试有语文、数学和英语,我发挥得不错;后来就被一所市重点中学录取了。

从你作文的字里行间,我感觉我那时数学比你水平要高一些。你叫口算,我那时叫心算。长宁区的心算比赛,我是"算得快"第一名(当时还不叫"冠军")。我们那时经常学雷锋时,我就去菜场和粮店,帮营业员心算每笔采购的应收款项;我当然是个人标兵,也受过表彰。那时候的物价是有小数点的,我比打算盘的营业员算得还要快呢。

2019年,你就又要大一岁了;希望我们能够见面交流,或者一起读一本你我都认为有意义的书。祝你新年里升学顺利!学习好,身体也棒棒的!也替我问候你的爸爸。

王泠一
2018年12月28日

梅园香暖蝶自来：努力绽放自己最美的光彩

任思雨

2018年的初秋，我成了梅园中学的一名六年级学生，初入学校，我看到在学校大门上印着"梅园花儿开，朵朵放光彩。"这几个大字。起初，我并不理解其中的含义，我带着懵懂迈入了学校的大门，开始了我憧憬许久的初中生活。

一、一颗种子的萌发

在新学期的开学典礼上，我第一次见到了我们的毛颖校长。毛校长脸上挂着温暖的微笑，热情又充满智慧。在典礼上，毛校长亲切地告诉我们：每一个梅园师生都是一朵梅园的小花，梅园中学是同学们的成长乐园。她还鼓励我们要多元学习，担起一名中学生的责任，做更好的自己。"是啊，做最好的自己。"我心里暗暗想到，"我已经是一名初中生了，在这个新的开始中，我也要不断地努力绽放自己最美的光彩。"

初中的生活繁忙而有趣。学校里开设了很多的拓展课程和社团活动，在充分尊重我们自主选择的同时，也大大地拓展了我的视野。经过一番权衡，我报名参加了绿之洲社团、中外名著经典导读拓展课以及校鼓号队。每堂课，老师们用丰富的课堂教学和有趣的活动深深吸引了我。就如中外名著经典导读，虽然初选时我对这堂课既好奇又担心，担心课堂上会有我太多读不懂的东西。但是随着时间的推移，我发现老师讲解的龙在文学作品中形象的演变、中国古代文化小知识是如此的吸人眼球。课堂上，蒋玉洁老师会鼓励我们自己寻找,自己发现,我们以一个个小组为单位,在书本的海洋中畅游。

最让我兴奋的是课堂上的一次小组讨论,我代表我们小组进行读书交流。翻着一张张和组员们一道辛苦制作出的PPT,看着台下同学们认真的眼神,我响亮的声音中透着一丝紧张,"我能行,我要做最好的自己"。我暗暗给自己打气。短短的10分钟汇报,我握着鼠标的手早已经被汗水所浸湿,台下同学们热烈的掌声将我拉回现实中。向台下看去,蒋老师正用赞许的眼神看着我。我欢笑着,那一刻我感受到了为了这10分钟,我们小组一遍遍地翻阅书本,一次次地到图书馆借阅相关书籍都是值得的。

除了拓展课程,我还报名参加了绿之洲社团。初入社团,朱赛男老师为了帮助我们能够快速了解植物的习性,总会一个个地手把手教我们种植,教我们认识植物。看着在我亲手栽培下的植物逐渐长大,我有了一种前所未有的体验——我是一名生命的培育者。种子逐渐抽枝发芽,绿色植物在梅园这片土地上焕发生机,慢慢成长。

"梅园花儿开,朵朵放光彩。"当我再次看到校门口的这几个大字时,我似乎明白了点什么。就像我亲手种下的那一株株绿色植物一般,我也在梅园这片土地上,做着最好的自己,成长为一株闪耀着美丽光彩的花朵。

二、生长!生长!

进入新学校已经几个月了,在绿之洲朱老师的带领和指导下,我已经不再仅是一个对绿色植物有着一腔热血的懵懂孩子了。如今的我也对绿色植物有了更深入的了解,负责照管的小苗也逐渐抽枝长大。

几天前,正在绿之洲参加社团活动的我获知,我将荣幸地代表生态种植社团为参观的贵宾做讲解员。当得知这一消息时,我不免既兴奋又害怕。经过几天忙碌而又紧张的筹备,这一天终于来了。

窗外的雨还在淅淅沥沥地下,看着窗外的牛毛细雨,我出了神。"准备得怎么样了?"同为讲解员的李新佳在一边问我,我点点头说道:"没问题。"虽是这么说,但是我内心仍有些惶惶不安,不知道今天要来的王泠一博士会是一个什么样的人呢?

王博士来了,远远地就看到了他胖胖的身影。走近了,他笑容可掬地看着我们,和蔼地笑容打消了一些我内心的紧张。我们为他们一行人带上了红领巾并开始介绍种植园。

我们带着王博士来到种植园,一同参观了生态园的探究区、水培区、观赏区等区域,我是负责水培区和观赏区的。我深吸一口气,让自己平静下来,然后为王博士介绍起来:"王博士,这是我们的水培区……"王博士饶有兴趣地听着。我继续介绍道:"这里我们种植的是大型观赏类植物……"

"下面我们看到的是观赏区,这是绿植墙,种有绿萝和红掌。只要一个礼拜浇一次水就可以了。"慢慢地,我找到了讲解的节奏,看着王博士时不时鼓励地点点头,我也越来越自信起来:"这是竹柏区,在没有阳光的时候我们会把灯打开为植物补光。这是我们常见的多肉植物。"

"下面就由我来为您介绍了,这里是探究区,我们在这里种植了'西洋参'……"李新佳同学接着我说道。王博士十分有趣,开玩笑说道:"这西洋参估计在你们毕业之后还长不出来吧!"我不由得笑了,回答道:"不会的,您放心吧,王博士。我们一定会把它们养得很好的!"

在我们介绍的时候,王博士一直面带微笑地听着我们讲。在介绍之后,我与王博士一起合影留念。这次为王博士的介绍就圆满地结束了,看着照片中自信微笑的自己,发现自己不知不觉中也在茁壮成长着。照片中的小苗好像正用新长出的绿叶与我招手,我的这一份自信与快乐,不正是来自它嘛!

三、扎根这片土壤,茁壮成长

在介绍"水培区"的时候,我自豪地向王博士介绍了生态园的"鱼菜共生水循环系统":"这是我们的鱼菜共生循环系统,通过水泵把收集的水压入管道中,并将水输送到沉淀净化区域进行处理,沉淀净化采用了特定的陶土和火山岩,即方便排水,更重要的是在水通过净化层"三层防区"的时候,水中的杂质和有害物质会被吸附掉,处理过的水经过白色的鹅卵石流入鱼池,我们这里养了好几条金鱼呢!鱼的粪便和鱼池中产生的有机生物可以浇灌植物,我们在这里种了'太阳神',还有'绿植红掌'、龟背竹……"

王博士听着我介绍到这里,突然指着大水池里的几尾黑乎乎的鱼问:"这是什么?""鲫鱼啊"我回答,王博士笑眯眯地看着我说:"是不是老师买来给我们看的啊,能不能烧个鱼汤吃了它?"我大声说:"才不是呢,这可是我们已经养了好几个月的鲫鱼啊!"毛校长听见了,带着点自豪告诉王博士:"这是去年8月份学校的花农从郊外捉来的野生鲫鱼,不舍得吃就送给同学们了,生态社团的同学们很精心地养了大半年,小鱼都养成大鱼了,是同学们的宝贝,可不能吃了它。"大家听到这里都欢笑了起来,我趁机告诉王博士:学校现在的生态很好,我们经常可以从小树林里和操场上看到各种各样的小鸟呢!

在介绍探究区的时候,王博士还问李新佳同学:"你想不想成为农民啊?干吗要去种这些东西啊?"李新佳同学笑了笑回答道:"我家里就是农民,我们种这些东西是为了探究一些关于植物的知识,让我们了解了农民伯伯种植是十分辛苦的!"王博士之后给我们提了许多问题,我们发现其实还有许多知识等待着我们去探究,去发现。寒冷的冬天是小苗成长的第一次考验,小苗经历了萌发和抽芽后,需要紧紧的将自己的根须扎入土壤,我也不例外,我需要更加扎实地让自己根植在梅园的土地上,不断茁壮成长。

四、还有你们,那么灿烂

不仅仅我的小苗在长大,边上的小苗也在争先恐后地成长着。

距离我的小苗不远处是李新佳同学的绿植,我们之间好似有一场看不见的竞争。今天我的种子探出了新苗,明天她的小芽抽出了嫩枝。我们相互比较着,也一起呵护着它们。

李新佳比我年长一岁,对于培养绿色植物来说也比我更有经验。有时候我为小苗发芽进展缓慢而闷闷不乐的时候,她经常会对我说:"慢慢来,不要急,你的所有努力都会在最后花朵绽放的那一刻得到回报的。"

我也经常会听李新佳向我介绍她的经验,她会跟我探讨种植中很多有趣的小实验,比如观察水培生菜和土壤种植的生菜的生长差异,还有监测土壤PH值对小青菜的生长影响。在做这些小实验的过程中,我们慢慢学会了每天如何观察植物的生长情况,怎样做观察记录,怎样分析观察得来的数据,还有怎样写"观察小报告"。老师告诉我们,这些都是科学研究的基本方法,学会了这些方法,会帮助我们观察和思考生活中的很多现象。

除了种植,李新佳也和我一道分享她在学校的生活。从校园开设的五节到各类的自主拓展课程,从校园各类社团到学科特色活动,在丰富的学习活动中,她也不断在锻炼自己的能力与自信。她爱笑,而且笑得那么灿烂,在她的笑容中我仿佛看到了她是如此地享受这些活动。现在她就像是一个正在不断积蓄能量准备绽放的花朵,而我,正紧跟着她的步伐,积蓄、成长,我也希望能像她一样,有灿烂绽放的那一刻。

是的,还有你们,还有我的学姐学长们,同我一样都正在积蓄能量,在梅园的这片土地上,终将会有灿烂绽放的一刻!

(作者:上海市梅园中学六年级二班;指导教师:田铭怿、谢泽鹏)

附: <center>**梅园中学的香草园**</center>

王泠一

新年里的第一次调研,是1月7日下午的凌云党建主题。凌云街道党工委近年在积极推进社区500米党建服务圈建设,把社区单位凝聚起来一起追梦。而根据我自己的体会,社区区域内最有活力的追梦者当属学校。凌云街道党工委书记朱龙霞正好曾经在徐汇区教育党工委工作多年,特别熟悉基础教育。她向我推荐了其行政区域内的梅园中学,并说这是凌云群众公认的家门口的好学校。

细雨濛濛的腊月之初,凌云街道党工委副书记杨海英特地抽时间陪同我造访了这个藏于弄堂深处的校园。热情、靓丽的毛颖校长早早地在等候我,经她回忆,原来12年前我们就认识了。当时,是因为徐汇区推出了一大批教育系统的先进人物、知名校长、资深教师,在区青少年活动中心办了大型图文展览。那个时候的毛颖就给我具体讲解过这些先进人物的事迹,而我负责动笔投稿《文汇报》。

12年后的重逢,自然格外地亲切。不过,我们没有过多地叙旧,因为少先队员在等着我们呢。我们走进了一间10多平方米的温室小屋,虽是隆冬,但一片绿色、春意盎然的样子。初一的李新佳同学和预初的任思雨同学,分别给杨海英和我带上了鲜艳的红领巾;忽然一下子就觉得自己年轻了好多呀。瞬间又想起来今年是我第一次戴红领巾40周年呢,那是1979年的元旦后。大背景是十一届三中全会之后,落实了知识分子政策的我的父亲入党了;我就接着加入中国少年先锋队。那一年年初,我还知道了《义勇军进行曲》曾被确立为代国歌。

很快,热情开朗的任思雨同学向我们娓娓道来,介绍温室里的花草,把我的目光吸引到了师生们共同探究的成果上。任思雨,这个名字好有诗意啊!她细细说明的香料、中药、花卉小苗苗的模样,除了水仙我基本上都不认得呢。温室东面的墙还有一道中水(雨水净化)处理系统,技术上已经很成功,能够饲养金鱼;温室外与水流连为一体的池子里,还有一条见尾不见首的鲫鱼,像幼儿一般躲着生人。

观望着活水池,毛校长强调这鲫鱼可是郊区水泊里野生的,是热心的志愿者垂钓俘获之后捐献给学校进行生态教育的。李新佳同学则向我们介绍了一些农作物的苗苗,尤其是人参,是她重点看护的对象。我觉得人参要长好多年了,她却信心满满地说今年就会有崭新的模样;我想也许师生们在探索啥新法术吧。这10多年和孩子打交道多了,我也就能够看气质判断兴趣了。果然符合我判断,任思雨同学是很喜欢作文的,她也愿意在放寒假之前就此温室成果及学校展开的相关试验依据,写出2 000字左右的调研报告来,这可是她4篇常规作文的工作量啊!

临别,我让任思雨同学考虑那一蓬蓬即将在春节里怒放的水仙,将会花落谁家,如是否奖励优秀学子家庭或者由红领巾赠送给辛勤了一年的园丁。又问她们两个问题:为什么要了解农作物?难道以后想当职业农民吗?回答是可以学到很多知识。那为什么要学习这么多知识呢?是为了当讲解员吗?回答居然是可以和小苗苗一起成长呢!好想向她们坦白,我初一(即现在的预初)时在学校也种植过好多萍菇和香菇,不过就是为了和同伴们一起改善生活;这些成果都被我们换茶叶蛋吃了。

接着,我们又在梅园中学的一个迷你会议室和毛校长座谈。这里其实也是学校的荣誉室,有好多奖杯和铭牌,细细一看主要是艺术类的奖项。毛校长本人则是历史老师,还坚守讲台给学生上课;她任校长已经7年了,还想有新的探索。其实,在我看来,她在生态文明教育德育化方面是很有心得的。如关于这个温室即学校的多功能生态实践园,她还和师生们一起打造网络支持系统。这可是梅园中学课外活动的一个主阵地,且与社区、学区、校际联盟一起,以亲子互动的形式开展科普和环保秀,目前已经形成了"网络绿色种植达人秀"等区域化知名品牌活动。相对稳定的活动时间是在每年3~5月,可以称得上是凌云的春天圆舞曲。

而在梅园中学校园内,则以香草类植物作为生态种植探究实践主题,即:组织全校学生的家庭种植体验活动,就是把校园文化辐射到了家庭;组织开展植物酵素的制作培训,就是使生物和化学得到了有机的结合;让孩子进行种植观察、对比实验,填写种植日记,写出观察报告。我觉得这就是在培育工程师的素养。现在的社区居家都有阳台,因地制宜的家校结合还能催化美育、固化亲情,而亲情是我们中华民族的天然纽带;这从孩子们的绘画作品中就可见端倪。如我就看到了学校展厅的学子作品,一幅叫外婆的小辣椒;另一幅则叫奶奶的牵牛花。梅园中学还有一个"绿之洲"的学生社团,在老师们的指导下,把一年四季的校园全天候的美化成了温馨的绿色家园。久而久之,自然就成了家长们的口碑。

我们离开梅园中学之际,雨依旧在淅淅沥沥地敲打着窗子,可是,我分明觉得这是春天的脚步在叩问着梦想。这多么地像我故乡的小溪,从此时的涓涓溪流终将会合成彼时春天的波澜壮阔。夜里,我梦见了水仙的灿然芬芳、梦见了园丁们阖家团聚时的笑容;如果要给这水仙及绿姑娘们的空间起名的话,应该就叫——香草园。醒来,想起我的1979,那年学会了第一首校园歌曲《外婆的澎湖湾》。

于是,我就按着这首亲情歌谣轻快、明朗的曲调,为梅园中学孩子重新填词:

任思雨

王泠一

细雨濛濛梅园醉

邂逅任思雨

端庄大方樱桃嘴

述说一片百草美

婀娜多姿的阑珊妃

春色多妩媚

梅园中学的绿之洲小小天地无穷美

那是师生心相随

知道是为了谁

为了地球妈妈不会流下最后的泪

芬芳课堂缤纷生活心灵多么欣慰

听那鲫鱼自由自在可见到她的尾

任思雨任思雨甜甜的任思雨

滋润多少的成长之魅

馨绿德雅香草牵牛花

更有一位毛美眉

站在青葱岁月之始:轻狂无比却拥有无限勇气

王文瑾

中学时代是人生中青稚却灿烂的一笔,有人曾做过许多令人唏嘘的事:逃课、打架、翻墙跑去网吧,来一场热血无比的"战斗",梦想着能打出些成绩,到头来却都是一场空;但又满载着希望、悲欢、喜怒等一切情感,就像是青葱岁月的少年,轻狂无比却拥有无限勇气。

一、我眼中的大同一中

大同一中是我所在家乡几近最好的初中。父母亲用了半生的积蓄为我买了一套一中的学区房,为了让我到一中上学。

历史老师告诉我,大同一中,历史上就是当地教育的渊源。假如从它的前身1059年的西京国子监算起,就有近千年的学府遗风;假如从1905年它的前身大同府中学堂算起,也有近百年的历史。一中教育质量优良,高考升学率基本位居省前三名,学生品行、学识都受到社会赞赏。

大同一中师资力量强大,教育设施现代化,吸引着最优秀的学生纷至沓来,它的学习环境和氛围让家长放心地把孩子送到这里。

升入初中,军训自是不可避免之事。初中的军训强度远比不上大学军训,却也给了我们这些衣来伸手、饭来张口的娇贵子弟一些苦头。不少学生被烈日晒伤皮肤。向左转、向右转、齐步走、齐步跑……这些东西我们在小学都接触过,可升入初中后再次训练,感觉到不一样的东西,也许是课业负担繁重,才使我亲切感受到新鲜、热血、集体感、荣誉感。和同学一起嬉笑玩闹、和教官开玩笑,挺过所有困难,完成各种挑战。短短5天,我们的心拧成了一股绳。在训练中,我发现大家各有所长,在各司其职时,井然有序的我们合作起来像是一块顽石啊,顽强又坚硬,几乎算得上坚不可摧。

考验来临的时候,我们携起手来,迎接挑战。在千钧一发的时刻,我们拼尽全力,冲破阻碍,创造最好的自己。谨慎地控制自己的步伐,喊出洪亮、振奋人心、表达大家共同心声的口号吧!军训让我明白,无论成功还是失败,并不重要,重要的是我们在奋力拼搏!

老师慈爱的微笑,定为初中最初的印象。初中老师与小学老师相比,说是不一样,在我看来,其实也一样,都相当于自己的母亲。她能在你骄傲放纵时警告你,在你失败失落时鼓励你;她不善于表达对你的爱,总是在心里默默储蓄着;你成功时她比谁都高兴。

我的初中班主任老师苗瑾,成熟优雅、气质很好,私下我们称她为苗姐、老班。她很懂我们的心思,总会抓住小不点儿们想要的东西,并加以诱惑。而她的目光就像X光扫描仪,被她的眼睛一瞪,整个人都好像都变得透明了,自己的那些小秘密,一点都藏不住,全都被她一览无余。

初中是十二年华之后,新三年别样的花样华年,第一年是未果的灿烂青花,让我们携手奋勇而上,迎接学习的挑战,出发吧少年!三年时光我们将会勇往直前,如同迎接黎明的曙光!

二、毕业季出游之一:桂林山水

"桂林山水甲天下"这句话,对我这个在中国北方出生、长大的孩子来说,是个稀罕的著名风景,因为我们山西拥有诸多雄奇的山峰,比如北岳恒山、佛教寺庙建筑众多的五台山等,所以,不仅有山,而且有水的桂林让我心存向往,小学毕业的暑假,我幸福地和妈妈一起,享受"甲天下"的美景。

众所周知,桂林山水以奇、险、峻闻名世界。欣赏风景的话,从桂林到阳朔乘坐游船成为游客最好的选择。我们的游船行进时,船轻轻划过水面,水面本是一道道浅浅、淡淡、平稳的波纹,一道道波纹由于游船的力量拉扯,就形成奇特的一个个叠加起来的三角形,十分奇妙。游船缓缓行驶,放眼望去,碧玉般宽广的河面上,有一些白色的船在流动,并有葱翠的草木在岸边向后移动,我被眼前从未见过的葱茏、柔媚的山震撼,感到一种让人无法呼吸的美。从前,根本想象不出来,原来,山、水、树结合在一起,无与伦比地和谐静美。岸两边的浅水处,有一些头戴斗笠、手拿竹竿撑船的渔夫,他们的竹竿惊起了一片片在岸上歇息的白色的水鸟。那是人和景的浑然一体,这是我从未有过的美好体验。

在看也看不够的美景中沉醉时,我猛然发现有处江中的山壁上有一个洞,洞有两三个人那么大,在洞下面还拴着一个木桶。听解说人员讲,在抗日时期,广西人拖家带口来这里避难,渴了,就用下面拴的木桶打点水喝。看来,这桂林山水不仅是世间的绝色,更是帮人避难的"隐居地"呢!但游船并没因我的惊讶而多加停留,继续从容不迫在画中前行,而最让我心飞扬的便是九马画山了。

随着船的移动,九马画山会像一扇屏风在前方打开。9匹马其实是白色、黑色的奇异石山,但9匹马可不是身在船中的人都能找到的。若能找出这9匹马,便是古代的"状元郎"了。据说当年周恩来总理到这里参观,一下就找出9匹马。和周恩来一同参观的朱德也找到7匹马。这9匹马中有6匹白马,3匹黑马,其中的领头马堪称造物主的杰作。

这是一匹威风凛凛的白马,在9匹马中个头最大,它身体强健,目光和前两条腿指向同一方向,像在告诉人们它那宏远伟大的志向。它的尾巴高高扬起,就像迎着漓江的风奔跑而荡起来一样。好一匹气宇轩昂的骏马!

"桂林山水甲天下",果然名不虚传啊!长大以后,我要拿自己的工资安排行程,让爷爷、奶奶、爸爸、妈妈和我一起,再次走进这美好的人间仙境。

三、毕业季出游之二:侗家寨

"五十六个民族,五十六朵花,五十六个民族是一家……"。宋祖英唱的这首歌,抒发了中华民族大家庭的美好与温馨。而想要体会到少数民族的特色风情,去广西走一走是个很好的选择。那里少数民族聚集,有壮族的精美绣球、苗族的能歌善舞、彝族的风味美食,都充溢着各民族神秘风情,极富吸引力。

2018年8月的一天,我和妈妈走进了侗家寨。刚进寨子,我就感受到热情好客的浓烈气氛,迎接我们的有用一盏盏银碗、一个个银壶盛着的米酒。它由当地产的糯米或玉米酿造,混合蜂蜜、冰糖,抿一口,醇香甜美,叹一声:"此酒只因天上有,不知你能尝几回啊!"

一位和蔼可亲的阿嫂来了,她带我们游览。为什么有"阿嫂"之称呢?原来,侗族有一个传统:姑娘嫁人之后,头上会戴一个定情信物——一把银梳子。但凡戴了这把银梳的,不管你今年是什么辈分、多大年龄,你都得叫她一声"阿嫂"。她带着我们走进了一间侗家小屋。侗家山寨小屋采用木头造房子,多为"干栏"楼房,也就是"吊角楼"。沈从文小说不少作品就描写过沿河而建的"吊角楼"。我们参观的吊角楼,楼下安置石堆,堆放柴草、杂物,饲养牲畜,楼上住人。楼房的建筑搭配十分合理,让人赞叹侗家人的古老智慧。之后我们便跟随阿嫂进了屋。

屋里墙壁正中央挂着一张毛主席像。阿嫂说道:"少数民族的人民都很爱戴毛主席,毛主席制定的民族政策让我们受益很多,没有人会再歧视少数民族,许多的人也再不受到自己民族的局限,而是走出了大山,走进更广阔的世界……我们也很感谢张艺谋大导演,他之前曾来到我们大山,挑选了我们这里的姑娘去演戏,让我们有了出路……"是啊,毛主席是全中国、更是少数民族的大救星。而张艺谋为少数民族的经济发展,导演了世界最大、最具魅力的山水实景剧"印象刘三姐",因此为广西带来很多客流与收入。

值得一提的是,侗族绚烂的服饰和银饰。为了发家致富,在工坊里,侗族人民男男女女、老老少少,各司其职,手工制作银饰和服饰。侗家银饰全部都是手工的熟银,做工十分精致。每每有游客远道而来,都会被精美的银饰所吸引,忍不住购买一些,侗家人也因此增加了收入。

美丽的侗家古寨,洋溢着浓郁的少数民族风情,让人流连忘返。

四、谁言寸草心,报得三春晖?

关爱是一个眼神,给人以无声的祝愿;关爱是一缕春风,给人以身心的舒畅;关爱是一湾清泉,给人以心灵的洗涤。每个人都渴望亲人对自己的关爱。

每天早上送我上学的总是我的爸爸。从友谊街到迎宾街是一段比较远的路程,6年来,无论刮风下雨、严冬或初春,爸爸从不推辞更不抱怨,骑一辆蓝色的自行车送我,路上大约需要20分钟,其中有一大段上坡路。每走这段路,爸爸总是会佝偻着腰,两条腿一下又一下交替努力地蹬,他的头会不自觉地抬起来。小学毕业后的今天,每当我脑子浮现出无数个早晨,我坐在自行车后座上,爸爸昂着头费力蹬车的样子,我的双眼就不知不觉模糊,像《背影》里的朱自清一样。

中午回到家,迎接我的是奶奶温和的笑脸,如果是夏天,还会有一碗奶奶亲手熬制的绿豆汤。奶奶年事已高,为了我们始终坚持下厨做饭。夏天热,学校没有空调,只有同学捐赠的一台小小的电风扇,它发出吱呀吱呀的声音却吹不去燥热,抵抗酷暑全靠自身的耐力。在夏天的中午,奶奶的绿豆汤带给我一天的清凉。

下午放学时,总是爷爷来接我,爷爷年过七旬,头发已没有多少,但身体依旧硬朗,双眼炯炯有神。他带着慈爱的微笑,用苍老宽厚的手掌,接过我的书包,放进车筐。爷爷的手掌十分粗糙,却富有力量,让人莫名地感到心安。

每天做完作业已是夜深人静、万物休眠之时,陪在我身边的妈妈,她的一个吻,一句问候,能让我沉下来,送我进入甜蜜的梦乡。守候着我的妈妈总是最后一个去休息。

每天我都在享受爱,也要去回报爱。妈妈回家时的一杯热水,奶奶乏累时的一次按摩,都能让亲人绽放出最美丽的笑容。尽管如此,我还是要说,谁言寸草心,报得三春晖!

五、最深的眷恋:母校的同学与老师

母校,是每个人少年时代的记忆。它让我们认识世界,明白做人的道理,小学6年,我都在大同十八校度过,老师教我们如何运用加减乘除进行运算;同学教会了我如何交友处事。母校的一点一滴,都是我最深的眷恋。

在校园,我结识了众多好友,而吴宜涵让我印象最深刻,她是我四年级时的同桌。吴宜涵和我一样,一张圆圆的脸、梳着马尾辫,走起路来甩来甩去。和我不一样的是,她有一对漂亮的双眼皮大眼睛,鼻梁上架着一副深蓝色镜框的眼镜。她学习很认真,每次下课,总会找我借课上的笔记,我也会开心地借给她。

谁料到,一次她竟然在数学课上拿出了我借给她的语文笔记!数学老师发现后,大发雷霆,当场就把我的笔记撕毁。为此,我哭了好久,也不再理她。突然有一天,她主动拿着用不知多少透明胶带一点一点粘补好的笔记,颤颤巍巍地递给我,看着她发红的眼睛,我心里一阵感动,可嘴很硬:"哼!要你管啊,算我自作自受!"一边拼命仰着头,忍着不要流下眼泪来,而内心早已暖化。她毕竟是与我心心相印的好友啊,最终,我俩破涕为笑、言归于好。

另外,我最喜爱的老师是班主任李媛,她陪伴我们走过毕业前的两年。她对学生的关心如她的名字一样的温婉:从家中带饺子给班里离家远的同学,惊蛰那一天,和我们一起吃梨,一起做有趣的游戏,偶尔也开个玩笑,耍耍赖;更多的时候,悉心教导我们,为我们指明方向,走好该走的路。虽说她不年轻也不漂亮,没有及腰的长发,没有衣裙飘曳的风度,没有酒窝,看起来也不和蔼。但正是这位看似平淡的老师成为我最美丽的记忆。

6年的小学时光,我遇到了最纯洁、美好的友情;遇到了最敬佩最爱戴的老师。亲爱的老师和同学,你们是我内心最深的美好,虽然我们已经告别,但我庆幸,曾与你们站在同一个舞台。

(作者单位:大同一中初一476班)

如何破解耶律仁亮一天三场考试之困局

要 英

耶律仁亮是复旦大学国际文化交流学院2015级汉语言专业文化方向的本科生,土耳其人,喜欢健身,是个留一点络腮胡须的英俊青年。他在土耳其高中毕业后来到上海,到2019年2月正好5年整。大三时,上过我教的高级汉语写作课。他的作文,文笔幽默诙谐,让人忍俊不禁,记得有一次布置他们在十九大召开前夕给习近平主席写封信,他的开头就是:"尊敬的习近平大人您好,小人是土耳其工人党的代表耶律仁亮……"不洞悉中国发展成就与政府的奋发有为、不谙熟中国礼节文化的外国友人,绝对不可能有如此中国古代传统式的表达,奇妙的是,略显稚拙生硬的汉字书写,夹杂着一两个错别字。

他对中国文化兴趣浓厚,一次要求学生写关于毕加索画作的艺术评论,结果他自作主张,选择中国画《千里江山图》作为评论对象,并深度关切过度商业化下的造假与中国文化吸引力的关系,让我大吃一惊。当然这对我也是个提醒和修正,我原以为天价的外国名画更能引起学生兴趣。

2018年10月,我们学院组织本科三四年级学生去苏州教学旅行,他也参加了。在拙政园售票处外的广场上等候导游购票时,站在我身边的耶律仁亮兴奋地指着一张海报,对我说:"老师,你看那个人,像不像新版电视剧《三国演义》里的司马懿?"随后,我们在游览时边走边聊新版和老版电视剧的差异,他滔滔不绝,眉飞色舞。

最难能可贵的是,他的作文自有一种独创的风格,思想闪光,在众多的留学生里可以说是鹤立鸡群。有一篇《被需要与自我价值》的作文,仅有个别错别字(我已标出),他是这样写的:

人类是社会动物，无法像蛇那样独立生存，我们有自身的需要，也兼具他人对我们有所需要。我们自身的要求是不可能自给自足，必定有很大一部分是求于他人的。同样别人也是如此。因此，我们会产生依赖。我们能满足多少人的需要，我们就有多少成就感。

另外，当我们有需要时，有多少人满足我们，这个答案带来的成就感是最高的，因为你求于他人，而且他人甘心于满足你，这时你的真正价值就体现出来了。

当然，俗话说得好："将欲取之，必先予之"你一无所有，没有任何吸引他人的诱惑力，则除了家人，很可能没有人会来满足你。因此强求则不得，必须得给自己添加使他人对你有所欲求的魅力。否则，很少能尝到这种"他人求于我"的价直（值）值所带来的成就感。

当然，有的魅力是天生的，但我们可以通过后天的努力把自己修养（炼成）一个很有介直（价值）的人，然后可以像诸葛亮那样让人家刘皇叔三顾茅庐，使我们享受一下自己是天下无双的感觉，又或像关云长那样，可以让天下雄主曹操赏你无价之宝，求你留下，你却最终装腔作势地一概不要，然后去找旧主，让曹公身边的人一脸茫然。

按理说他有如此才华，应该是优秀学生吧？现实很无奈，因为在他眼里，无论汉语课还是文化课全是糟糕的课本、老套无聊刻板甚至神经病的内容，他简直火冒三丈，所以迟到、缺课成了家常便饭，连考试他也不屑于去准备，可想而知，他最终总评成绩会如何。那些明明不满也不表达更不反抗的同学，素质能力学养才华都不及他，却顺理成章地经考核成了好学生，大二以后，他最欣赏的名言是"智者务其实，愚者争虚名"。

通过写作课，他展现了实力，得到欣赏，视我为老朋友，偶尔聊天，也并不戒备，记得我们聊过土耳其里拉大跌，对他留学的经济状况有无影响等，他对我说，总结自己在复旦的生涯，用4个字可以概括，那就是——"沧海遗珠"，"沧海遗珠"也从此成为我对他的昵称。

中国人熟悉的"沧海月明珠有泪"是遗恨名句，复旦的"沧海遗珠"也是悲伤的。一次他去福建旅行，与美丽的厦门大学合影，发朋友圈的文字为"别人家的学校"，从中我读出了他的失落和伤心，原来光华楼在他眼里不再光华闪亮。他跟我讨论过中国应试教育的缺陷。我劝他不要以偏概全，只是我院本科的问题累积确实不一般而已。我劝他要习惯于"孤芳自赏",不要在乎别人的眼光。但他毕竟是一轮金色的朝阳,极度渴望在青春挥洒的校园里得到认同。另外他拒绝了我的建议,说自己不想装傻、大智若愚啥的,至少在学校他要追求诚实。而追求诚实也就意味着与看不惯的一切继续叫板。

最初还没接触他、仅仅听一个老师气急败坏谈论他时,我以为这种叫板是为求得平衡,或为自寻乐趣。接触他以后,才发现误解了他。他与老师较真,目的是想通过"挑衅"行为使教学以及管理等各个环节更加合理化,场面有点像迪士尼动画片《猫和老鼠》中的杰瑞与汤姆的对决,记得私下里他曾对我说,他很讨厌老鼠杰瑞,因为老鼠把猫搞得可怜巴巴的,那个猫也很委屈的。听了这话,我恍然大悟,原来"在薄情的世界里深情地活着"才是他的人生境界,他的天性自然、纯净又美好,就像博斯普鲁斯海峡的蓝天上飘浮着的最高贵、最纯洁的白云。

四年间他"挑衅"权威不断,早早就赢得了"刺儿头"的桂冠,而他想收到的效果微乎其微,打击却陆续从天而降,那就是有的课程亮起了红灯。大四第一个学期,我没有他们的课,而学期接近尾声时,上海阴雨连绵,正逢考试周的一个晚上,我突然收到一条耶律仁亮的微信,打开一看,原来是一份《中国现当代文学》考试的复习大纲。我明白,这门课他在大三时挂科,补考仍未通过,他要第三次参加这门课考试。看着这份大纲,我心里掀起一丝波澜。

这门课最早由原文学教研室(后与历史教研室同时被撤销)主任担任,后因学院出于本科属于"对外汉语专业"的考虑,从 1999 年开始,逐渐削减三四年级各类文学历史等文化课程,以致文化背景的教师僧多粥少,这门课变身为"香饽饽",进院 10 年后,学院领导安排我接过"香饽饽",很快因本人不愿陷于"香饽饽"抢夺旋涡而自行放弃。二十几年如一日扎根本科三四年级教学,特别是本人后来转入商务方向的课程担当,就像孙悟空被扔进太上老君的八卦炉里让烈焰焚烧,结局不是化成灰烬,就是炼就火眼金睛。幸运的我浴火重生后,更深切的感触是:本科留学生的教材与教法,必须在不断地自我创新与自我否定中摸索才能前进。

我鼓励他说,其实也没有多少东西,加油,明天好好考。耶律仁亮说,除非是搞专业的,不然咋可能背下来,他说,估计就算搞专业的人也会漏掉很多点。为了增强他的信心,我建议,能背的就写标准答案,背不出来的,就写自己的理解以显示水准与努力程度。耶律仁亮说,他觉得不是这样。老师要的就是标准答案。有一次,有个老师问,你们觉得孔子和孟子在思想上有什么不同?他看没有同学回答,为讨好老师就回答了。他说,孔子的话比较现实,相对来说合乎当时的社会状况;孟子不太现实很极端,比如不孝有三,无后为大。然后,老师说,你不可以说自己的想法!说自己的想法的话说明你没有看明白这些。耶律仁亮说,听了老师的话他当时就惊呆了。为鼓励他,我说老师没他想象的可怕,还是按我的建议应考吧。

第二天仍然是阴雨,我从早上8点开始,一直到下午连续监考三场,因为复旦规定一门课必须有两个老师监考,其中一场是"高级汉语阅读(下)",耶律仁亮迟到了。考试时间一结束,任课老师按照要求大声发出指令,让同学立即交卷,而他和个别同学继续做题,我也不好意思上前去收。任课老师对学生平时"恶劣"表现的积怨突然爆发,直接走向耶律仁亮,强行没收试卷,并在考场厉声呵斥他:"你等着补考吧,你是最差的!"

那天晚上我开始替他担心,忧虑他能否顺利闯关,翻翻微信忽见他刚发的朋友圈:"今儿连考三门课,回家顿时睡着了。赶紧起来去健身吧,三天没有锻炼。顺便吐槽一下,臭水里没有一条好鱼。"

看到这条微信,我心里非常沉重。唉,我院本科为何深陷师生两难的僵局?我的亲身体会是,数年的时间能使一门留学生本科文化课成熟,并传授高品位的中国文化,不能说难于登天,但也绝非一件易事,需要大量实践与全身心的琢磨。而现实的挑战是:一旦出现"被剿杀并自相残杀"、一息尚存、屈指可数的文化课教师差不多把残存的微量文化课(文史哲等)及后增的经济课全包揽,甚至常年维持最高19课时的每周工作量,就会彻底沦为身心俱疲自不量力的体力劳动者。

追本溯源,还得进一步思考:是否仅仅出于对外汉语教学画地为牢的思维,就无视26年来踏入本科门槛的留学生汉语水平不断大幅度提升的现实,调整课程设置反向操作?以致汉语课扩容4年全贯通,文化课缩减至几近消亡。文化课目前虽没有发挥出应有的功能,就像一株植物没有开花,那我们也决不能欲将它连根拔起而后快,而是要寻找症结,投入更大的精力、智慧去养护,直到它根深叶茂繁花似锦那一天。在完成课程合理设置的前提下,我院硕导博导还需拓展心胸,吸纳圈外年富力强来自各学科的教师,加入团队,把自己也把团队打造成为推广中国文化不可或缺的中流砥柱;施展才华为本科留学生量身定制教材。因为 26 年来,本科最稀缺的是与课程配套的系统性高品位全方位的中国优秀文化的领读本,这是传播中国优秀文化最基础最艰难的工作,假如硕导博导们,对此熟视无睹,那么,本科教育就有空心化运作的嫌疑,对外汉语教学理论就最多适用于非学历教育,汉语国际教育对中华文化传播的研究就无异于痴人说梦,汉语国际教育对跨文化的研究就不啻于皇帝的新装,硕导、博导们对汉语国际教育的学科定位就是指鹿为马。

另外,我们需要自己的绿色通道,即复旦大学对我院的科研考核以及教师升职称的条件设定等能否打破固化思维,形成实用型科研与教学互相促进的良性循环?目前复旦一刀切,坚守唯论文、唯课题、唯项目、唯学术著作、唯奖项的固化标准。在这样的制度下,导致我院制造的科研成果与教学需求严重脱钩,并异化为谋求职称、待遇、金钱的敲门砖。何出此言?以感动中国的人物吴孟超院士为例,他的每项科研成果都是抢救生命的秘籍。在我看来,高品质的文化教材才是实现本科留学生培养目标的秘籍。它的创作难度之高,绝不亚于论文创作,而实用性又绝非一般科研成果所能替代。如果它能与科研考核以及教师职称晋升挂钩,那么,我院的科研与教学,将"一着棋活,满盘皆活"。

考试结束后,2019 年 1 月 15 日下午,王颖教授在光华楼东主楼 1001 会议室主持并召开学科发展咨询会。部分教师参会,大家衷心希望这预示着学科发展的新开端。我和我的同事们祈盼在看得见的未来,无私投入教学第一线的教师不再是"飞蛾扑灯甘就火",耶律仁亮们不再挣扎在一天三场的考试中,新 Hsk 等级证书也不再是拿复旦学位证书的必备通行证。

(作者单位:复旦大学国际文化交流学院)

聚焦金山篇

常見金融業

上海市固体废物处置情况的调研报告

金山区市人大代表专题调研组

固体废物(以下简称"固废")是指人类在生产、消费、生活和其他活动中产生的固态、半固态废弃物质以及法律、行政法规规定纳入固废管理的物品、物质。固废按其来源可分为工业固废(包括一般工业固废、工业危废等)、城市生活固废(包括生活垃圾、市政污泥、建筑垃圾等)、农业固废、矿业固废和非常规来源固废等。随着生产力的发展,人口进一步向城市集中,特别在工业化和城镇化高度发达的今天,固废产生量急剧增加,已日益成为严重的环境问题。

一、金山区主要固废产生和处置总体情况

(一)一般工业固废和工业危废

2013—2017年,金山区工业危废焚烧率逐年降低,受本市处置能力限制和成本因素影响,跨省处置量增长迅速,2017年跨省处置率已达32.8%。农药废弃物虽然量不是很多,但堆放经常处于爆仓状态,对周边土壤、地表水污染较大。金山区危废焚烧处置设施仅1家,处置能力于2017年由0.98万吨/年扩建至3.5万吨/年(同时承担浦东、嘉定、松江等6个区及外高桥保税区的部分焚烧量)。填埋、物化、综合利用及部分焚烧量需跨区转移(浦东、闵行、嘉定等区及上海化工区)。金山区暂无一般工业固废处置设施。"十三五"期间,金山区将以加强全区一般工业固废环境管理信息化建设为抓手,实现全过程动态管理,制定《金山区一般工业固体废物管理办法》,规范

源头分类收集、贮藏和处置工作,争取到2020年综合利用率达到97%。

(二) 市政污泥

2017年以前,金山区污水厂污泥以建材利用为主,2017年以后采用干化焚烧处置;净水厂污泥、通沟污泥经检测后用于绿化种植或农村坑塘回填。金山区的污泥焚烧处置设施实际运行能力不足(仅为设计能力的50%)、运行不稳定,无应急处置措施及场所,未从根本上解决污泥处置问题。"十三五"期间,金山区将持续提升市政污泥的焚烧处置能力,进一步完善相关技术。其次,将提高污泥建材利用程度,拟新建通沟污泥处理站1座(设计规模为60吨/日)。

(三) 建筑垃圾

2016年前,金山区各镇(工业区)自行落实处置点用于废弃低洼回填、修筑便道等。2016年后,石化街道和山阳镇部分区域由九龙处置场(总容量2万吨已填满)和龙泉港资源化临时分拣点(由于土地性质问题面临关闭)进行处置。"十三五"期间,金山区计划新建一处建筑垃圾处置设施,设计能力为20万吨/年,预计至2020年竣工。

二、存在问题

在对金山区固废污染防治现状进行分析研究的基础上,结合对江苏省、松江区及市级职能部门的走访调查,发现本市固废污染防治工作目前存在以下问题:

(一) 法律法规滞后

如本市地方性法规缺乏统筹性:

1. 针对各类固废的部门规章缺少具有统领作用的地方性法规作为保障,导致监管措施的法律效力受限。

2. 市政污泥、农业固废等相关的规定仅在行业条线的规章中有所涉及,未单独予以明确。

（二）规划意识不强

固废集中处置设施尚未纳入城市环境基础设施建设的发展规划，导致处置设施建设落后，区域能力配置不均衡等问题。各郊区在实际工作中普遍存在基础技术不成熟、规模不经济、遭遇"邻避困境"等问题。城乡接合部的"垃圾围城"现象还比较突出，大量建筑垃圾没有固定消纳场所，农村基础环保设施严重不足。同时，区域处置能力的不平衡也导致了处置成本的差异。

（三）监管体制机制不顺

各主管部门职责边界不够明确、权责不够统一、协作配合不足。各自为政的监管机制不仅导致处置难度大、成本高、效率低，还可能引发监管漏洞和安全隐患，削弱固废污染防治的整体调控能力，制约行业发展。以建筑垃圾的回收利用为例，目前全市从事相关业务的约100户"小作坊"，对扩大规模、提升技术水平普遍具有较强的意愿，但是在环保、国土资源等各条线的多头监管下进入了发展"死循环"，如环保部门不允许露天作业产生扬尘，国土资源部门不允许改变土地性质建造厂房等。

（四）商业化资源利用不够

目前，本市对于固废的资源化利用仅停留在经分拣、粉碎后进行初级建材利用等初级阶段，未形成集中、集约、专业的固废资源化利用产业群，资源化利用技术深度不够，产品附加值不高，质量标准缺位，资源化过程污染控制能力不强。随着本市水泥行业产业结构调整的深入，利用水泥窑对固废进行建材利用的途径将继续变窄。在缺乏政府扶持引导的情况下，市场推进技术创新的动力明显不足。

（五）扶持政策协同效应不强

各区、各部门虽然针对固废处置制定了税收减免、财政补贴、基金扶持、土地保障、考评奖励等相关政策,但本市尚未在此基础上出台统筹的扶持政策,部分固废资源化产业受到产业结构调整限制而后劲不足。

三、对策与建议

(一)加快立法步伐,做到有法可依

抓紧完善配套法规和规范标准,结合本市实际,加快研究论证出台本市的地方性专业法规《上海市固体废物污染环境防治条例》(建议名),使本市各类固废的处理处置有法可依。

(二)统一规划,明确固废污染防治的目标任务

固废污染防治是一项全局性的工作。建议成立市级固废污染防治领导小组,从全市"一盘棋"的角度出发,明确牵头部门组织安排全市固废处理处置规划的编制工作。如,对厨余垃圾以避免二次污染为原则,就近规划小型处置点;对其余固废以规模经济、一主多点为原则,以老港固废基地为兜底保障设施,在郊区规划2—3个相对集中的处置点。

(三)理顺工作机制,强化监督管理

运用法规政策手段加强对固废的全过程监管,逐步形成政府托底引领,企业市场化运作的处理处置机制。综合运用法律、行政、经济、技术、科技、宣传教育等手段,加强设施运行的监管评估,提升处置设施的建设运行标准,严控设施运行中产生的各类污染物质。加强环境执法力度,对涉及犯罪的,及时移交公安部门进行处理。加强信息公开,定时公布固废处理处置信息及相关设施的污染防治信息。鼓励市场主体搭建第三方专业服务平台,促进企业环境信息集中公开。

(四)完善扶持政策,推动循环经济发展

上海应当好创新发展先行者,在推动循环经济方面先行先试,争取推出一批可复制、可推广、高水平的循环经济"上海经验"。如:加快循环经济产

业链孵化。紧盯国际先进技术,有计划地扶持和引进高标准、高水平的固废资源化利用产业,积极为全国面上的推广,进行国际先进技术的本土化试验;利用老港固废基地的现有优势,将其打造为大宗工业固废资源综合利用的产业示范园;强化技术标准引领,建立资源化产品质量标准体系,将工业固废源头减量、综合利用等相关技术、产品等纳入产业指导目录,引领产业技术升级。

(五)全社会动员,共同打赢固废污染防治攻坚战

垃圾污染防治功在当代,利在千秋,要加强对全民的科普宣传教育,逐步缓解直至化解"邻避效应";强化居民、企业的责任主体意识,养成主动分类的习惯;要在全社会牢固树立社会主义生态文明观,动员全社会共同参与到打好污染防治的攻坚战中去。

金山区市人大代表专题调研组
召集人:蔡雷英、刘新宇
成　员:马　静　马列坚　王　芳　王为松　王寿和　毛祥东
　　　　卢玉金　刘　岩　刘惠然　苏　明　杜治中　肖贵玉
　　　　吴铭忠　余思彦　沙海林　沈银欢　张　斌　张国坤
　　　　张娣芳　陆永妹　周永超　赵卫星　胡　叶　胡卫国
　　　　胡劲军　徐丹红　高湘萍　高燕峰　彭　岚　程　颖
　　　　童上高　蔡小庆　樊汉彬

金山年轻一代非公经济人士教育培养研究

陈光普

中共金山区委书记赵卫星,向来十分关心非公经济的发展。如在迎接新年的金山区党外人士座谈会上,赵卫星就向各民主党派区委、区工商联负责人及无党派人士代表通报了2018年金山区经济社会发展情况及2019年重点工作安排,同时听取大家的意见建议。他还进一步强调指出,2019年是"深化落实年",要按照"讲话入心、规划入图、项目落地、工作落实"的要求开展工作,勇挑重担子,敢啃硬骨头,实现高质量,提振精气神,持续做好稳增长、促改革、调结构、惠民生、防风险等各项工作,提升城市能级和核心竞争力。同时,赵卫星希望党外人士要积极担当作为,为促进经济社会发展献计出力;增强思想共识,为维护和谐稳定大局凝心聚力;加强自身建设,为推进多党合作事业增添动力。

毫无疑问:事业的关键之一在人才、在领军人物,因此,金山区委统战部十分关注年轻一代非公经济人士的发展潜力。本课题就以金山区年轻一代非公有制经济人士为调查对象,共发放调查问卷150份。采用定量研究与定性研究相结合的方法(在定量研究方面主要通过问卷调查进行,定性研究主要通过召开座谈会和访谈来进行),对年轻一代非公有制经济人士教育培养现状进行了实地调查研究,深入挖掘了年轻一代非公经济人士教育培养中所面临的困难和问题,在此基础上提出了有针对性、可操作的政策建议;并希望本报告能够得到领导部门的指点。

一、年轻一代非公有制经济人士的基本情况

根据问卷调查数据统计,当前年轻一代非公经济人士基本情况如下:

(一)基本特征

被调查对象主要特征表现在:

1. 性别上男性居多(占比92.7%),女性较少,这和民营企业现状吻合。
2. 自主创业的"新生代"民营企业较多(占比77.1%),这与近年来鼓励创业的"大众创业,万众创新"政策氛围相关。
3. 政治面貌为共青团员的较多(20.8%),中共党员较少(18.8%)。
4. 以"80后""70后"群体为主(共占比94.8%),"90后""60后""50后"很少,这与实际情况吻合。
5. 最高学历以本科为主(占比75%),高学历(硕士及以上)较少(12.4%),但大专及以下学历的年轻企业家也不少(12.6%)。
6. 没有海外留学或生活经历的占主体(69.8%),在有海外留学/生活经历的年轻企业家中,1~4年占多数,说明年轻一代非公经济人士较为缺乏海外留学或生活经历。

(二)企业任职与社会任职情况

根据问卷数据统计,被调查企业生产经营类型中,劳动密集型的占比58.3%,技术密集型为28.1%,资本密集型为3.1%,资源密集型为5.8%,知识密集型为5.2%,其他类型为9.4%,说明金山区年轻一代非公企业主要以劳动密集型和技术密集型为主。被调查对象中,任职企业董事长的占比9.4%,任职总经理的为84.4%,任职其他岗位的为6.2%,说明年轻一代非公经济人士大多担任企业经营管理负责人。在社会任职方面,担任人大代表的占比为零,担任政协委员的占比1%,担任工商联执常委的为5.2%,担任青联委员的为19.8%,担任民主党派成员的为5.2%,担任其他社会职务的为70.8%,这说明年轻一代非公经济人士积极参与社会活动,并有一定影响力。

(三) 思想政治状况

思想政治状况是决定年轻一代非公经济人士教育培养效果的关键因素,必须引起高度重视。根据问卷调查统计数据,当前年轻一代非公经济人士思想政治状况如下:

1. 政治认同感较强

对坚持和发展中国特色社会主义和中国共产党执政比较认同的(其中,非常认同的各占67.7%和32.3%);对实现全面建成小康社会目标充满信心的(占比95.8%);认为"个人梦想是中国梦的一部分"的(占比76%)、"个人梦想就是实现中国梦"的(占比52%);加入政治组织的愿望较为强烈的(占比89.5%),其中"希望加入中共"的占比84.3%,"希望加入民主党派"的占比5.2%。

2. 参政议政意识强烈

"愿意通过参加人大、政协及工商联等组织参政议政"的被调查对象占比94.8%,说明年轻一代非公经济人士绝大多数都有参政议政的意识。

(四) 价值认同状况

1. 法治思维较强

在"遇到经济纠纷时,选择通过法律诉讼来解决"的占比70.8%。

2. 社会责任感较强

参与过光彩事业的占比68.8%,其中经常参与的占比12.5%,偶尔参与的占比56.3%。参与的光彩事业领域主要集中在助学和扶贫两大领域(分别占比68.1%和84.2%)。同时,参与环保、自然资源保护事业的占比72.1%,其中经常参与的占比21.2%,偶尔参与的占比66.3%。

3. 财富观多元

对于"怎样看待自己拥有的财富",73.2%的认为"财富来源于社会,应该回报和用于社会";42.3%的认为"财富是幸福生活的基本保障";12.3%和15.6%的分别认为"财富是事业成功的主要标志"、"财富是身外之物,淡然处之";也有13%的认为"财富是身份和地位的象征"。

（五）企业建设情况

1. 企业党/团/工会组织建设

据统计，当前全国非公有制企业中已建立党组织的占比53.1%。纵向来看，虽然非公有制企业基层党组织覆盖率有所提高，但仍然存在非公有制企业党员占比偏低等问题。

被调查对象中，企业建立党/团/工会组织的占比65.2%，其中建立党组织的占比69.3%，建立团组织的占比22.3%，建立工会组织的占比78.3%。在已建立党/团/工会组织的企业中，认为党/团/工会组织"充分发挥作用"的占比41.6%，认为"部分发挥作用"的占比55.5%，认为发挥作用"一般"的占比2.1%，有0.8%的认为"不能"发挥作用。

2. 企业文化建设

被调查对象中，认为企业文化建设"非常重要"的占比95.3%，认为"比较重要"的占比4.5%，认为"没有必要"的占比0.2%。

二、年轻一代非公有制经济人士教育培养所面临的短板问题

课题组通过问卷调查和座谈访谈了解到，近年来，年轻一代非公经济人士教育培养取得了一些成效，总体效果是好的，但由于各方面原因，也面临很多困难和问题。这些难点和问题有些是政策体系方面的问题，有些是运行机制方面的问题，有些是年轻一代非公经济人士自身的问题。这些问题都会对教育培养效果产生不利影响和阻碍。当前，年轻一代非公经济人士教育培养主要面临以下短板问题和瓶颈：

（一）政策体系方面的短板问题

年轻一代非公经济人士的教育培养是党委政府的一项重要统战工作，政策体系方面的一些瓶颈和短板问题会直接影响年轻一代非公经济人士教育培养实际效果。

1. 缺乏长期系统规划

调研发现，当前，金山区还缺乏对年轻一代非公经济人士教育培养的中

长期规划,比如5年规划。没有将年轻一代非公经济人士纳入金山区人才培养总体规划中进行统筹安排。

2. 教育培训方式难以满足需求

调研发现,当前,金山区在组织开展年轻一代非公经济人士教育培训时,往往存在缺乏吸引力,方式形式单一,不能贴合年轻一代特点和需求。一方面,在培训载体上,缺乏统筹安排,各类教育培训资源分散;另一方面,在培训内容上,没有针对年轻一代非公经济人士的短板和需求进行有针对性的设计,重思想政治方面教育培训,轻企业经营管理、参政议政能力等方面教育培训,培训效果难以体现。

3. 缺乏健全的服务体系

调研发现,当前,部分职能部门仍没有真正认识到年轻一代非公经济人士工作的重要性,对他们工作的作用、地位认识上存在模糊和偏差。同时,在积极推动各级惠企政策措施落地落细落实,为非公企业提供良好营商环境、构建良好政商关系方面存在不足。根据问卷调查数据,仍有3.2%的被调查对象对当前政商关系不满意,满意的仅占56%。

(二)运行机制方面短板问题

1. 政治关爱机制不健全

缺少与年轻一代企业家经常性联系交流制度;对思想政治强、行业代表性强、参政议政能力强、社会声誉好的年轻一代缺少组织选拔和培养;对优秀年轻一代非公经济人士宣传还不够,在营造良好社会氛围、提升民营企业家社会地位方面力度还不够。

2. 考核评价机制不健全

调研发现,在对年轻一代非公经济人士的评价上,没有将"年轻一代"纳入非公有制经济人士综合评价体系;在评价内容上,往往更多关注他们在企业发展、社会责任等方面的情况,忽视政治认同、价值取向、道德自律等方面情况。同时,没有将综合评价结果作为政治安排的重要依据,从而引导其树立正确的政治方向。在对年轻一代非公经济人士教育培养工作的考核上,缺少相关考核评估办法和相关载体、抓手。

(三) 年轻一代非公经济人士自身问题

根据问卷调查数据统计和调研,年轻一代非公经济人士部分人存在政治立场不够坚定、政治认同上容易产生摇摆、价值观不够端正等问题,具体来说:

1. 思想政治素质有待加强。年轻一代非公经济人士在政治认同、参政议政能力等方面素质还比较薄弱。

2. 价值认同方面还存在不足,包括法治思维、社会责任感、对财富的认识等方面。

3. 在企业建设方面,党、团、工会组织覆盖面还不广、发挥作用还不够、对企业文化的重要性认识还不足。

4. 代际传承不足,特别是在企业家精神传承方面还不够。

三、进一步加强年轻一代非公有制经济人士教育培养的对策建议

(一) 进一步完善教育培养的相关政策体系

1. 进一步加强教育培养系统规划

建议将教育培养纳入区委、区政府人才培养总体规划和统一战线人才培训整体规划中进行统筹安排,如人才培训工作规划和年度计划;加强教育培养中长期规划,如5年发展规划等。在规划中明确年轻一代非公有制经济人士教育培养的牵头抓总部门,解决谁来抓总、谁来部署、谁来推动的问题,切实加强教育培养工作的统筹协调和规范管理,形成自上而下层层部署、级级落实的教育培养工作机制。

2. 进一步创新完善教育培训的方式内容

要进一步拓展、创新教育培训的手段,提升教育培训活动的吸引力。例如,可以开展"企业管理沙龙""非公企业大讲堂"等培训活动;建立民企继承人创新创业孵化基地;建立由老一辈民营企业家组成的"导师团",对年轻一代开展"传帮带",等等。创新培训载体,逐步建立符合年轻一代特点的培训方式,采取观摩、调研、讲座、学习考察等形式和集中与开放、理论与考察、境内与境外等方式开展培训。进一步突出培训重点,根据年轻一代非公经济

人士的实际,加强对国家的产业政策、高新产业技术、现代企业管理理念、企业文化、法律法规、统战政策、参政议政、危机管理、心理调适等内容的培训学习,不断提高年轻一代参政议政、经营管理、创新发展、战略思维等方面的能力和综合素质。

3. 进一步健全服务体系

要摸清企业发展底数,通过搭建服务平台,依托商会为企业提供融资、法律、技术、人才等方面服务,营造良好的营商环境,构建"亲、清"政商关系,切实帮助企业排忧解难。具体来说,

(1) 要建立完善年轻一代非公经济人士数据库,实现动态管理。在对象范围上实现对民企接班人和自主创业者全覆盖;在服务需求上精准对接年轻一代服务需求和诉求。

(2) 加强政企交流,各级工商联要搭建非公企业与税务、检察、安监、法院、环保等部门的交流平台,为企业提供及时快捷服务。

(3) 加强金融服务,加强非公企业与银行等金融机构合作交流。

(4) 鼓励高层次人才到非公企业工作,对非公经济组织各类人才在技术职称评定等方面与国有企事业单位人才同等对待。

(二) 进一步健全教育培养的支持保障机制

在教育培养工作机制上,建立由区委统一领导,统战部门牵头,组织部、人力资源和社会保障局、工商联、妇联、团委等相关部门参与的"年轻一代非公经济人士教育培养领导小组",定期研究、部署相关工作。在政治关爱上,建立党政领导干部与年轻一代企业家经常性联系交流制度;重视年轻一代非公有制经济人士的政治安排和组织选拔,把那些思想政治强、行业代表性强、参政议政能力强、社会声誉好的年轻一代及时推荐到人大、政协中,并重点纳入后备人才库,有针对性地开展个性化培养,积极推荐他们进入各级工商联和商会组织任职。同时,发挥政治激励引导作用,引导他们积极参政议政、建言献策。对年轻一代中思想政治表现好、诚信守法、企业经营状况好、创业创新能力强、履行社会责任多的人士进行表彰,加强宣传,营造有利于健康成长的社会氛围,进一步提升民营企业家的社会地位。此外,积极培养和发展符合入党条件的年轻一代入党;鼓励和引导年轻一代在企业设立基

层党组织,主动接受党的领导和教育。

(三)进一步健全教育培养的考核评估机制

在对年轻一代非公经济人士的评价上,要将"年轻一代"纳入非公有制经济人士综合评价体系;在评价内容上,不仅关注他们在企业发展、社会责任等方面的情况,还要重视"思想政治表现",增加对年轻一代政治认同、价值取向、道德自律等方面的指标权重,将综合评价结果作为政治安排的重要依据,引导其树立正确的政治方向。在对年轻一代非公经济人士教育培养工作的考核上,金山区要根据本地实际情况探索建立年轻一代非公经济人士教育培养考核评估办法,重点考核评估在思想政治教育、社会责任感提升、正确价值观塑造、加强企业组织文化等方面的成效。

(作者单位:中共上海市金山区委党校)

从内在要素看"民营企业家是我们自己人"

李长虹

金山人很朴实！金山的投资环境很好！这是长三角区域的朋友们,在和我交流时最容易流露出的真实感受。也就是说,金山作为长三角的一个发展支点,其潜力被普遍看好。金山无论是在工业区的招商引资,还是特色镇的产业规划,以及古镇旅游和观光农业的深度结合等各方面,都已经出现新的活力。这些都离不开中共金山区委、区政府的坚强领导,同时也得益于民营企业家们的不懈奋斗。

一、金山经济迈上新的台阶

2019年1月9日下午,金山区第六届人民代表大会第四次会议在区会议中心开幕。胡卫国区长代表金山区人民政府向大会做政府工作报告。关于2018年金山区所取得的经济方面成绩,主要表现在——"属地地区生产总值完成759.9亿元,增长7.4%。财政总收入完成463.7亿元,增长10.9%,其中区级地方财政收入完成124.6亿元,增长15%。属地规模以上产值完成1 206.4亿元,增长8%。全社会固定资产投资完成232亿元,增长16.6%,其中工业性投资97亿元,增长43.9%。外贸进出口商品总额835亿元,增长26%。社会消费品零售总额完成497.7亿元,增长9.1%。外资到位资金2.2亿美元"。我认为这是一份令人满意的答卷。

令人鼓舞的是,还举办了国际新型显示与智慧互联大会、中国创新药生态圈论坛等活动。开展精准招商,签约项目197个,计划总投资121.6亿元,增长3.8%。制定打响上海品牌"1+4+X"金山行动方案,红双喜、敦煌、马利、东方雨虹荣获首批"上海品牌"。信息化和工业化加快融合,汉钟精机、嘉麟杰成为贯标试点企业,华峰超纤获批工信部工业互联网支持项目。四大产业集群产值占属地规模以上产值的74%,高端智能装备、生命健康和新材料产值保持两位数增长。生产性服务业重点企业和项目加快培育,第三产业增加值实现342.7亿元,增长9.6%。

在枫泾镇代表团审议讨论时,中共金山区委书记赵卫星强调指出:"新的一年,外部形势严峻复杂,经济下行压力较大,全区人民要进一步坚定发展信心,围绕既定目标任务狠抓落实,不动摇、不折腾、不懈怠,踏实走好每一步,推动经济社会持续健康发展,努力实现'逆势而上'。枫泾毗邻嘉兴,处于党的诞生地和党的起航地之间,要把握好地域优势,坚持面向"第一个百年",要紧密对接、主动融入长三角一体化发展国家战略,加快建设乐高乐园、国际职业大学、张江长三角科技城、长三角路演中心、古镇保护性开发等重点项目,全面推进'四大更新',努力为加快发展、转型发展、创新发展、绿色发展作出更大贡献,以优异成绩迎接建党100周年。"这是多么明确的发展蓝图啊!笔者听后倍感振奋。

胡卫国参加朱泾镇代表团审议讨论时还明确指出:朱泾镇经济发展的关键在于工业园区转型,要做好产业定位,转型的起点要高;而且在形态规划方面,要在园区内打造必要的生活配套设施;同时,要借鉴区区联动、品牌合作的成功模式,努力寻求与大企业、大平台合作,带动产业链上下游企业共同发展。

二、民营企业仍需减压降负

2018年11月1日,习近平总书记主持召开了民营企业座谈会,并发表了十分重要的讲话。第二天,中共金山区委统战部及区工商联就及时组织全区范围内有代表性的民营企业家进行座谈,我也有幸出席了会议。对于习近平总书记的关怀,我和大家印象、感触最深刻的话是一致的,那就是——"民营经济是我国经济制度的内在要素,民营企业和民营企业家是我们自己人。"同时,习近平总书记鲜明地突出问题导向,积极回应社会关切,就坚持基本经济制度的一系列重大理论和实践问题作出深刻阐释,提出支持民营经济发展壮大的 6 个方面政策举措,表明党中央毫不动摇鼓励、支持、引导非公有制经济发展的坚定决心和鲜明态度,为民营经济健康发展注入强大信心和动力。我在认真学习习近平总书记重要讲话精神后,感到心潮澎拜,信心倍增。经过一段时间思考,结合自己的工作实际,再谈几点相关的认识:

(一)感到近年来党中央国务院对民营企业的关心和支持力度日渐增强,企业的发展信心也因此越来越足。比如 2017 年《中共中央国务院关于营造企业家健康成长环境弘扬优秀企业家精神更好发挥企业家作用的意见》,从营造依法保护企业家合法权益的法治环境等 10 个方面提出了 29 条具体的意见,影响十分明显。

(二)地方政府和有关部门的及时主动作为深得人心。比如金山区的税务机关,2018 年 11 月 1 日习近平总书记发表重要讲话的当天下午,就组织召开座谈会,认真听取民营企业在税收、社保等方面的建议和意见。这种务实的姿态,深受企业家欢迎。

(三)建议有关政策研究部门,应该进一步地沉下来,多到基层了解民营企业的实际需要,并且因地制宜,对症下药,进而及时发表和提出一些接地气、得民心,适合民营经济尤其是中小民营企业发展的真知灼见,为政府决策提供依据和参考。

(四)建议政府有关部门,在处理某些有影响性的企业历史遗留问题上,不要搞一刀切。比如给一些遵纪守法记录良好的企业亮几天"黄灯",留一些改进的空间。因为过犹不及,常常容易引起连锁反应,进而一定程度上影响企业的发展信心,比如企业的社保政策、环保达标,等等。从本质上讲,这是实事求是的态度。

(五)希望政府各有关部门认真贯彻落实习近平总书记的重要讲话精神,加快对民营企业的政策研究,并且让相关政策在基层落地快些,再快些,让广大民营企业和民营企业家感受到实际的关切。区工商联在这方面,完全可以成为积极的桥梁。

(六)希望各级政府真正能在具体措施上进一步为民营企业减压降负,让我们这些中小民营企业轻装上阵;同时制订切实可行的措施,真正打破各种各样的"卷帘门""玻璃门""旋转门",执行政策一视同仁,融资门槛一样高低,为企业公平竞争创造有利条件。相信在"一视同仁"的前提下,民营经济必然会加速繁荣。

三、谋求经济建设再立新功

习近平总书记指出:改革开放近 40 年的历史表明,优秀的民营企业和民营企业家是改革创新、推动经济增长的重要元素。政府和全社会应给予企业家更多尊重与关爱。而最大的尊重、最好的关爱莫过于为他们营造干事创业、健康成长的良好环境:依法保护企业家财产权,让有恒产者有恒心;营造公平竞争、诚信经营的市场环境;对创新有容错帮扶机制,激发企业家积极性和主动性……我认为这种通过制度建设和法治建设给企业家吃上"定心丸"的做法,无疑是具有战略眼光的,能够有效地进一步让我们的民营企业家们甩开膀子大干一场,为实现中华民族伟大复兴的中国梦贡献更大力量;而这种力量也是财富如涌泉而出的策动力。

2018 年的 12 月 18 日上午,我们企业就组织收看了中央庆祝改革开放 40 周年大会,聆听了习近平总书记在大会上所做的重要讲话。各位员工和我一样都是心潮澎湃、感慨万千。感慨于改革开放 40 年来祖国翻天覆地的变化,和社会主义现代化建设中展现出来的气吞山河的强大力量,并且激发了空前自豪的凝聚力。

作为与改革开放一起成长的企业经营者,我和上海永太公司通过 20 年不懈的奋斗发展,由一个 35 人组成的乡村小作坊,逐步成长为世界知名品牌"优衣库"的重要合作伙伴。目前公司拥有员工 1 000 多人,连续多年通过 SGS 国际认证,成为上海地区较具规模的西服生产基地之一;在业界拥有相当好的商业口碑。

我们企业党组织认为:民营企业的每一点进步时刻都离不开党的领导,离不开祖国日新月异的伟大飞跃,只有将自身的发展融入改革开放的洪流中,才能无愧于时代,无愧于人生。所以在日常企业运行中,注重将党建工作融入公司的总体规划中,因为坚持党的领导,加强党的建设,既是民营企业文化建设的源头活水,也是民营企业转型发展、创新发展的生机与活力所在。相信:前进中的永太公司必将以一流的企业党建文化,凝聚起崇德向善的力量,为经济建设再立新功。

(作者为金山区工商联副主席、金山区人大代表)

就业促进：努力打造群众满意窗口的朱泾案例

褚莉萍

作为一门式服务部门，目前金山区就业促进中心朱泾分中心共设有职业介绍、技能培训、就业创业证、招退工、失业保险补贴申领、来沪人员就业服务等10个服务窗口，由16名工作人员组成。近年来，分中心在区人社局和区就业中心的领导下，按照上级明确要求，以"不忘初心，牢记使命，保障民生"为主题，紧扣"队伍建设提素质，服务质量上水平，人民群众得实惠"的目标，强基础、抓管理、重服务、树形象，突出"三结合"，推动就业服务工作再上新台阶，取得显著成效。分中心先后被评为2015—2016年度上海市青年文明号、2014—2016年度金山区"先进集体"、2013—2015年度金山区工人先锋号、金山区巾帼文明岗等荣誉称号。

一、注重学习交流，深化思想认识

窗口服务无小事，分中心始终把加强干部职工的学习交流和思想教育，增强爱岗敬业、服务群众的意识和责任，作为政风行风建设的一项重要任务紧抓在手，常抓不懈。

（一）加强业务学习

在就业促进中心领导的带领之下，分中心不定期开展业务学习，除了掌握岗位知识，还要熟悉不同业务，同时及时提炼、归纳和总结，不断提升业务素质，将工作做出特色和亮点。

(二) 加强工作交流

分中心创新推出工作交流机制,即每月一次自由讨论会、一次业务交流会和一次小型互动活动,通过定期讨论、交流和互动,对于近期窗口服务、有关典型案例等交换看法,出谋划策,总结提升,形成长效机制。

(三) 加强作风建设

及时传达学习局政风行风建设大学习大讨论、中心作风建设专题会等要求,改进工作作风,加强工作纪律。服务窗口既是政务公开、服务群众的"前沿阵地",又是集中反映办事效率、服务质量的"试金石"。通过坚持不懈的学习交流,分中心职工增强了服务意识,优化了办事流程,窗口工作中力争做到"零差错,零投诉",广大职工纷纷在"深、实、细"上下功夫,急人之急,想人所想,为群众提供优质、诚信、高效的服务。

二、落实规章制度,规范窗口服务

分中心坚持以制度管人、管事,强调业务工作与行风建设一张皮,不断提升窗口管理水平。

(一) 落实责任签约工作

每年年初,将政风行风建设列入分中心的重要议事日程,坚持把政风行风建设、党风廉政建设与业务工作、窗口服务一同布置,一同落实。通过细化目标,分解任务,做到统一思想、明确目标、形成合力。按照层层签约、层层落实的要求,分中心与所有职工签订政风行风建设责任书,将责任落实到每位职工,形成上下联动、环环相扣的责任体系。

(二) 落实各项规章制度

根据局及中心有关要求,严格落实《首问责任制》、《一二三服务承诺制》、《值班长制度》、"文明用语",设置AB岗,保证每个岗位至少配备两人,相互补台,积极践行"五心"服务等制度措施。

（三）勇于创新攻坚克难

作为第一批实行一门式服务的部门,经过短短一个月时间培训和学习,分中心在人员调配、岗位设置等方面进行了细致的研究和安排,为广大群众带来了极大的便利,也获得了群众的一致好评。当遇到棘手问题或工作时间完成不了的急事、难事时,我和职工会主动留下加班加点,力求在最短时间给予群众满意的答复,共同做好窗口服务和对群众的解释工作。

三、突出"三结合",提升整体水平

在日常窗口管理工作中,分中心重点抓好行风建设与作风建设、队伍建设以及开展各类主题活动的有机结合,注重日常管理,加强分类指导,不断提升窗口服务整体水平。

（一）将行风建设与队伍建设相结合

通过学习习近平总书记以人民为中心发展思想、抓好作风建设重要论述,落实"作风建设永远在路上"的指示要求,牢固树立"四个意识",落实中央八项规定精神,积极转变作风,切实加强作风建设的思想自觉和行动自觉,行风建设需要"众人拾柴火焰高",离不开一支能力强、业务精、作风硬的干部职工队伍,因此平时注重队伍建设,发挥党员干部的示范带动作用,以身作则,率先垂范,用自己的行为和人格力量影响带动职工,争做勤于思考的表率、真抓实干的表率、廉洁奉公的表率和联系群众的表率,增强干部职工干事创业的激情和凝聚力。

（二）将行风建设与提高为民服务质量和水平相结合

分中心结合服务对象特点：

1. 将市中心规定窗口对外服务时间上午9时提早到8时30分,辛苦了工作人员,但方便了办事群众。

2. 实行一门式服务后,要求每个工作人员都要掌握窗口服务全面知识,我带头做前台服务,同全体职工一起轮流接待办事人员,这样大大提高了窗口服务质量。

3. 2017年共接待前来咨询政策的群众13 400多人次;接受求职登记6 850多人次;发布企业招聘信息478家,招聘岗位1 241个,招聘人数2 999人;办理申领失业保险金补贴8 088人次;办理申请培训信息登记1 840人次等。

4. 召开企业人力资源经理及人事座谈会4次,帮助300多就业困难人员实现了就业,全年共收到锦旗3面,表扬信2封。

(三)将行风建设与开展各类主题活动相结合

通过开展结对共建、志愿服务,以及巾帼文明岗、妇女之家、爱心妈咪小屋等创建活动,充分调动职工的主动性和积极性。如2018年3月份中心与大茫村举行共建签约仪式,并为村民送去一系列就业指导,对弱势群体开展专门指导,带去就业岗位,深受当地村民的欢迎;又如分中心与东林居委会开展"粽情端午·粽享快乐"结对共建活动,职工体验着包粽子的乐趣,感受着传统文化的魅力,同时也缓解了自身压力。此外,我利用兼任朱泾镇妇联副主席的有利条件,通过一系列活动载体,进一步推动分中心行风建设向纵深发展。

四、当好"店小二",增强担当意识

店小二是古代对服务场所跑堂伙计的称呼,他们看到客人主动打招呼,服务得非常及时,照应得非常周到,有的店小二甚至成了服务的品牌。我们践行群众路线、开展"两学一做"专题教育,也应该把自己当作"店小二",为企业群众提供热情周到高效的服务,真正把转变工作作风、打造服务型窗口落到实处。

店小二干的都是小事杂事、苦活累活,哪里有需要就要顶上,出了纰漏就要自己承担。我们在常规工作中,要同唱一首歌、同下一盘棋,做到目标同向、上下同心、工作同力、服务同步。更关键的是,在遇到矛盾难题时,要大声喊出"有我在,请放心""交给我,我负责",真正做到职责范围内的事叫得应、抓得实,面对矛盾顶得上、干得好,关键时刻拉得出、打得响,出现失误知己过、敢担责。担当不只是一种精神,更能带来实实在在的成果。

店小二这个职业看似没有多少技术含量,但来来回回要脚力,端茶倒水要体力,照应顾客要眼力,回答问题要脑力,举手投足都考验着本领能力。当好服务企业、群众就业的"店小二",更需要提升能力,增强本领。

现在宏观经济挑战压力加大,要想在这样的环境下脱颖而出、跨越发展,没有一点"招牌菜"是不行的。必须树立强烈的本领意识,增强服务本领,增创服务优势,打响服务"招牌",通过优质服务,与群众沟通时,胸脯拍得响,讲话有底气。我们需要时常进行反思,碰到企业需要帮助时,我们在服务理念上是否存在"应付",在办事效率上是否存在"低效",在方法能力上是否存在"不会",与企业对话是否缺乏"共鸣"。当好"店小二",不能只停留在口头上,需要我们都把自己摆进去,需要良好的体制机制做保障,唯此才能形成一个更好地服务企业、保障服务群众就业的良好氛围,如此就一定没有干不了、干不好、干不成的事。

我和同事们深知:群众的期盼和诉求正在不断提高,我们唯有不断夯实基础,加强管理,注重服务,积极改进作风,加快提升能力,才能真正唱响"人社工作为人民"的主旋律,以最优的流程、最优的效率和最优的服务取信于民,以实际行动积极践行"行风建设永远在路上"。

(作者为金山区就业促进中心朱泾分中心主任)

以"四零式服务"铸造金山供水新品牌

陈碗仲

现代市场的竞争不仅是产品的竞争,更是服务与品牌的竞争。塑造企业服务品牌,已成为企业提升核心竞争力的必然选择。服务品牌,就是为市场所认可的个性化服务标识,是企业的服务宗旨、服务理念、经营战略、营销措施、企业精神、服务特色的综合反映。近年来,金山自来水公司从树立服务理念、拓展服务内涵、强化服务管理这三个方面着力塑造供水服务品牌。

一、树立服务理念

服务理念是企业精神的直接体现,是服务品牌的核心内容。随着市场化进程的加快,城市供水企业原有的垄断经营模式已发生改变。同时,其产品的单一性,也不能指望通过产品的差别化来提高竞争力。因此,城市供水企业要满足消费者和社会可持续发展的需求,就必须创建企业服务品牌,借此来提升服务质量,塑造企业形象,提高用户满意度。供水行业的服务品牌应崇尚诚信至上、彰显优质服务、倡导社会责任。近年来,金山自来水公司坚持"水务就是服务,供水就是贡献"的理念,不断改进工作作风,不断优化服务措施,不断提升队伍素质,着力铸造"四零式服务"(抢修服务零时差、用户缴费零距离、公开办事零障碍、安全供水零事故)品牌。

二、拓展服务内涵

金山自来水公司根据市场竞争状况和自身资源条件,通过拓展内涵来创造差异化,形成了别具一格的服务形象,凸显了服务品牌。

(一) 抢修服务零时差

推出"金水热线"与"110"联网,并纳入城市网格化管理平台,24小时无间断地与市民沟通,及时妥善处理用户遇到的急难问题。添置9辆工程抢修车充实抢修力量,并进一步完善抢维修社会化工作机制。对管网抢修实行首接负责、限时抢修,提高及时率,做到时间到位、人员到位、设备到位、责任到位、服务到位。

(二) 用户缴费零距离

多措施方便居民缴费:

1. 新增营业网点。供水所属区域范围内共设立14家营业厅,涉及每个乡镇。并在窗口配备和完善人性化的服务设施,包括窗口低位设施、窗口无障碍设施等,完善服务功能,提升窗口形象。

2. 错时化服务。为方便上班族缴费,收费窗口提早开门,推迟关门,保证客户随时缴纳水费。

3. 建立用户档案。为孤寡老人或行动不便的用户主动上门收费。

4. 推出委托收费业务。公司在与建设银行等5家金融单位建立合作关系的基础上,近年来,又开通网上自助交费、支付宝、付费通等功能。

(三) 公开办事零障碍

全力推进办事公开工作,公开办事做到"上墙、上网、上街、上门"。

1. 上墙:在各服务窗口设立公开墙,向社会公开办事制度、办事流程、水质情况等,同时,公开监督电话,实践承诺服务,接受用户监督。

2. 上网:在金山供水网站上建立办事公开专栏。

3. 上街:结合"夏令热线"志愿者活动,向用户分发办事公开手册等宣传资料。

4. 上门:上门走访用户,在发放征询意见单的同时,发放办事公开手册等宣传资料。同时,建立健全检查、监督、评估机制,聘请由市民巡访团、企事业单位、街道、新闻媒体等各方面人员组成的社会义务监督员队伍,对公司各营业网点进行明查暗访,做到发现问题及时反馈,主动接受舆论监督,定期进行综合测评,逐步建立和完善市民评价、社会评判、数据评定的"三评"机制,全面、科学、系统地评价行业文明建设状况,使检查、考核走上经常化、制度化、规范化轨道。

(四) 安全供水零事故

1. 集约化供水格局初步建成。在建成原水取自黄浦江水源地的金山一水厂的基础上,积极稳妥地完成镇属水厂归并工作。全区基本实现"统一取水、集中制水、一网供水、一级管理、分片调度"的供水格局。2016年年底,包含金泽水库的黄浦江上游水源地工程投入运行,对金山原水进行了升级换代。

2. 安全生产得到加强。建立金水调度监测中心,通过供水在线监测系统,有效处置突发事件。改造泵站消毒工艺,设置管网水质监测点,全面监测水质,提升供水安全系数。

3. 应急处置预案逐步完善。针对原水水质污染、液氯泄漏等可能出现的突发情况,制订并完善应急预案。制定《重点要害部位全封闭管理制度》《重点单位和管网巡检制度》等安全防范制度,全面落实人防、物防、技防、生物防、犬防等各项防范措施,落实了作为备用水源的8只回馈深井,2辆应急供水车以备不时之需,突发事件的处置能力得到提升。

4. 供水管网改造取得实效。积极稳妥地推进"十三五"供水管网改造工程,管网漏损率稳步下降,供水低压区及管网水质得到明显改善。

三、强化服务管理

为确保更好地树立"四零式服务"品牌,我们着力做好以下四方面工作。

(一) 改革管理模式

根据城乡供水一体化格局,实施了内部机制改革。调整部门设置,实行中层干部竞聘上岗、职工双向选择,建立"以岗定薪、岗变薪变、体现效能"的岗位工资制度。通过上述措施完善了管理机制、理顺了工作关系、整合了配置资源、激发了职工积极性,为"四零式服务"打下了扎实的基础。

(二)加大宣传力度

会同区工商联、区教育局、区总工会、团区委、区妇联,分别向全区企业经营者、在校中小学生和职工、团员、妇女等印发公开信;在主要交通要道和公共场所醒目位置设立大型广告牌;组织宣传版面在各镇巡回展出;协助各镇宣传部门,组织开展"水法规及节水知识"竞赛活动;通过上海门户网、上海水务网、金山门户网、金山电视台、《金山报》、微信公众号等大众传媒,着力宣传"四零式服务",不断增强全社会对供水工作的认知感。

(三)主动借用外力

聘请义务监督员明查暗访,对金山供水进行系列调查。到公司14个收费网点进行实地调查,全面了解金山供水服务现状。我们逐条分析用户座谈会上提出的意见和建议,并将整改要求落实到具体部门和人员,使服务水平上了新台阶。

(四)加强企业文化建设

1. 提炼企业核心价值观

公司通过几年的实践,提炼了以"诚信是金、上善若水"为内容的企业核心价值观。并围绕文化核心,把文化作为企业管理的灵魂,让员工全身心地投入企业的使命、愿景和价值观的践行中,使组织愿景、团队愿景、个人愿景在目标、价值观、使命感上达到一致。

2. 提升诚信服务理念

认真开展"三德"教育和社会主义荣辱观教育,积极实施"职工文明教育三年行动计划""职工培训三年计划",力求诚信建设与教育活动相结合,体现员工对公司、对本职工作的诚实守信和爱岗敬业,也体现供水企业对社会和市民的承诺。

3. 强化职工奉献意识

围绕"上善若水""水利万物而不争"的精神本质,不断教育、强化、提升职工的奉献意识。同时,着力强化供水行业的公用事业属性,明确供水企业的社会责任,把服务工作提升为企业主导性工作,确立以服务引领发展,引领改革,引领职工队伍建设。同时,在服务的理念上把"企业行为"理念提升为"社会责任"理念;在服务标准上将"企业能力"标准提升为"社会需求"标准。

4. 开展主题实践活动

在职工中开展主题读书活动,开展岗位练兵技能比武。同时,在全体员工及部分用户中开展供水企业文化建设大讨论,使企业文化得到供水企业员工和用户的双重认可。以供水实践为载体弘扬企业文化传统,并以此来带动生产力、提高竞争力。

通过"四零式服务"品牌的创建,有力地促进了公司的精神文明建设,促进了供水服务水平的全面提高,企业内部管理水平进一步提升,公司面貌得到了进一步改观。公司成功创建市级文明单位、市平安单位、五星级诚信企业,并被授予"上海市五一劳动奖状"和"市治安保卫先进集体""爱心企业"等荣誉称号。

谨以此文感谢金山区委、区政府,市水务局供水处、区水务局、区国资委、新金山投控集团,区给水管理所、朱泾镇大茫村等长期以来关心、帮助我单位发展的上级领导部门和兄弟单位。也以此文献给金山解放 70 周年,告慰这块土地上长眠的革命先烈。

(作者为新金山投控集团金山自来水有限公司党总支书记、副总经理)

附: **感谢信**

尊敬的金山自来水公司陈书记:

2019 年开年的第一天,为解决我村垃圾房给水困难问题,您带领公司志愿者一行 18 人来到村里,积极响应乡村振兴战略,助力我村美丽乡村建设,志愿为我村垃圾房接水排管。

在现场,您对垃圾房给水改造工程图纸进行了勘查核对,认真对志愿者们进行任务分工。志愿者们挽起袖子、戴起手套、拿起铁锹,正式开始施工。

虽然前几日连续阴雨天,路面泥地湿滑,但大家热情高涨,有的开挖路面、有的烫接地面管,志愿者们发扬不怕脏、不怕累的精神,值得我们学习,以实际行动改造垃圾房环境,得到村民的无数点赞。同时,我对您公司为我村提供的优质服务表示衷心的感谢!

  写不尽的感激之情,汗水伴着泥土芳香,一铲一锹、一寸一丈联系着自来水公司与我村的结对共建情谊。我们看到,您带领公司全体工作人员真真切切为老百姓办实事,改善我村基础设施条件,实实在在为"美丽乡村"建设贡献力量,展示着金山供水人的风采,弘扬着社会正能量。

金山区朱泾镇大茫村党总支周秀良
2019年1月10日

穿越大唐：朱泾第二小学的
课外活动记趣

周立寅　樊灏然　顾嘉艺

朱泾镇,是上海金山的老县城,文化底蕴深厚,人民丰衣足食。我们朱泾第二小学是一所百年老校,也是金山名校。孙翠英校长和老师们推崇七彩教育,所以我们的课外活动丰富多彩,令人羡慕。以下就是我们三人最近一个活动的体会。

一、穿越唐朝　迎新灯会

"长安大道连狭斜,青牛白马七香车。"那天我们朱泾二小热闹非凡,堪比长安大道！同学们期盼已久的穿越大唐迎新灯会,就是在非常热烈的气氛下展开的。

老师、同学和家长们都为活动精心准备了秘密武器——各式唐装和发饰。学校里铺上了红地毯,挂满了大红灯笼,搭好了大唐市集走秀台,还有丰富多彩的体验活动和琳琅满目的供兑换的奖品。我和妈妈很荣幸,作为志愿者参加学校的活动,负责体验活动之——花灯制作坊。放学后,志愿者们分工合作把教室里布置妥当,挂满各式花灯。负责活动的吴淑琼老师一边挂花灯,一边跟我们说起花灯的来历。原来花灯起源于汉代,盛于唐代,到了宋代遍及民间。中国历代花灯的制作十分讲究,品种繁多。今天我们准备了四角宫灯、六角宫灯和花球灯的制作材料,就让我们来做小老师带你做花灯吧！

活动时间还未到,穿红着绿的"姑娘""公子"们已经跃跃欲试,在门口排起了长龙。我和妈妈负责收取入场券并维持秩序。入场后,体验者们选定自己的花灯就开始研究制作起来。吴淑琼老师说制作花灯是技术活,制作难度最大的是六角宫灯。所以很多体验者都被六角宫灯难倒了,一些志愿者小老师们就在旁边讲解,指导他们制作方法。门外,等待的体验者们越来越多,我看着心里好着急,于是也加入了小老师们的行列,一边耐心地讲解,一边帮忙剪、折、插……为了让大家更进一步了解花灯和花灯制作方法,我满场忙碌着。不一会儿,在我们志愿者的帮助下,一盏盏花灯制作完成。拿着作品换到七彩币的时候,体验者满心欢喜,我们也开心地笑了。虽然天气很冷,可是我们都觉得很温暖。

转眼活动结束了,体验者陆续离开,吴老师让我们去兑换一些自己喜欢的东西。其实我早就等不及啦,连忙跑去传统美食坊逛了一圈,茶叶蛋、糖葫芦、年糕、小馄饨应有尽有,最后我还是决定兑换一个大大的棉花糖,味道比平时外面卖的要甜美很多哦。

(周立寅)

二、梦回长安　花开千树

穿着"长袍大袖"大红唐装的我漫步在朱泾二小的长廊里,满眼望去,"花开千树""鱼龙飞舞",在这辉煌灿烂的灯光里,我不禁有些恍惚,竟不知自己身在何处,莫非我真的穿越到大唐了吗?

对于自己这样的"奇思妙想",我感到好笑,又觉得自己挺有想象力的。当然这一切都要归功于金美老师、家长和同学们"惟妙惟肖"的"扮演"。在热闹熙攘的校园里,同学们开展了丰富多彩的活动。

瞧,他们制作的"唐灯",精巧别致,玲珑剔透,一展同学们的智慧和情趣。除了制作花灯,在"大唐集市"里,有的同学在猜灯谜,忽而愁眉苦脸,忽而喜笑颜开;有的同学在服装走秀,向大家展示唐装的精美制作工艺,并向大家介绍唐装所蕴藏的文化。

我随着人群徜徉在各个"集市摊位",剪剪彩纸,猜猜灯谜,读读唐诗,看看皮影戏,听着不知名的古筝曲子……沉浸在这样的诗情画意里,我不禁有些飘飘然,仿佛置身于奇妙的仙境之中。可惜的是,面前"摊位"上造型各异的"金瓜""石榴""桃子""鸡狗"等糖人又把我拉回了人世间,这些如美玉般的艺术品,让我怎么忍心下嘴啊!在"大唐集市"里,我不仅发现了糖人,还有腊八粥、茶叶蛋、饺子、年糕……竟然还有"穿越食品"——寿司,真是五花八门,应有尽有啊!

穿梭在"大唐的街头",我不仅尝到了各种传统美食,还欣赏了多样的传统艺术,聆听到美妙的仙乐,品味到了大唐独有的个性和文化魅力。虽然现在的我,对大唐的宽广、厚重、多元和丰富的文化只有一些粗浅的感受,但会将这些唐朝记忆埋在心底,期待着将来的一天它能生根发芽,并一代代传承下去。

(樊灏然)

三、迷你"新娘"欢声笑语

2018年12月29日晚上,我们学校举办了穿越唐代的花灯活动。在活动前几天,班主任朱红老师告诉我们,我们班的一部分同学将在活动中担任志愿者,而我正是其中一员。一下子,我心里又期待又疑惑。正当我纳闷时,朱红老师又补充说:"参加志愿者的小朋友活动那天放学后要留下来去指定的班级做准备工作。"当时,对于做志愿者,我的脑海里还有个小问号,到底需要我做什么呢?

活动那天放学后,我被安排在一(5)班,我和其他小朋友用我们装好的花灯装饰教室,还点亮了红色的小灯,让教室变得更加漂亮。过了好久,我们女生换上了大红色的唐装,就像电视里的古代新娘,但这是迷你版的。我们几个志愿者你看看我,我看看你,都觉得彼此都好漂亮啊,教室里充满了我们的欢声笑语。接着,我们就等待着活动开始。

晚上6点后,同学和家长们开始多了起来。我所在的班级是花灯制作坊,当同学或家长在制作花灯时,有遇到不会的地方,我便会帮助他们一起制作,特别是做花灯的最后一步,将花灯提手固定在花灯上,要将线的一头先扎在花灯上,另一头绑在提手的电线上打两个死结,才能保证花灯不会从提手上落下来。慢慢地,我开始有点心不在焉了。因为我看见好多同学和家长都去换小吃,看着他们手里拿着糖葫芦、糖画、烤红薯……我也很想和他们一样,可是我不能离开教室。当广播中第二遍响起活动即将要结束的通知时,我忍不住问社团老师:"老师,我可以去换吃的吗?"老师同意了。我和我的志愿者同学一起兴致勃勃地跑去场景地——中华美食街换了糖画,然后,我们俩开心地跑回了教室,两人舔着手里的糖,都忘记了把衣服换下来……这可是我参加的第一次志愿者活动啊!

不过,在活动结束后的回家路上,我也一度和爸爸妈妈抱怨着:"当志愿者不能和爸爸妈妈一起游园,我们只换到了糖画,有点不开心!"但爸爸妈妈很认真地对我说:"当志愿者是很光荣的事,不要老想着自己要想去做什么,要想到你的工作能为别人做什么。"听了爸爸妈妈的话,我心里想:如果以后学校还安排有类似这样的活动,我还是愿意尽我的能力去帮助所需要帮助的人。

(顾嘉艺)

(作者为金山朱泾第二小学二年级一班和三班学生)

人文随笔篇

人文的筆誌

紫花悦读会记趣及为进博会献一计

方文轩

时间过得真是有点快啊！暑假一结束,我在这个美丽的学校开始了二年级的学涯。我好喜欢自己的学校和我的同学们,新学期里学校成立了紫花悦读会。

一、开学第一周

2018年9月1日我们开学啦！不过,我们那天是下午返校。到了学校,我看到门口有4个保安叔叔,就和他们打了招呼。进去后,学校还是平常的样子。不过,等我到了教室才发现,这学期班上蒋××和马×两个同学转走了,又来了一位新同学李××,我们都很欢迎他。

随后,张××妈妈(家委会副主任)叫我们在开学典礼上表演"秋词"的小朋友一起去排练,我也跟着去了。我们发现,我们跳舞的衣服袖子很长,就像龙一样。妈妈后来告诉我,这是水袖。我们练熟了一些后,男生和女生一起表演给班主任叶老师看,一遍又一遍。等到叶老师满意的时候,我们就换上校服背上书包回家了。

星期一终于到了,我穿着演出服来到学校。等大家到文体中心集合后,我们一起排队去音乐厅化妆候场。张××妈妈告诉我们:"一班的表演是关于春,二班的表演是关于夏,我们三班的舞蹈是关于秋,四班的表演是关于冬。"我就说:"就是一到四班按照春夏秋冬这四个季节来安排的呀！"

表演开始了,我有点害怕。轮到我们的时候,音乐响起,我们跟着音乐开始跳舞。不跳舞的同学,就开始跟着音乐朗诵刘禹锡的《秋词》:

自古逢秋悲寂寥,我言秋日胜春朝。晴空一鹤排云上,便引诗情到碧霄。

我们还看了其他表演,场下的小朋友全都献上了响亮的拍手和欢呼声。表演结束后,我们拍了一张集体照,信息课的顾老师还给我们放彩带。直到这时,我才看见了我的好朋友陈××,她因为去北京旅游而没能返校,我就问她北京玩得开心吗?

最后,我们和家长志愿者们回到了教室。交了所有的暑假作业后,我就平平安安地回家了。

二、DIY 月饼——生日会

9 月 14 日星期五,是个特别的日子!倒数第二节课后,王××妈妈(家委会主任)叫上我们所有人排队去文体中心排练《我的中国心》和舞蹈《中国话》。虽然排练时间很长很辛苦,不过,我们还是会休息的。

排练结束后,我们又回到教室。这时,我才发现教室里有一些家长志愿者在为做月饼做准备呢——准备着彩色面团、黄色的馅(后来我才知道是蛋黄馅)、各种各样的卡通月饼模具。

9 月生日会开始啦!我们开开心心地聊天,直到傅××妈妈开始主讲这次生日会的主题——DIY 月饼,我们才慢慢安静下来。我们首先为小寿星唱了英文生日歌,我的好朋友吕××和陈××还唱了更好听的英文歌,赢得了热烈的掌声。在美国长大、新转来的同学李××还用 U 盘拷了一个软件给我们讲了一个故事。

然后,我们进入"做月饼"主题啦!叶老师先告诉我们怎么做月饼,再让我们自己做(当然也得到大人的一点帮助)。我做了一个白色和一个绿色的月饼,都用了小兔子的模具,因为我属兔子,月亮上也有玉兔。我看到同学们还用爪子模具、田字模具、小龙模具……做完后,我就在教室里晃来晃去,走来走去。

下课后,我背上书包,把月饼装进盒子,平平安安地回家了。真是快乐的一天!回到家后,我就把这两个月饼送给了妈妈,她一下子就吃完了,觉得特别美味!

三、玩转中秋

9月24日,中秋节到啦!我很开心,因为我知道中秋节有一个小故事叫《嫦娥奔月》,但是可能有人听了这个故事会有一点伤心,不过这也是我所喜欢的故事之一。而且,中秋节也是我所喜欢的节日之一(其实,我喜欢所有的节日)!

妈妈的一个杭州朋友送来一个黄色的转盘,妈妈给了妹妹;一个北京朋友送了一个3D打印的月亮球,像真的月亮一样,这就是我的中秋礼物了。它有一个遥控器,上面有五彩斑斓的颜色按钮,按什么颜色的按钮月亮球就会发出相同颜色的光,好神奇!我和妹妹在房间里把灯都关了,拉上窗帘,然后打开我的月亮球,它闪闪发光,就像赏月一样,而且还是彩色的呢!

傍晚,吃晚饭的时间到了。外婆烧了各种各样的东西,有芋艿、毛豆……都很好吃。但我不喜欢吃月饼,它太甜太腻,也不太好吃。晚饭后,我和妹妹装扮成"睡衣小英雄"里的人物,在房间里玩。最后爸爸拿出他买的日本静冈蜜瓜,吸引我们这两个疯玩的女儿,我们第一次吃,真的很好吃。这真是一个开心的中秋节啊!

有的人喜欢踢毽子,有的人喜欢拍皮球,可我却喜欢做纸房子。纸房子其实很好做,只要准备一些纸、剪刀和彩笔。好了,这些材料就可以做一个大大纸房子了。步骤是:先用一张白纸对折,再画上房子一半的外框,然后把画上去的外框给剪下来,还要修剪一下,不让外框变得坑坑洼洼的。最后,画上你喜欢的图案就行。等等,还没有涂颜色呢!我就涂上了鲜艳的颜色,让纸房子变得五彩斑斓,像天上的彩虹一样。我觉得这是我做过的最均匀的纸房子!

四、我最喜欢的玩具

我最喜欢的玩具是娃娃,我家里有各种各样的娃娃,比如芭比、小天使、可爱的小兔子、小猪佩奇一家、公母不分的神羊……我都很喜欢它们,而且它们是我从小到大一直在向大人讨要的娃娃。现在我已经有1 000多个玩具了(妈妈是这么说的),其中差不多有1/10都是娃娃,还有一些放在外公家,因为我房间里已经放不下啦!

娃娃对我有好处也有坏处,好处是它们能让我编出许多故事来,偶尔也会用娃娃编出好笑的故事讲给妹妹听。坏处是我的玩具太多了,家里都快放不下了。所以现在我家里到处都是玩具,洗澡的时候,都有一只鸭子从澡盆里冒出来。

我最近发现一个问题——我的旧玩具妹妹还能玩一阵子,但是等妹妹不需要的时候,那些旧玩具该怎么办呢?妈妈建议我送给需要的小朋友,或者干脆扔了,但是我舍不得送也舍不得扔,因为它们都是我童年的记忆啊!

五、为进博会献一计

进博会,我前一阵子在电视里一直听到这个词语。妈妈(金姬)告诉我,进博会就是"中国国际进口博览会"的简称,2018年11月在上海成功举办的是第一届,以后每年都会在上海举办。

我曾问妈妈,进博会和"一带一路"有关吗?妈妈说当然有关啦。这次首届进博会有来自172个国家和地区的参展商参加,其中,"一带一路"沿线的国家和地区达到1/3。我突然想到,我们学校在首届进博会召开前,让大家画过"一带一路"小报。而且,"一带一路"校长论坛也在我们学校召开,来自那些国家的校长用英语和我们交谈,还和我们一起拍照呢!

虽然我不能去四叶草展馆,但是妈妈及时给我发来一个"熊猫进宝"的微信小程序。这样,妈妈和她《新民周刊》的同事去进博会采访期间,我就会每天玩一会儿这个小游戏,里面的熊猫进宝手里拿着四叶草,有空的时候去砍竹子,我就领竹叶积分,收藏一些小奖品,很好玩。我的排名现在是朋友圈里最高的,比妈妈和她的同事还高。

如果2019年还是在秋季举办进博会,我希望学校不要再换课了,换来换去太麻烦了。而且我对进博会的了解很多是从"熊猫进宝"里知道的,如果能去现场看一下,我就会更感兴趣了。最后,我希望世博会的海宝也能出个小游戏,或者成为熊猫进宝的好朋友,这两个吉祥物在一起,多有意思啊!

(作者单位:华东师大二附中附属紫竹双语学校二年级三班)

在哈佛、麻省、耶鲁体验古老学府的魅力

林君文

2018年11月,我有幸和一批中国优秀的高中生一起,赴美国哈佛校园、耶鲁校园和麻省理工学院校园,参加融入体验校园全方位学习生活的Xeek交流项目。在这10天的时间里,我不仅充分感受到了古老学府的迷人魅力,更切身体验了与3所大学的同学们一起聆听大学课程的学习生活。

不管是探访3所大学校园里的历史建筑、聆听它们讲述各自不同的有趣历史故事,还是走进不同大学的学生食堂和大学生们一起吃午餐、跟他们聊聊生活习惯和学习感受;不管是参加在每一所大学由包括诺贝尔奖得主和终身教授在内的嘉宾出席的专题圆桌讨论,还是走进每一所大学享誉世界的院系学科和课程教室学习;不管是聆听横跨数学、物理、心理、历史、哲学、经济、文化、语言等课程,还是作为唯一的高中生参与者,参加与数百名MIT教授、业内专家和学生一起探索解决世界能源科技及可持续发展问题的麻省理工学院能源黑客马拉松(MIT Energy Hackathon)比赛,丰富多彩的不同体验和经历给我留下了深刻的印象。

与参加本次活动的许多出国派学生不同,我作为一名体制内的高考派学生参加这样的活动,很多同学不理解,其实,我的想法很简单,真是因为是高考派,所以对我来说本次活动就是一次没有负担的体验,没有包袱、没有任务,可以张开双臂尽情地去拥抱完全不同的大学文化,可以冷静理性地去思考和体验完全不同的教育方式。通过本次活动,我充分地感受到学习外语的重要性。本次活动全程英文,不管是听课还是向教授提问,不管是完成论文还是比赛答辩,甚至在食堂吃饭、问路找教室等这样的事情,英语不好,当然就只能成为旁观者,而不可能成为真正的参与者。虽然本次活动经过

层层选拔,参加的高中生英语都算是佼佼者,但是,真的在全英语环境中生活学习,英语的重要性就非常突出了。而且,说到层层选拔,很多各方面都很优秀的学生由于英语的关系而错失了这一次很好的锻炼和发挥才能的机会。

不得不提的是,作为全国改革开放的前沿城市,在上海的整个教育体系的各个阶段中都非常重视双语教学。我在上海出生和长大,在我到目前为止的整个受教育过程中,我一直接受的都是传统的中国式教育,而不是国际学校或外国语学校的教育,可以说我从上海的双语教育中获益良多。我不仅多次代表学校接待来访的国外同学或中外学生论坛代表等,还非常有幸能参加类似于 Xweek 那样的活动,所以,不管是出国派还是国内高考派,学好外语不仅能为我们打开一扇了解不同文化的窗户,更能为我们提供融入世界的机会。

通过本次活动,也多少让我感受到了东西方教育的不同之处,虽然我不是教育家,也无法从深层次剖析东西方教育的利弊,但是,西方教育中的某些经验,对我来讲还是很有帮助的。与在中国课堂上,教师总是不停地向学生灌输定义和方法、不停地布置回家作业不同,在这次活动中,让我真正接触到了美国大学典型的教育模式。

在哈佛大学的一堂社会科学课上,课堂上热烈的气氛让我感到吃惊,几乎所有的学生都会举手问一个特定的问题,或者讨论其他学生在课堂上提出的问题,而所有的问题都是关于一部被要求在课前观看的电影的,我很惊讶大学生们能如此深思熟虑并提出如此有意义的问题,更惊讶的是一堂课结束了,教授也没有给出所谓的问题的正确答案。在耶鲁大学上课时的情况也差不多,上课时的气氛总体来说是相当自由和充满互动的,学生们总是在讨论在上课之前分配给他们的阅读材料上的问题。对于一个事先没有任何准备和不习惯西方教育模式的中国学生,我在整个课堂上都无言以对,除了惊讶还是惊讶。

我在想,这种课前交代学习内容的方式,不就是我们一直讲的预习、学习、复习三步骤中的预习吗,虽然我们平常也会预习,但是,目的往往是偏向于去先知道结果,而很少会问为什么是这样的结果、有没有其他方法得到这样的结果、这是不是唯一的结果等较为深刻的问题,所以我们的预习效果基本上还是停留在先学一遍的基础上,然后在学习阶段再学一遍达到熟记的效果。虽然两种模式截然不同,但我认为如果能将它们有机地结合起来应该是个不错的想法。既可以在课堂上增加互动,培养独立思考能力,还可以在家里做一些练习,更好地巩固在课堂上学到的知识。

通过本次活动,也让我体会到了"保持学习热情,永远不要害怕失败"的道理。麻省理工学院的能源黑客马拉松比赛是这次活动中最让人难忘的,几百名参加者根据自己的设想自由组队,从星期五拿到要求到星期日早上展示解决方案,时间紧,任务重,团队成员紧密配合,查资料,写文案,做PPT,虽然我们是第一次参加,但大家学习和参与的热情高涨,都非常珍惜这次难得的机会,根本不考虑在有这么多的教授、专家、大学生参加的情况下有没有拿奖的可能性,一心只想出色完成任务,展示我们高中生的风采。经过一天一夜的鏖战,我们的方案终于展示在了评委的面前,虽然结果在我们的预料之中,但大家还是非常兴奋,因为毕竟我们用我们的所学拿出了也许是很多人人生中第一个能源问题的解决方案。赛后,一位麻省理工学院的教授和我们交谈,他从第一届开始已经连续参加了 4 次,没有一次拿奖,但是,他说明年他还会参加。谁都想拿奖,但是,比拿奖更重要的是没有拿奖还能不气馁,继续保持学习的热情。我们都还年轻,在前进的道路上一定会碰到很多的挫折和困难,只要保持学习热情,永远不要害怕失败,就一定会不断进步。我想,这位麻省理工学院的教授,一定是时刻保持着这种精神,一步一步才走到了世界知名学府的教授位置的。希望我在今后的人生中也始终能保持参加黑客马拉松时的学习热情,一步一个脚印地不断前行。

本次活动虽然只有短短的 10 天时间,但是一定会在我的学习生涯中留下重重的一笔,虽然作为一个高二学生,对很多问题的看法还仅仅是停留在表面,我相信随着年龄的增长和社会阅历的丰富,回过头来再来回忆这次难得的体验时,一定会有更多、更有意义的思考。到目前为止,教育给了我许多基本的知识。从现在开始,我应该专注于知识的应用,在我的教育课程中找到自己的兴趣,并尝试使用我在学校学到的知识和思维方法去改变世界。

(作者单位:上海交通大学附属中学高中二年级)

孔乙己为什么一直要去咸亨酒店呢？

俞润央

一部成功的文学作品,必定留下了一个时代独有的精神烙印,无法架空于所属的历史时期。而当代代相传的经典穿梭上百年传到现代人的手中时,读者依旧能感受到其背后复杂的、动人的情怀与思考,并做到与角色的共鸣。这份独特的感染力必定有着必要的3个形成因素,象征意象、戏剧成分和真实感。成功的文学作品能感动不同时代的读者;通过对鲁迅先生作品的具体分析,就可以解释究竟是什么因素使文学作品具有这种超越时空的感染力。

一、象征意象

象征意象的使用,通常是以一件事物或是一个现象,来体现出和作者想要描绘的事物人物或现象具有的共通特点,从而让读者从更易懂或更深刻的理解中找到与这篇文章想要表达的主旨的共鸣。在《狂人日记》中,鲁迅提到了大量不同种类的动物,而经过对于动物在读者所有的认知中所代表的形象,例如狐狸代表狡猾,我们发现他笔下的凶猛的狮子、狼、鬣狗、狐狸、赵家的狗、兔子、鱼和虫子可以根据自然界的规律排列成一条完整的食物链,由最高层的捕食者,到中间的杂食者,到最底层的被捕食者。这条完整的食物链类似于社会关系类型的对应,从位于制高点的人物,例如赵贵翁,一阶阶向下排布,到最后是底层被剥削的农民。动物吃人,而在这篇文章中鲁迅想要反映的是,人亦吃人,所以他以动物的食物链来展现出吃人背后的观念,将人类社会中的元素,等量代换成动物世界中的元素,能让读者更容易理解，也更容易体会他的想法，从而达到共鸣，从阶层的不同，生来的不同，联想到现实生活中所遇到的人或事，对"吃人"有更深的理解。甚至，众所周知人与动物有区别，动物的意义仅有"吃"与"存活"，而人除了生存之外还要"生活"。动物的吃，就相当于人欲望的外化。人类已经堕落到跟动物同一个层面——只知道"吃人"，这就演变成了一种退化、病态，是一个社会的退化，一个国家的病态。在这样展现作品思想的时候，它的语言才更能让作者理解、共鸣，赋予它非比寻常的感染力。

二、戏剧成分

戏剧成分的把控决定了一部作品的张力，或是悲戚，或是恐畏，这些情感都能通过不甚自然却颇具戏剧化的动作、语言、神态，甚至是歌舞的形式，最大化地展示出来，从而达到让读者对于角色有更多面的理解并产生共鸣。在《狂人日记》中，有一段描述村民狰狞面孔的："昨天街上的那个女人，打他儿子，嘴里说道，'老子呀！我要咬你几口才出气！'他眼睛却看着我。我出了一惊，遮掩不住；那青面獠牙的一伙人，便都哄笑起来。"情境中女人明明是在打儿子，用词却一定要说成"咬"，这般夸张却语气强硬的台词，体现出女人的凶恶嘴脸，"他的眼睛却看着我"更是凸显出她所做动作的诡异，这种矛盾性强的语句极为深刻地刻画出了那个凶恶女人的不怀好意，而这样颠来倒去的用词，也衬托了狂人的狂性。"青面獠牙"4个字，又有点像是戏里的脸谱，铜铃大的眼睛，皮笑肉不笑的表情，又有点像野兽的模样，想来该是长尖的牙齿，狰狞的面孔，给读者一种深深的恐畏感。这一段对于"村民"与现实该有的模样格格不入的样子，也许也就是事实褪去干净的外皮，真正血淋淋的骨肉，而戏剧成分的加入更好地展示出狂人之狂，也从这分癫狂里看到了社会的本质来，更能使读者通过他的视角懂得人吃人的凶恶样子，这里的村民以小而喻大，作者真正想指出的是这个社会上的每一个人，通过这样的写法，读者也跟着日记的"作者"狂人一起重新理解和构建了常人世界，彻底崩裂了常人世界的安全的表象和稳定的秩序，直达常人社会内在最残酷、最可怕、最黑暗的底层。在上学期所学的《史记》中的《项羽本纪》中写道："于是项王乃悲歌慷慨，自为诗曰：'力拔山兮气盖世，时不利兮骓不逝。骓不逝兮可奈何,虞兮虞兮奈若何!'歌数阕,美人和之。"一个"悲歌慷慨",司马迁就将项羽四面楚歌,走投无路的困窘描绘了出来,这首诗中,亦运用了顶针的手法,使诗歌更为朗朗上口。而诗歌中所用的词语如"气盖世"和"时不利"的对比,会让读者联想到历史上多少枭雄只因生不逢时而无法圆满的悲戚与绝望,这样英雄末路的写法,更有表现力,更显悲凉,也更令观者惋惜;"可奈何"和"奈若何"中的无可奈何由"虞兮虞兮"和之后的"美人和之"所展现的美人、英雄挥泪别离的场景提亮,给一个走向时代终结道路的英雄不只以自身成就的唏嘘,更增添了一丝浪漫的色彩,也让项羽的形象更贴近常人情感,使读者能在事业低谷和爱人分离的悲剧场面中找到共鸣,并能对项羽有更深的理解,整个画面又被赋予了一种独特的戏剧美感和悲剧性。这样的笔墨晕染无疑能最大限度地展示出角色内心的想法,并具有极强的感染力。

三、真实感

真实感,不同于象征意象的隐晦和戏剧成分的张力,它的添笔能使角色更显真实,使其从一个特点单一笼统的人,转为一个复杂的,却能被理解的圆形人物,不仅使故事更显厚实,一个丰满人物对于读者的感染力,也是极为强烈的。在鲁迅所写的《孔乙己》中,咸亨酒店作为故事的讲述地点,在其中孔乙己不断被人刁难,为人所羞辱,却为什么一直要去咸亨酒店呢?这其实就是鲁迅给这个角色所增添的真实感。孔乙己自己知道不能和他们谈天,便只好向孩子说话,建立信心和优势。小孩子不同于大人喜欢嘲笑,孔乙己跟他们在一起感到轻松愉快,给昏暗的人生加上亮点,寻求活着的意义。且先看鲁迅教小伙计写字这一段话,孔乙己自始至终都在带领着对话的进行。从一开始孔乙己问"你读过书吗",得到肯定回答之后孔乙己有一瞬间的犹豫,体现在台词中间的省略号上,这表明他想听到的回答是小伙计没有读过书,这样他就能够顺理成章地教孩子读书。在接下来的对话中,读者就可以看出孔乙己极想要争取教这个孩子读书,从"不能写罢"的恳切,到"回字有四样写法,你知道么"的激动,他将问题的难度一层一层往上垒,好让小伙计答不出来,来让他拥有这个高于小伙计的文化水平的体现,和能够教他的权力。而这里之所以是真实感的体现,是因为这是孔乙己作为一个读书人寻找自尊的一个过程。如果他在整篇文章中,全是被人取笑嘲弄,便只能反映出他处于社会边缘的孤独和悲惨,而这里所写的想要教孩子,其实是他急于寻找自我价值的体现,在这里,读者可以读到的其实是他作为一个手无缚鸡之力,不甘于寄人篱下,考取不了功名的文化人最后对于挽回自己尊严的一种挣扎。这一情景更易被理解,就好像生活中人们也总喜欢通过帮助别人来展现出自己的能力强、知识广,得到别人的肯定和敬仰,来使自己快乐,这就是人性的本质。这一个细节,这一份真实感,对于读者的感染力,是潜在的,也是深刻的,让他们通过自己一直有做的类似的事情,来对将近百年之前的处于不同时代的孔乙己做到感同身受,理解,而后更为同情。

作品中的感染力,由理解达到共鸣而起,象征意象的使用、戏剧成分的把控和真实感的添笔,都使这一过程,原原本本、潜移默化地形成在读者的心中。对于读者来说,对时代背景不一定能够身临其境,拿捏有度,语言文字或许不华丽脱俗,浓墨重彩,但这部作品所表现出的感染力,却能超越时空,将作者想要传达的一切,或是悲,或是喜,烙印在读者的心底。

(作者单位:上海世界外国语中学高中二年级)

在天津《五大道》探寻这座城市的记忆片断

杨思颖

天津的海河入海口,是1880年李鸿章建的大沽船坞,即现在的天津船厂。尽管没有去过,从纪录片的视角中,我看到老船厂在经历了战火硝烟、风吹雨打后仿佛一个寂寞的老人静静坐在那里,诉说着历史故事。画面转到考古人员,他们正开发着清代庙宇,用手中的刷子轻轻扫开遗迹上覆盖的土层,石块上雕刻的精美花纹、庞大的山门基座展现在世人眼前,时间一时倒退到200多年前。

在那时,英国船队初来乍到,载着满船的贺礼,跨过几个大洲,来到了中国。第一个映入眼帘的就是高耸的海神庙,这是当时接待外交使者的驿站。不知道英国的船员与使者们怎么评论,尽管现在只能通过海神庙的复原图感受它当时的风采,我仍然深深被这恢弘的气势所折服。除此之外,英国画师还用画笔重现了当时繁忙热闹的码头。相信他们一定是被中国的历史文化积淀所吸引,遥远的国度可能对他们而言有着不同的魅力。

乾隆皇帝安排在承德接见了第一个外交使团,马戛尔尼奉上礼单的时候,是否对这个陌生的大国怀有敬畏呢?他大胆提出开放天津作为通商口岸而未得到想要的答复时,他的内心是否还像当时一样对中国抱有憧憬呢?

天津作为中国的咽喉,外国舰队一旦来此,不消一天便可到达北京。皇帝担心外国舰队由此入侵中国,便在大沽南北建了两座炮台。之后,大沽炮台又重修过一次,然而这样的防御也没能阻挡英军的入侵。1860年8月21日,大沽失陷。年表上简单的语句诉说着中国被迫打开国门。然而天津人民对国家签订的一系列条约并不知晓,贴出的告示仅仅告诉人们对外国人不得围观,讽刺的是,这究竟是国家对人民的变相保护,还是不平等条约中的另一项附加条件?

即便是现在,仍然有外国人源源不断地来到这里,探寻这座城市过去的记忆。戈登作为一名英国使者,他在这片"新大陆"上不断奔波、勘测、规划。于是,第一片英租界就确定在了海河岸边——最适宜建设码头的地方。这一块现在已成为天津最为繁华的地方,当时的英国人的租界,几百年后英国人仍能在这里感受到其家乡的气息。

在早期文献中,郝福森对洋人的外表及他们的行为提出了疑问,反映了中西方文化的冲突。然而李鸿章并不相信这一点,他醉心于不断的革新中,从洋顾问,到洋大炮。中国出现了亚洲最大军火厂、第一所军事学堂等。只可惜他的成就未能阻止西方人侵略中国的脚步。只因中国有两位日本奸细,他们将所有船员信息、粮食数量等都泄露给了日本,使中国被打了一个措手不及,出现了甲午战争这样悲壮的历史。

周末,我去了天津博物馆,看了中华百年看天津的展览。博物馆内陈列了当年英法军的武器,让人不禁感叹,不正是长枪大炮打开了中国的国门,让中国看到了与世界的差距吗?一张张黑白的照片反映了当时中国的不堪,印象最深刻的是一张圆明园的遗址图。繁华的楼宇只剩下残存的墙壁,窗户的位置黑洞洞的一片,破败与荒凉从这张图中漫了出来,深深嵌入人心底。昏暗的灯光下,九国瓜分天津的图像用不同颜色呈现,鲜明的色彩将天津分割。一地九治,可能是对那时最为贴切的描述。"大日本海军陆战队先登纪念"的石碑流露出日寇的强盗口吻,在百年后的今天看来让人心寒。生动的泥人、蜡像,丰富的灯光效果,将参观者带回了那个遥远的年代,火车的隆隆声,报童的叫卖声仿佛就在耳边。

看完《五大道》的纪录片,参观完博物馆,我对那令所有中国人都感到耻辱的历史有了更进一步了解。作为一个中国人,我对于中国过去的不堪感到悲愤,我也为中国今天的成就感到自豪。十九大的顺利召开凸显了中国的强大实力,也表达了中国在未来更进一步的信心。我深爱着这片经历了风雨的土地。

(作者单位:天津财经大学本科二年级)

感悟《伯罗奔尼撒战争史》的"非战争叙事"

洪韵佳

"我的著作并非一时应景之作,而是要与日月同辉,与天地同久",在这句话中,修昔底德的著述之志显露无遗。在口头文学流行的时代中,史诗、悲剧都以一种"表演"的形式展现,其修饰性、艺术性无疑是希腊文化留下的瑰宝,但却不能满足修昔底德深刻的哲思。他企图把握某些本质,超越"知其然,而不知其所以然"的局限,达到"知其必然"的境界,因为他认可:人性总是人性。因此,他断言自己的著作不是"应景之作",也就是要与表演性质较强的广场式口头文学保持距离,面向少数精英阶层,传达深刻的政治教诲。正如尼采在《权力意志》中所言:"我对一切柏拉图主义的治疗都是修昔底德……原因是那种无条件的意志,那种毫不自欺、要在实在性中观察理性的意志,而不是在'理性'中,更不是在'道德'中……没有谁能像修昔底德那样彻底地摆脱这种可怜的粉饰。"由于缺少粉饰,缺少"理性"的解释和"道德"的外衣,现实往往展现其真实的残酷和冷峻。也正因此,修昔底德对人性的悲悯,反而在冰冷的文字中显现了出来——沉默在历史叙事背后的修昔底德,何尝不在呐喊。

笔者认为,如果把整本著作看作一出悲剧的话,战争叙事是情节线索,演说词是主角的表演,而这些"非战争叙事"就是旁白和解说,是剧作家态度和著述意图的直接展现。而在战争叙事和演说词这两个部分中,修昔底德都在"幕后",其态度虽然必定在叙事和演说词中表现出来,但表达方式却是隐晦的。正是透过"非战争叙事"的解说,其他两部分的叙事才不会流于空洞的、对实在的再现,而带上了修昔底德所特有的,政治教诲的意义。可以说,由于"非战争叙事"中的呐喊,修昔底德在其他部分的沉默才获得了"此时无声胜有声"的效果。下面,将选取两段"非战争叙事"来做分析。

一、国葬演说之后的瘟疫

当伯里克利的演说词还在读者的脑海中回响的时候,修昔底德毫不留情地开始了对"瘟疫"的叙述。这种安排,虽说是沿着历史发展的脉络进行的,却也饱含张力。首先,从修氏的著述意图来看,在传达政治教诲的同时,他隐约表明了自己所认可的"解救民主之道":制度需要由一个像伯里克利那样的"第一公民"运转。在著作开篇,修昔底德是这样写自己创作演说词的原则的:使演说者说出我认为每个场合所要求他们说出的话语来。可见,演说词的内容反映了修氏对演说者的评判,是修氏对历史、政治和人性冷静地观察之后,为已在他心中"定型"的政治人物所写的台词。综合修氏对"第一公民"的褒扬和创作演说词的原则,伯里克利可以看作是修昔底德理想的现实载体,他所说的话,也可以说是修氏政治观念的体现。

笔者出于探索"瘟疫"叙事背后的蕴意,注意到伯里克利的国葬演说的这样一段话:"他们把这块土地当作一个自由国家传给我们。无疑地,他们是值得我们歌颂的。尤其是我们的父辈,更值得我们歌颂,因为除了他们所继承的土地之外,他们还扩张成为我们现在的帝国,他们把帝国传给我们这一代。"修昔底德借伯里克利之口,表达出了他自己对帝国事业的珍视,对"扩张"这一帝国本性的辩护。然而,谁都没有料到,在帝国事业蒸蒸日上的时候,瘟疫会突然降临。

然而,修昔底德对瘟疫的记述,却与神力毫不相干,而是采取了一种类似医学的记述方式,将该瘟疫的症状用平直的语言详细地记录下来。他借"瘟疫"所希望起到的效果,不是使读者畏惧神力、慨叹命运,而是要展现帝国事业中的"偶然性",那种人的理性无法掌控、人的经营无法逆转的"不可避免的悲剧"(inevitability)——历史中每个生龙活虎、有血有肉的人在理性中所无法预料到的事情,却是整个宇宙的必然。回想前文修氏借伯里克利表达对帝国事业的一片热忱,伯里克利之死于瘟疫,似乎就暗示着修昔底德帝国事业的终结,是艰苦经营在不可避免的必然性前的无力和无奈。

修氏展现这段"非战争叙事"的意图还不止于此——对瘟疫下众生相的描绘,展现的是失序社会中的人性。"在他们复原的时候,他们自己也很得意,以致他们愚蠢地认为他们以后也不会因其他任何疾病而死亡。"如果说,瘟疫象征着不可避免的灾祸,逃过一劫的某些人,却仍旧逃不出宇宙的必然。那种"得意"的愚蠢性在于,大部分人对历史残酷性的认识仅停留在对个体命运的、或侥幸或悲苦的心理上,而不会接触到其背后的、必然性的真理。正因为大多数人采取这种从"个体生命"出发的视野,灾祸下的人性才会失去约束。因为每个人都觉得"对于他已经下了更为沉重的判决,正悬在他头上,他想在这个判决执行之前,得到一些人生的乐趣,这是很自然的"。

笔者认为,修昔底德对众生相的展现,也可以看作对缺乏"集体意志"的社会在灾祸前的脆弱性之揭示。灾祸的不可避免性并不能磨灭人努力经营的意义,因而,也不能作为帝国事业崩塌的借口。然而,当雅典人"必须同时跟战争和瘟疫作斗争"时,他们却开始谴责伯里克利,认为"他们所遭受的一切不幸都应当由他负责"。笔者认为,这表明当一个城邦内的民众个体意识过强,就会导致群体的"无意识",而这,恰恰指向民主制度的弊端。于是,这段看似诡异的叙事,被纳入了修昔底德"政治教诲"的整体框架中,并且因为其"非战争叙事"的特性,增添了悲剧的蕴意。

二、修昔底德对科西拉革命的议论

科西拉革命的实质是民主派和贵族派的争斗,这种党争被裹挟进城邦与城邦之间的复杂关系之中,使得"整个希腊世界都受到波动"。修昔底德在记述了革命的情况之后,大篇幅发表议论,这种表达方式在整部著作中是非常难得的。笔者认为,修氏之所以对科西拉革命异常重视,是因为这是伯罗奔尼撒战争背面战场的开端和缩影,在这里发表议论,可以让读者先明确修氏对党争的基本态度,在之后对"正面战场"的叙事中发现背面战场的影子,从而对战争与政治的关系产生深刻而直观的认识,从而理解修氏的政治教诲。

就议论的内容而言,修氏写道:由于贪欲和个人野心所引起的统治欲是所有这些罪恶产生的原因。孤立地从字面上看,修氏似乎把党争的原因归昝于人性中的某些因子。笔者认为,这固然没有错,却忽略了修氏揭露人性的目的——指出弱化人性消极面的民主政治的弊端。民主政治对人性过度信任,对制度的能力过度高估,期待制度本身可以弥补人性中的不足,因而把决定公共事务的权利分配给每一个符合基本条件的人(20岁以上的男性公民)。张宇凌在《与苏格拉底晨跑》中写道:"其实法庭就是一个给公民上法律与政治课的地方,这个课堂上,'学生'可以发表决定性意见,而且还可以领钱。"以"发钱"的方式刺激出的"公共热情",是基于"个人意志"的,尽管能起到一部分政治教育的作用,却难以真正培养出集体意志。一旦这种刺激在战争这一极端动荡的情形下难以维持,"公共热情"的面具就会被扯下,留下其背后私利的面目。于是,正如修昔底德所言,"他们既不受正义的限制,也不受国家利益的限制",由于不再需要顾及公共事务,而展现出了贪婪和自私的一面,形成了互相猜疑的风气,在煽动家的华丽言辞掩盖下,陷入党争的旋涡。同时,当一个城邦被裹挟进战争中时,外部势力在城邦内部激荡,和平时期"虚造"的集体意志在此时已不复存在,某一党派就有可能向外部势力寻求援助,进而做出危害城邦利益的举动。因此,修昔底德指出人性的贪欲,目的是揭露:民主政治下对待公共事务的热情可能是虚假的,因为集体意志并没有被固定下来。这从另一个角度证明了集体意志在修氏思想体系中的重要性,也就是说,修昔底德评判政治好坏的尺度在于是否能维护城邦利益,而这,就是笔者所理解的,修氏对政治和帝国的辩护。

通过对以上两段非战争叙事的分析,笔者发现,以修昔底德的著述意图为抓手去理解他在结构和表达方式上的安排,其所有的材料都是与"政治教诲"紧密联系在一起的:正是由于"非战争叙事"中,修昔底德借"旁白"和"解说"的方式将自己的意图呈现在台前,才能够让沉默在"战争叙事"后的他,成为循循善诱的教导者,让他的著作在日月和天地所构成的、超越时间的世界里,发挥教育的意义。

(作者单位:复旦大学中文系本科二年级)

留学生们如何从古代文学中寻找中华文化基因

要 英

为留学生系统性开设中国文学课是复旦大学国际文化交流学院的传统。学院里有诸多的语言进修班,它们犹如璀璨群星,而高级文化进修班则最为耀眼,它乃人才荟萃之所,20多年前有早稻田大学历史系毕业的猪口奈津子、东京外国语大学毕业的高野加代子等,10多年前有美国驻沪领事馆领事季瑞达的女儿,这个班的不少人后来都成为驻中国领事馆的领事,俗话说"长江后浪推前浪",如今,高级文化进修班的新学生出于对自我挑战的激情和对中国文化的浓厚兴趣,相聚在一起,他们有毕业于法语布鲁塞尔自由大学的那诺雅,她是中比奖学金获得者,聪慧美丽;有个性沉稳的历史专业准博士张闰先;有温婉柔美的岩下光,她母亲是台湾人、父亲是日本人;有尚未读大学的荷兰女孩佳月,她丰盈的脸庞微笑灿烂;还有在日本的外国语大学汉语系毕业、喜欢唱汉语歌、赢得2018年度复旦10千米跑步比赛学生组第一名的男生田川太一……他们成长背景不同,教育程度与人生经验各异,其乐融融一起学习中国文化,以下就是他们带着独特的观察与思考,解读自己心仪的中国古代文学作品,留下的一份珍贵的中外文化交流纪录。

一、那诺雅(比利时):《佟客》让读者思考道德问题

近年来,我在欧洲常常看到来旅行的中国人,很多中国人对比利时、法国并不了解,我生活在比利时南部,讲的是法语,比利时南边就是法国。也

许去巴黎的中国朋友也去过著名的卢森堡公园,这个公园是法国王后玛丽·德·美第奇下令建造的,她的孙子是路易十四,现代击剑规则就是路易十四制定的。如今在欧洲击剑是一项显示时尚和高贵的健身与交际活动。我读《聊斋志异》的时候,意外发现了蒲松龄以剑客为主人公的小说——《佟客》,有点小惊喜。

我觉得《佟客》灵动神奇又深刻。

故事内容比较简单,小说的主人公叫董生,徐州人,非常喜欢剑术。一天他在路上偶遇到一位姓佟的骑驴的旅客,佟客谈吐豪迈,说自己已经出门20年,刚从海外回来。董生认为他见过好多人,就问佟客认不认识奇异的人,希望剑仙可以教他剑术。佟客说,奇异的人什么地方没有啊,可必须是忠臣孝子,才会得到真传。董生坚持自己就是忠臣孝子,拿出自己的剑,边弹边唱,并夸耀自己的宝剑。佟客在一边微笑,说董生的剑是废弃铠甲做的,也被汗污染,是下品,之后拿出自己一尺长的剑,轻轻一碰,就把董生的剑削断,而且是马蹄形。董生很惊讶,就请佟客来家做客。晚上晚些的时候,董生听到隔壁院子吵闹打斗的声音,好像是强盗。之后听到有人大声训斥自己的父亲,说必须让儿子出来,就可以免他一死。董生马上拿出他的剑,准备去救他的父亲。可是佟客跟他说,这样情况应该很危险,他最好跟妻子说一声。董生同意佟客的意见,马上去告诉妻子。他跟妻子一说完就很怕,什么勇气都没有了。所以,董生不再坚持去救他的父亲,而是准备保护自己和妻子。这时董生和他的妻子突然听到佟客在哈哈大笑,佟客跟他俩说侵略者逃走了。而且,董生的父亲正好从邻村喝酒打着灯笼平安回来了,佟客突然之间也失踪了。在佟客之前站着的地方董生发现了一堆灰烬。他们推断佟客应该是一个魔鬼。

我们知道,蒲松龄的《聊斋志异》里奇幻的人物是普遍存在的,可能是鬼,可能是仙,也可能是狐狸,是妖怪。蒲松龄用这样奇异人物引发叙事,或点缀叙事。《佟客》这篇短篇小说,就是通过佟客这样一个奇异的人物,为普通世俗的人,画出一个道德的试验图像。普通人物一般都被恶鬼设置,普通人物去尝试,最后得出道德检测结果,之后让所有的人吸取教训。

蒲松龄以讲故事的方式给读者一个深深的影响,每个故事都精心设计,目的是让读者思考道德问题或其他社会问题。《佟客》的故事,我认为也是在谴责社会道德培育的失败,目的是让读者思考有关孝顺这个方面的问题。其实大家通过故事特别清楚地了解到:董生,自认为是忠孝节义的君子。实际上,当危险发生的时候,董生最后放弃了对父亲的相救,准备保卫自己和他的妻子。当然,蒲松龄没有完全否认他有对父亲的孝顺心,他之所以放弃尽孝,仅仅是因为佟客跟他说,先跟妻子告别一下,再去救父亲,结果告别的时候,看到流泪的妻子,不忍心放弃妻子和自己的安全,才放弃了去救父亲。蒲松龄强调的是"一念之差"的选择。"孝"会这样的放弃,那么"忠""节""义"恐怕也会因"一念之差"放弃吧。

此外,蒲松龄《聊斋志异》用《佟客》以及其他许多短篇小说批评这个时代的封建社会和那时代的人的道德规范,他的批评不是简单直接的,而是慢慢讲述着不同的故事,把古代社会的不幸和恶习都有描述,这种描述非常有气氛并吸引人,往往在一个神话和浪漫的背景中展开。

当然在《佟客》中,非常重要的人物是剑客佟客,他与董生短暂的交谈交往,就让董生对他极为崇拜,恨不得马上学到佟客的剑道。这个剑道高妙的佟客是魔鬼。蒲松龄的其他短篇小说也常常用魔鬼欺骗人性。魔鬼也以正常人的形貌出场骗人。正是有了魔鬼的参加,普普通通的生活开始发生变化,人们原来相信的道德或者其他的真理突然破碎,但随着魔鬼的离开,表面上一切又恢复到常态,人们相信的真理继续存在,但是这个"真理"好像已经变了味道。

这些魔鬼的形象到今天还很流行。我们当代流行文化常常在电影或者在游戏里有这样的人物。蒲松龄的许多作品也改编成了电影和电视剧。

二、佳月(荷兰):世界是如何创造的?

圣诞节到了,今天西方人都庆祝耶稣的降生。圣诞节是一个基督教的节日,耶稣的故事在《圣经》中写了。《圣经》对基督徒来说是神圣的书,也包含创世的故事。中国也有这样的一本书,描写世界的创造,那就是《山海经》。在本文中我将比较两个创世的故事:中国的《山海经》和西方的《圣经》。

我们现代的世界怎么创造的? 关于创世有各种各样的故事、文章与理论。世界上最可信的理论是大爆炸的理论。但是人们一般喜欢听神秘色彩的故事。在西方最著名的故事是基督教的《圣经》中写的这类故事。在这个故事中，上帝7天内创造了世界。第一天到第三天上帝造了白昼、黑夜、天空、海洋与土地。第四天到第六天，上帝造了太阳、月亮、动物和人类。当然基督教不是中国最流行的宗教。在中国，关于创世的知名故事可以在《山海经》的神话故事中找到。这本书包含许多不同的短的神话，告诉读者，世界上的居民和环境是怎么创造的，但是也讲人生经验、道德和价值观。

这两本书最重要的共同点当然是它们都描述了我们这个世界的创造。这两本书都详细描述了地球上不同的景观是如何被创造出来的，以及地球是如何与人类、动物共存的。另一件一样的事情是这两个故事都讲了强大的神明与神奇的东西。这个神明塑造了我们现在的地球。

但是，我认为，这两本书的不同之处比共同点更多。

《圣经》是基督教的圣书，基督徒相信世界就是这样被创造出来的。《山海经》现在被看作是一本传说地理书，里面有神话和传说。

在《圣经》中上帝塑造了整个世界和所有它的居民。所有的一切都以同样的方式创造着。在《山海经》里是不一样的。在不确定的时间范围内有许多神塑造了自然和生物的不同部分，比如《女娲补天》说是女娲创造了人类。另外一个伟大的神话叫《夸父逐日》，说有一个叫夸父的人，与太阳赛跑，夸父太累了，太渴了，他喝干了河水，还是摔倒了，失去了生命，这样他的身体创造了山脉，他的头发创造了森林。《山海经》里也还有烛笼的神话，当烛笼睁开眼睛时是白天，当他闭上眼睛时是黑天，当他吹风时是冬天，当他呼吸时是夏天。

总的来说，《圣经》更关注整个世界，而《山海经》更关注中国的创造。

三、岩下光（日本）：美女冲击波下的婚姻真相

《画皮》是蒲松龄（1640—1715年）创作的文言短篇小说集《聊斋志异》里出名的故事之一。现代好几部电影电视剧都是取材于此，来讲述古代爱情魔幻故事。

原作《画皮》主人公为已婚男子王生,女主角为一个年轻的女子,外表亭亭玉立。王生半夜里在郊外遇到一个匆匆行走的这个年轻女性,她美丽的外表吸引了王生,经王生询问女子,得知她是被爱钱的父母卖给有钱富翁当小妾,不堪正室打骂而匆匆逃命的现状后,王生决定要带这个女子回家住。这个女子在无处可逃避的情况下被王生照顾,非常感激。王生怕被妻子发现,带女子进他的书房躲,开始两个人偷偷地过生活。他们俩的关系越来越好,亲密得很,后来妻子也发现了原来王生带那个女子一起住的事情。这样一来,王生和女子的事情竟然公开了,大白天那个女子在王生怀里卖弄风骚。

有一天王生到集市上去,道士一见王生大吃一惊,说你浑身上下满是邪气,血都快被抽干了。王生虽对女子起了疑心,但不相信这个美人带来邪气。他回书房时到窗前偷偷向房里观看,看到青面獠牙的魔鬼正在画一张人皮,将它像衣裳一样穿起来,立即变成了那个漂亮的女子。

后来魔鬼伤害了王生,妻子却不放弃他,救了他一命。

从《画皮》的概要看来,这故事通过鬼怪这个角色的出现,来写出主人公的弱点和他身边的人的反应。

蒲松龄塑造的王生这个人物形象,我觉得是展示了人的弱点。他明明就有一个很端正的妻子,偏又带回来一个陌生年轻美丽的女子在他书房里搞外遇,人们甚至大白天看到那个女子在王生怀里卖弄风骚,妻子都很宽容不会说不满。后来王生被魔鬼伤害,应该说是活该的事,妻子却忍受一切侮辱坚持救活他。王生这个人,明明就在身边有个妻子对他有比海还深的爱,却只被外表的美丽所迷惑,造成这么大的一个事件。

当然,这还不是最重要的,这个故事我认为,重点是反映婚姻的不稳定性与稳定性两个侧面。第一,从王生和妖怪的关系来看,能够了解婚姻其实没有什么约束力。王生尽管有妻子,他一见漂亮的女子,就想办法走近那个女子,他完全没有考虑到妻子的感受。第二,从王生和妻子的关系来看,婚姻会引起多深的爱和保护。王生无论多么自私、冷酷无情,妻子不会放下王生。王生托妻子的福,最后能保住自己的性命,能继续活着。

我后来又看了电影版《画皮》,虽然剧情与细节有点不一样,但这篇故事核心还是上面讲的婚姻的特性,即婚姻的稳定性和不稳定性两个侧面。其实,在我们的身边,没有妖怪,可有的是美女,无论是中国、日本还是哪个国家,现代社会还在不断地生产着《画皮》的不同现实版。

四、张闰先(韩国):《女娲补天》中的福佑社稷之正神

我在韩国学习历史专业,已经修读完关于中国近代史方向的博士课程,来上海留学的目的是为完成关于上海租界研究方面的博士论文,所以,我对于神话故事母题在后世的延续有兴趣。我想以神话《女娲补天》以及与韩国三一运动差不多的中国"五四运动"后的作品——鲁迅的《补天》、郭沫若的《女神之再生》为例来展开论述。

《女娲补天》的神话故事,来源于《淮南子·览冥训》。原文是这样的:"往古之时,四极废,九州裂,天不兼覆,地不周载,火滥焱而不灭,水浩洋而不息,猛兽食颛民,鸷鸟攫老弱。于是,女娲炼五色石以补苍天,断鳌足以立四极,杀黑龙以济冀州,积芦灰以止淫水。苍天补,四极正;淫水涸,冀州平;狡虫死,颛民生。"

从原文里可以得知,女娲是华夏民族人文的先始,是福佑社稷之正神,也就是说女娲是中国文化中的创世女神。这个创世女神在"五四"新文化运动时期,在鲁迅和郭沫若的作品中又出现了。

1922年12月1日,北京《晨报四周纪念增刊》发表了鲁迅《不周山》,曾被收入《呐喊》;1930年1月《呐喊》第13次印刷时,作者把这篇作品抽掉,改为现名《补天》,收入自己的历史小说集《故事新编》。此外,郭沫若在他的白话诗集《女神》中有一篇诗剧《女神之再生》。创世女神这个古老的母题都重新出现,那么,鲁迅的《补天》立意是什么?郭沫若的《女神之再生》要告诉人们什么?下面我来分析一下。

鲁迅的"女娲"叙述基本参考了中国古籍,但已经有相当改编,他有意剔除后人无论是出于"好奇"还是"守正"而进行的牵强与附会,试图将一种原初的面貌加以还原。鲁迅创造的《补天》中女娲的这个形象,充满了积极向上的精神,这是对当时"五四精神"的一种阐释。女娲的献身精神、创造精神,都给予了我们十分真实动人的鼓舞力量。

《补天》中鲁迅从古代神话"女娲补天"与"女娲造人"的故事,加入了自

己的新的成分。鲁迅作为女娲"更后的人",重视的是关于"人"的叙述,他把神降格为人,将神性表现为人性,刮去了神话上厚厚的涂层,正好符合"五四"时期"人的发现"的时代主题,即提倡的是"人的文学"。这种"人的文学"是对神的文学的一种反叛,更对传统母题的一种继承,当然这种文学的大背景,就是在近代鸦片战争以来,中国人拼命抗争不幸的国运、力求各方面大突围的反映。

有意思的是,郭沫若编在《女神》诗集首篇的诗剧《女神之再生》,比鲁迅的《补天》先一年发表,也使用的与鲁迅一样的母题,这部诗剧利用远古的创造者女娲,熔铸了新的要素——现代创造者的精神,当然我认为,这个创世女神交织着郭沫若的自我精神情绪,把中国古老的创世女神翻新为现代中国伟大的创造者。

总而言之,鲁迅的《补天》和郭沫若的诗剧《女神之再生》都使用了相同的创世女神这个相同的母题,从而,一个古老的神话重新注入了新的外在风貌、新的情感内涵,展现了创世女神不同的精神特征,这是新旧交替时期两类知识分子不同的文化心态的反映,不过在我看来,这个风姿不同的现代创世女神预示着中国在抛弃旧文化的同时,走入了一个新的时代,而这个新时代在精神上又是在中国传统文化母体上诞生的,这是一个相当有趣的现象。更重要的是,我认为,中国从近代以来,反抗殖民、追求独立、创造繁荣,靠的就是具有女娲精神的人,他们在我眼里就是福佑社稷之正神。

五、沈保罗(韩国):《出师表》里诸葛亮的初心坚持

我在韩国学的是经济学专业,后来在韩国的外交通商部工作。为什么我要谈谈诸葛亮的《出师表》呢?这还得从我小时候说起。

我在小学六年级初次读过《三国演义》这本小说。当时父亲问我最喜欢哪一个人物,我回答说我最喜欢曹操,他说他最喜欢诸葛亮,当时我其实并不理解他的想法,当时我认为,统一天下的司马炎是出于曹魏,而曹操正是三国演义最核心的主人公,改朝换代是历代的规律,汉已经失去天命,作为服务于蜀汉的诸葛亮,有什么值得恋恋不舍的呢?随着年龄的增长,以及我对中国文化的了解,后来我才慢慢了解并认同了父亲的想法。

其实，没有我想的那么简单。《三国演义》是一种悖论性的历史故事。《圣经》有一句话："立以刀者，必倒于刀。"曹操冒周公之名挟天子以令诸侯，其子曹丕冒禹舜之名逼迫汉宣帝禅让而建立曹魏，只可惜仅仅过去46年，结果被司马氏取而代之。为何呢？"苟为后义而先利，不夺不餍。"孟子所说的那句话，就是这个道理。司马炎的下场依然如此，难道是偶然发生贾南风之乱政、八王之乱而把中国的半壁江山献给游牧民族的吗？

再看《三国演义》的刘备，他看起来每次吃亏，与每次"宁我负天下人"的曹操恰恰相反。在得到诸葛亮之前，刘备一直颠沛流离，受到各种各样的欺负与侮辱。既然如此，他还是坚持住最锐利的武器"仁义"。譬如，刘备在新野城遭受曹操大军的攻击之时，不顾生命危险，带走了爱戴他的百姓，险些丢去他儿子的性命。我觉得诸葛亮之所以下决心帮助刘备，是因为他觉得平定乱世之策莫过于刘备具有的"仁义"。三顾茅庐是仁义的表现。诸葛亮在《出师表》回顾说："先帝不以臣卑鄙，猥自枉屈，三顾臣于草庐之中，咨臣以当世之事，由是感激，遂许先帝以驰驱。"他对刘备的感激就是他仕途的初心。

诸葛亮在茅庐见刘备的时候，提出平定乱世之策，首先以巴蜀为立足之地三分天下，然后联孙而讨曹，以复兴汉室。只可惜，天下三分之后，因刘备与孙权之间的矛盾、关羽的傲慢而失去了荆州，因夷陵大战而消耗了国力的一半儿。不管情况多么悲观，诸葛亮通过卓越的内政能力，恢复巴蜀的生产力，并为了实现先帝托付给他的大业，进行了5次北伐。这样的"鞠躬尽瘁"从何而来呢？是从他的初心而来的，他被刘备的仁义所感化，承诺帮他以仁义平定天下，而这种承诺是他死也不能抛弃的，人面临着坎坷难以坚持初心，可是诸葛亮他却做到了。

不仅如此，诸葛亮坚持初心更体现在与刘禅的关系上。他虽知刘备之子刘禅是个昏庸之君，但是，与司马炎相反，他没有陷入歪门邪道，这是因为他对刘备的感激之心延伸到刘备之子刘禅身上。还有一个理由。弑其君者岂能以仁义平天下哉！正如孟子所说，"未有仁而遗其亲者也，未有义而后其君者也"，诸葛亮他是个仁义之士。

历史的悲剧在于仁义不一定得到胜利。我们都知道诸葛亮的北伐没有取得成功，当时天下统一的不是蜀汉，而是司马炎。然而值得一提的是，得天下与治天下是两回事儿,仁义不一定有利于得天下,但是仁义是治天下的最有效的方法。我们可以说,倘若某人以不仁义之法得天下,此无异于白白地得天下,因为他马上要失去天下。因此,诸葛亮虽然没有实现天下一统,但是他名垂青史而受后代人的敬佩。南宋名儒朱熹曾经评价诸葛孔明说:"三代而下,必义为之,只有一个诸葛孔明。"这也是一样的道理。

(作者单位:复旦大学国际文化交流学院)

天平德育篇

爱天平　爱德育圈

杨承龄

在我短短的年龄段里,我在天平德育圈就生活和学习了8年。其中,3年在机关建国幼儿园,5年在高安路第一小学。因为求学的原因我被上海的历史名校南洋中学录取了,这是座英才辈出的学府;但从行政区域上地处徐汇区的另外一个街道。高一小学的毕业典礼让我倍感依依不舍,但没想到我很快又回来探亲了。

那是2018年11月28日,初冬的上海暖意浓浓,向阳小学的多功能厅里灯光璀璨、嘉宾云集。筹备已久的"夜光杯进校园暨第七届上海精神文明论坛"在这里举行。我作为天平德育圈的小记者非常荣幸地参加了这次论坛,并见证了这个十分有意义的时刻。这可是天平德育圈的年度重要文化活动,论坛由天平路街道、向阳小学、《新民晚报》副刊部和上海社会科学院联合举办,旨在推进我们未成年人的阅读品位和主人翁精神。向阳小学、高一小学、建襄小学和徐汇区第一中心小学等天平德育圈主力学校都派出代表与会。《新民晚报》副刊部主任刘芳主持论坛,著名记者、《新民晚报》副总编阎小娴(向阳小学校友)应邀出席。

天平街道历史名校代表上海市向阳小学范建军校长在致辞中指出:众所周知,《新民晚报·夜光杯》副刊是上海著名文化品牌,在海内外享有崇高的声誉,是华夏儿女共有的精神家园。阅读《新民晚报·夜光杯》,让我们的生活充满阳光和温馨。尤其是上海乃至长三角的无数家庭都一直受益于《新民晚报·夜光杯》的滋养,也是朋友间的交流品位。

南洋中学党委书记陈宏观老师分别从夜、光、杯这3个字,诠释了他心中的《夜光杯》。陈书记说:作为一个副刊,《夜光杯》有它自己的定位。它好比是月亮,夜晚的月亮有时候是一个圆月,有时候是一轮弯月,有时候甚至感觉不到有月亮,但是月亮却是真真实实地存在着。月亮的圆与缺的变化我们能够真实地看到感觉到,而《夜光杯》给读者就是这样的一种感觉;《夜光杯》的文章是充满光辉的,是一种非常温暖的、人性中不可缺少的生命的光辉。月亮的圆缺伴随着光辉的变幻,这仿佛就是生命的变化,是有灵魂的,无论在哪个时代,无论是在哪种媒体形式下,都是生动地存在着的;《夜光杯》还是一杯酒,一杯酝酿了几千年,具有中国精神、中国特色的葡萄酒。《夜光杯》里的很多文章正体现着这种精神和特色。中国的文化精神就是靠讲好中国故事、传播中国精神来传承的。

天平路街道的领导,为推进未成年人核心价值观工作,在论坛上也给天平德育圈的红领巾们提供了演讲平台。来自徐汇一中心的徐诚鸿同学,高一小学翁黏懋同学,向阳小学许蕴章同学、张朝峻同学,分别就海外动物生态保护环境经验对上海的启示,学习习近平总书记教导"垃圾分类就是城市新时尚",向阳小学学生社团鲁迅知己社的活动和初衷、鲁迅先生的散文鉴赏和学习体会等进行了生动活泼的演讲。

我印象最深刻的是师弟、高一小学翁黏懋同学的演讲内容,他的课题在每一个小区、每一个街道都会碰到,即垃圾分类。翁同学说到,这是习近平总书记 11 月初在上海视察时提出的新概念,天平路街道迅即在党工委书记高路老师的带领下展开了全区域性的行动。那么,为什么说垃圾分类就是新时尚?他理解这是一个系统的大工程,看似是小事,其实是大事,是全体人民素养的集中展现,是大家对环境保护的真实行动,从不乱丢垃圾到会分类丢垃圾是我们每一位公民素质提升的真实体现。天平的老师们都说国家在发展、城市在进步,我们需要跟着社会前进的脚步一步一步提升自己,从身边力所能及的事做起,做好一件小事才能做好一件大事。

会上,天平路街道副主任董明还向天平德育圈的红领巾代表颁发社区报通讯员证书,我也有幸获得了"天平路街道小记者"证。论坛最后,在上海社会科学院王泠一博士的提议下,全体与会人员在向阳小学总校校园里种下了两棵代表着《夜光杯》和向阳"鲁迅知己社"的枣树,栽树育人,让枣树和孩子彼此见证各自的成长。

(作者为南洋中学预初年级学生、高一小学 2018 届毕业生)

附： 给袁赟老师的一封跨年感恩信

亲爱的袁老师：

　　您好！

　　我叫杨承龄，我是高一小学2018年的毕业生。或许您对我的印象不那么深刻，因为我在高一小学分校学习的3年时间里，仅仅只有一次作为您的学生听您上课的经历。这仅有的一次经历是在我上三年级的时候，那时候您给我们代上了一节英语课。在您多年的英语教学生涯里，也许这堂课只是您最普通不过的一堂课，但它却让我记忆犹新，难以忘怀。

　　那是一个阳光明媚的早晨，您怀揣着厚厚一沓讲义和书本，优雅自信地走进教室。您面带笑容，用优美清脆的声音对我们说："同学们，上课了！"您的笑容很阳光，很燃，瞬间激发了我们的激情，点燃了我们的热情。您的英语发音相当纯正，讲课也非常有趣生动，我们的双眼始终围绕着您打转，目光一直聚焦在您的身上。随后您让我们齐声朗读课文，您则仔细听着我们朗读的内容，一会儿点头示意给我们竖起大拇指，一会儿摇摇头皱皱眉，摆手提示我们读得不准确。这时，当您经过我的身边时，突然您拍了拍我的腰，俯下身，弯下腰，低下头，用柔美的声音十分关切地对我说："腰背要挺直哦，这样对眼睛好。"就像母亲疼爱自己的孩儿一般，您的话让我觉得太感动了，太温馨了！我的心中涌现起一股浓浓的暖意，很温暖，很美好！

　　我现在在南洋中学读六年级，南洋中学是一所非常优秀的学校，有着浓厚的历史底蕴和学习氛围。经过3个月的预初学习，我已经爱上了南洋中学。袁老师，我要告诉您，我现在的班主任赖美萍也是一位英语老师，英语是我成绩最好、最喜欢的一门学科。开学至今，我积极参加学校和区里举办的各种英语演讲比赛，我在中国日报社主办的21世纪全国中小学生英语演讲大会上海赛区的选拔赛中成绩突出，获得初中组的优胜；我代表学校参加2018田二杯徐汇区中小学绘画比赛，获得徐汇区初中组二等奖；我参加"红领巾中国模范学生风采展示暨全国校园电视才艺选拔配音艺术展示"活动，我报名的是双语配音比赛，我已经成功通过初选和复试，将要在明年1月参加上海赛区的总决赛了！

袁老师，我要悄悄地告诉您，我有一个"忘年交"，他就是上海社会科学院的王泠一博士。在王博士的帮助下，我有幸在小学毕业时有机会以一个毕业生的身份写一写我的母校高一小学腾平校长的教育理念并发表在《新民晚报》的《天平社区报》上。我还是"天平德育圈"的小记者，有了这个特别"身份"，我经常能到天平"回家探亲"呢！最近天平社区和《新民晚报》副刊联手又做了一件十分有意义的事情，让《夜光杯》走进小学校园，丰富校园德育教育。我有幸也参加了这次活动，并在活动之后也阅读了《爱夜光杯爱上海 2018》这本由《新民晚报》副刊主编的书，这本书内容非常有趣，可读性非常强，我想给老师您邮寄一本《爱夜光杯爱上海 2018》这本书，当您在金山支教劳累时，翻开这本书读一读，这可是很好的放松呢！

袁老师，我知道您在金山朱泾二小支教已经一年有半了，这一年半里，您以朱泾为家，以当地孩子为自家孩子，兢兢业业，全心全意投入在教育事业上。朱泾镇不比市中心条件优越，那里夏天的时候教室里酷暑难当，冬天的时候教室里严寒难忍，您真的很辛苦，很劳累，您一定要保重身体，锻炼身体，劳逸结合啊！

袁老师，我十分开心今天能给您写这封信，我想这也是我感恩母校的一种方式呢！马上就要迎来新的一年了，在此我祝福袁老师，新年快乐！万事如意！

祝好！

杨承龄
2018 年 12 月 23 日

袁赟：以支教的情怀走进孩子心灵

徐 吉

知道民盟教育一支部的袁赟老师有好些时候了，但百闻不如一见。"她，始终都在三尺讲台坚守；她，胸中却怀有江河世界；她，是一名师者的精神坐标。"袁赟如同一个学生仰慕自己的导师一样，讲述着于漪老师的教学故事，这是我对袁赟的初次印象。而于漪老师作为一种经典般的传奇，也有一段支教金山的经历。

认识袁赟老师正是庆祝改革开放 40 周年大会之后的一天，她告诉我其深刻体会是：40 年的改革开放之路，是艰苦奋斗之路，是锐意创新之路，同时也是传承发展之路。袁赟认为："这四十年的教育旅程，从微观的实践上，就是始终为了每一个学生的终身发展而努力前行，也为了每一位教师的专业发展而践行践力。"

一、只争朝夕支教忙

1994 年，袁赟从高校毕业后来到徐汇区高安路第一小学任教，在教育这块温润的园地里成长了 25 年。这对于她而言，是一段难忘的承道、承德、承技的成长之路。2017 年 10 月，袁赟作为上海市特级教师，承载着徐汇教育所浸润的"无问西东"的精神，来到了支教学校金山区朱泾第二小学（以下简称"朱泾二小"），开始 3 年的支教生活，继续让那份坚守和初心绽放在金山教育的一方热土上。带着不舍离开熟悉的高一校园，怀着一颗探索未知的心来到了朱泾二小，朱泾二小的孙翠英校长亲切地说："放心，你来这里后，滕平校长会继续在你身边，而且身边还会多一个我。"这话打动了她，让所有一切未知的开始之前,先有了一份暖意。

袁赟来到朱泾二小的主要任务,是带领英语教研团队能有新的突破。在和孙校长的先期沟通中,袁赟了解到朱泾二小的英语团队平均年龄较大,最小的32岁,组内2/3为四五十岁的中年教师,有部分还在兼任其他学科。除此之外,因为某些原因,团队的凝聚力始终无法形成,五年级的区监控名次在区里排位也是很靠后……面对这样一支和高一团队迥然不同的新团队,她明白"挑战"已经来临,哪怕去做担心做的事,不管这件事有多么难,也要把它做好,这就是"勇敢"。

袁赟来到朱泾二小的第一个月,通过听课和比对,她发现每天单一模式的机械性操练,让孩子们对英语学科的兴趣始终不是很高。其实,"兴趣"的提高是多途径和多方位的。阅读,就是一个很好的媒介。于是她根据二小的学生情况,结合牛津英语教材单元主题,完成了第一套为二小"量身定制"的校本教材——二至五年级的英语分级补充绘本,并已经在各个年级开展阅读实践课的探索研究。

2017学年第二学期,英语教研团队成功举办了第一届"绘声绘色"英语阅读节。看着舞台上孩子们生动的绘本演绎,老师们倾心倾情的幕后指导,她的内心充满欣喜和感动,因为孩子和老师们的内心都被打开了,就像春天绿遍了田野。

2018年,她又将戏剧课程理念带进朱泾二小,成立了Drama Star学生戏剧社团。通过将教师培训和学生戏剧表演捆绑一体式的项目,将戏剧的生命延续和发展。因为,她始终坚信,学习语言必然和文化同行,每一个孩子都有可能产生自己的卓越领域;而戏剧,则是打开他们眺望世界的一扇窗。

此外,她还带领朱泾二小和朱泾小学的英语教研团队开展区级联合教研,主题为《逆向设计语境带动过程体验语用提升》,第一次尝试用逆向设计模板设计单元整体教学,公开展示得到了上海市英语教研员朱浦老师的高度评价。

二、朱泾二小的变化

朱泾二小始建于1912年,是一所已经走过107个春秋的历史老校。学校将"五爱教育"融于各基础型学科之中,希望孩子成为爱家人、爱伙伴、爱学校、爱祖国和爱世界的小小"五爱"少年。因为采访袁赟老师,我在走进校园的那一刻,还碰到了两位穿着唐装的小朋友去参加节目彩排。经孙翠英校长介绍,原来学校将举行首届"穿越大唐迎新灯会"花灯综合展示特色活动,这是为了展示学生一学期以来花灯综合实践活动的学习成果。活动共有3个主要内容:大唐走秀、体验活动、奖品兑换。通过这样的展示活动来培养学生团结合作、动手实践、交流沟通、概括表达的能力。孙校长还告诉我,她和同事们正抓住金山区非遗项目基地学校建设的契机,深化花灯特色,弘扬优秀传统文化,开发形成《朱泾花灯艺术》主题式综合实践课程。孙校长自然也对袁赟这一"新能源"倍加赞赏。

  为什么说袁赟是"新能源"呢?因为袁赟每周听课数十节,并亲自上课,和作为新同事的朱泾二小老师们一起备课,一起修改课件,一起设计课后作业。而每次听课之后,更是花上更多的时间和老师们一起分析课堂的每个环节,并利用一切资源平台,带领朱泾二小的老师们走出学校去听课,去学习。老师们收获着,改变着。

  袁赟认为,没有共同价值观的团队必定是松散而没有竞争力的,如同大海中失去航向的船只。为此,她组建了团队的微信圈,有好的资料及时分享,慢慢地让团队中的每个老师树立"共享"的理念。为了朱泾二小英语团队未来的长远发展,根据组内教师的实际情况,袁赟又成立了40岁以下教师组成的"学习共同体",每两周活动一次,活动内容主要围绕"教师语音基本素养""学科专业理论学习""单元整体教学设计"及"优秀课例研讨"等核心板块。老师们说:"学习共同体的成立,让我们唤回了对英语教学的激情,激发起了不断在课堂教学上探究的韧性、不断创新的精神,相信我们都会取得更大的进步。"短短的一年多,袁赟看到了团队的"凝聚力"和"团队自豪感"在慢慢形成。在一次次项目的实施过程中,老师们感受到了同伴间的关爱,感受到了团队在背后的支撑和鼓励。

  2018年5月,在金山教育局的大力支持下,袁赟成立了金山区袁赟名师工作室。工作室领衔攻关的项目课题是《基于ART教学理念的小学英语分级绘本阅读教学模式的实践研究》。这是朱泾二小第一次创新性地将戏剧元素、思维元素融入英语阅读教学中的实践课题。课题立项的宗旨是:以促进学生全面发展为宗旨,以培养学生的英语学科素养为目的,以培养具有国际视野的中国小公民为核心。换言之,就是在获得基本语言技能和语言知识的同时,发展学生的阅读学习策略、情感态度、认知能力、自主学习能力和跨文化意识等综合能力和素养。

三、走进学生的心灵

通信,如今已显得奢侈。袁赟写了一封信给英语组的老师,信里这样写道:"过去的一年,感谢你们接受我带给你们的'阵痛';感谢你们一次次项目中给予的鼎力支持;更感谢你们每个人的微笑,所赋予我的力量。"从"感谢"出发到新学年彼此共勉的一个词"教师颜值",并用勇气、沉淀、在乎3个词揭示"耐看"的秘诀。与此同时,她也让英语团队写给全体学生一封信,并让老师们在开学第一课上用深情的方式告诉孩子们新学期的挑战,要从每天做起,不怕失败,因为有和他们一起努力的老师。情怀之下,个性成长;致敬团队,通力成全。

她和朱泾二小英语教研组全体老师的共同努力,感染着家长们。这似乎是一种新型的学习方式的酝酿,更强调激发孩子的能力自觉和自我超越,而教学相长也更加自然、流畅、欢愉。无疑,这个充满活力的团队,勇敢地迈出了坚定而务实的步伐。而袁赟自己也总是在孜孜不倦地补充新能量,她可以从金山坐郊区公交车,转乘金山地铁,再转市区轨道交通,穿越大半个上海去虹口区参加她认为必有收获的学术交流会。她对改革开放给予的基础教育活力和进步,充满着感恩的思维和自信的获得感。她常常深夜还在精读原版的基础教育著作,从中吸取合理的养分,但从不机械地理解,因为她始终认为自己的学生同样具有改变世界的潜力。

从袁赟的身上,可以感知到什么是热爱、什么是敬业、什么是坚强。努力教好每一个孩子,就是她作为教师的执着信念;这种信念也深深地感染着周边的人们和孩子的家长。朱泾是金山的老县城,尊师重教也是这里的人们极其重要的文化心理积淀。孩子们是敏感的,他们自然会把自己的进步信息及时进行传递。

二年级家长李长虹曾在一封感谢信中说道:"能遇见您,是朱泾孩子们的荣幸,也是一种缘分。令人感动的是您用独特的教学方式训练和提高孩子们的英语听说能力,把先进的教学理论结合我们当地孩子的实际,也深深地启发了我们家长。我觉得孩子的每一步成长,是源于您辛勤的付出和坚持不懈的精神……"

在李长虹眼里,袁赟老师有着上天赐予的情怀。而有些情怀,还如春燕般飞越千山万水。袁赟,热爱诗和远方,常常以行万里路的坚定姿态不断丰满自己的认知和情感。她资助的山里孩子给她写信,亲热地称她为姐姐,她回复诗一首《纯净》:

天籁般的嗓音绚丽的服饰
可让我第一次认识了你们
美丽的哈尼族孩子
看着听着感受着
巴哈呀米月亮姑娘
清澈无比的眼神中透亮着安然与恬静
清灵无比的歌声中流淌着轻柔与期许
巴哈呀米纯净如你

(作者单位:金山区朱泾镇大茫村)

让科学的种子向阳而生

向阳小学鲁迅知己社

转眼,2019年扑面而来;距离"五四运动"前夕、鲁迅先生及中国近代先驱们提倡"科学与民主"已经整整100年了。向阳小学2018年6月正式成立了学生社团鲁迅知己社,目前社团的骨干成员有五年级的张朝竣、四年级的许蕴章(社长)、三年级的王悦灵(女)和二年级的两个女孩朱沐恬(柚子)与罗少男。在1月下旬的学期结束前,我想和他们见上一面,于是元旦之后就和范建军校长就科学话题进行了沟通。

因为,我从范校长的信息发布中得知学校的科技创新教育有了新的突破,但具体细节,绝大部分师生都不甚了解。我觉得鲁迅知己社的骨干,在阅读理解写作方面都已经具备了相当的表达水平,自然完全可以把校园文化总结的任务担当起来。于是,在范校长和大队辅导员姜颖老师的积极支持下,我和5名骨干再具体细分为3个小组进行采访。我和王悦灵搭档,负责采访学校科技总指导黄勇良。

我和王悦灵认识好多年了,她在机关建国幼儿园读中班时,我在张敏薇园长的办公室里还见过她。那是一个春天,幼儿园正在进行鸟类保护的科普活动。王悦灵到向阳小学之后性格更加文静,她喜欢阅读、思考,慢慢地喜欢上了鲁迅先生的作品,我再和她碰头则是她就读二年级时候的春天,一起参观了鲁迅纪念馆。

再后来,我和王悦灵交往就开始丰富起来,包括一起在南模初中出席天平社区纪念马克思诞辰200周年的研讨会,陪她见到了母校的张敏薇园长。我也告诉了她,我对自己在小学时候参加过的科技活动非常怀念。只是40年的差别,小学科技教育早已经脱胎换骨。如关于航空,我们那时候就是用实验工具把木头削磨出飞机的模型就很出色了;而向阳小学,早已经在无人机智能探测领域走在了前列。我小学时要去虹桥机场才能看到飞机,而王悦灵和同学们都是坐飞机度假的。

对于我小时候的生活和学习状态,王悦灵和同学们显得非常惊讶。不过,他们很快进入了各自的采访状态。以下则是王悦灵对黄勇良老师的采访:

(王泠一执笔)

一、向阳科技素养从小养成

2019年1月18日下午,向阳小学鲁迅知己社的成员们在上海社科院王泠一博士的带领下,采访了学校科技总指导黄勇良老师和他指导获奖的同学们。这也是我们本学期结束之前的一个重要任务。王博士强调说,鲁迅先生也是爱科学的。

此次活动,鲁迅知己社的成员是想了解关于在2018年12月,学校的4位学生代表学校参加了第14届中国少年科学院"小院士"课题研究成果展示交流活动,并取得了非常出众的成绩。在优秀的成绩背后,一定有着优秀老师们的默默付出,和热爱科技发明同学们的坚持努力。范建军校长对科技教研组给予了高度评价。

当我们带着好奇之心,走进学校创新实验室时,我看见了柜子里有一张张奖状,其中有一张放在中间柜子最高层的奖状上写着"宋庆龄少年儿童科技发明示范基地"。同时,还有其他好多奖牌,原来我们学校科技组的老师们这么了不起啊!见到科技总指导黄老师之后,他非常亲切地接受了我们的采访。通过王博士的提问和黄老师的回答,我知道了黄老师是在2004年从上海青年管理干部学院毕业后到向阳小学工作的。他从一开始在大队部实习,到现在已经工作了整整15年。

他带领学生们在学校创建了两个"空中花园"。在大家的积极讨论、献计献策下,取名"向阳开心农场"。一个"向阳开心农场"专门种植蔬菜;另一个"向阳开心农场"专门种植花草。之后,我们鲁迅知己社的成员们分别对"小院士"们进行了采访,了解了他们的产品设计,在采访中,我们相互学习,对他们在科技方面的坚持和努力产生了敬佩之心，希望今后也能在科技方面做出一点小成绩。

通过此次采访，我了解到了学校非常重视学生在科技素养方面的培养。学校科技教研组的老师们平时关注科技前沿的信息，不仅注重自身的提高，而且在教学中关注学生研究科技的方法，希望学生们升学后和长大后都能够保持热爱科技的初心和兴趣，并掌握牢固的科学知识。采访后，我自己也对"向阳开心农场"产生了浓厚的兴趣，希望将来也能有机会参加到学校的各项科技创新活动中去。

（王悦灵执笔）

二、雨伞安全反光伴侣和保鲜膜切割盒的发明

我和罗少男有幸采访了上海徐汇区向阳小学陶祉伊和李亦珉两位同学。他们俩在校科技组老师的带领下参加了在北京召开的第14届中国少年科学院"小院士"课题研究成果展示交流活动，并获得了一等奖。这是多么了不起的成绩啊！

陶祉伊告诉了我们她是如何想到要发明雨伞安全反光伴侣，又是如何去实践的。经常是在放学后的傍晚，她和同学们打着雨伞走在回家的路上，开车的司机虽然打开了夜灯，但由于视线容易被遮挡，好几次走在马路边缘的同学差点被车子撞到。看着这险象环生的情况，她不禁产生了一个想法：能不能有提示司机们的方法呢？让他们能及时发现打伞的行人并减慢车速。于是她便开始了调查研究。首先，她想用反光漆涂在伞面上，但是发现，涂层很难保证均匀地留在伞面上，而且反光漆一旦涂上伞面就无法擦去。于是，她想到了把磁力书签上的磁片固定在雨伞的边缘，再把反光贴条粘到磁片上，这样就具备了拆卸的功能，一套可供全家享用的雨伞安全反光伴侣就完成了。此后，她还对反光贴条的长度与宽度作了几组对比测试，发现安全反光贴条的宽度为6.5厘米、长度为8厘米是最佳方案。

雨伞安全反光伴侣真是既美观又容易收纳，且在日常生活中可以作为冰箱贴等使用。磁力软片的位置除了放置在伞布的边缘外，也可以考虑放

置在伞布的中间部位。我家里也有一把荧光伞,可是不久前,被我不小心丢掉了,只得又买了一把,妈妈还有些生气呢。现在,有了陶祉伊发明的雨伞安全反光伴侣,哪怕荧光伞掉了,还可以把反光伴侣贴在另一把普通伞上,也就不需要再买把荧光伞了!

采访结束时,她还告诉我们,她又有了一个新的发明想法。因为前几天,她乘公交车去上课,看到有一个坐轮椅车的老奶奶也要上车,却需要人很费力地把轮椅车拉上来,浪费了不少时间。于是,她便开始思考如何能在轮椅车上改造一下……

这可真是一个不错的想法,如果这项发明成功了,我一定会让我那年迈的外公也试一试。那么李亦珉同学又为什么要做保鲜膜切割盒(1.0版)和可更换刀头的保鲜膜切割盒(2.0版)呢?原来,他发现爸爸妈妈在使用保鲜膜时,由于撕拉过程中保鲜膜受力不均,利用配套纸盒上的齿轮刀头总是无法完整地撕下保鲜膜。这样的生活场景,其实在我们的每一个家庭中都是经常发生的。通过研究,他设计了一种保鲜膜切割盒,可以利用盒子关闭时整齐受力将保鲜膜完整切割。

于是,他制造出了1.0版保鲜膜切割盒。接着他更追求细节的完美,制造了2.0版可更换刀头的保鲜膜切割盒,它比1.0版多了许多好处:刀头可更换;滚轴可拆卸;外形更美观;抓握更方便;底部可防滑。替换刀头时,只需要把旧刀头从侧面抽出,再把新刀头轻轻插入即可;滚轴设计成可拆卸的,让切割盒可适用于不同长度大小的保鲜膜;外形增加了弧度,让整个盒体更柔美,也更适合使用者手部的抓握;底部贴了两块防滑垫,降低了在使用过程中切割盒从桌子上滑落的概率。当然,他也遇到了许多困难,为此进行了多次测试:

1. 锯齿头长度测试;2. 锯齿刀片间隙大小测试;3. 盒盖前槽和刀片槽大小测试;4. 美工刀片与最佳锯齿刀片对比测试。

哇,我现在才知道,一个小小的发明,原来需要做这么多测试,需要费这么多心血啊!通过保鲜膜切割盒这个发明活动,李亦珉体会如下:

体会诗

李亦珉

（张朝竣录）

我和老师一起探讨，
我虚心向专家请教。
我通过了反复论证，
我通过了反复实验，
完成了初步的创造。
我虽排练效果不好，
却还是克服了紧张，
勇敢地向裁判介绍。
懂得了发明的艰辛，
懂得了学习的重要，
发现了创新的乐趣。
我想那周围的世界，
我想那未来的社会，
会有多少科学奥秘，
需要我仔细去探讨，
有多少不如意的事，
需要我尽力去改造。
未来的科技激励我
要不断努力去学习，
要不断努力去创造。
我要感谢我的同学，
我要感谢我的父母，
我要感谢我的老师，
给予我帮助和提高。

我们非常感谢他讲述了自己的创造故事和体会，让我们感知到了科学探究的乐趣和所需要的毅力品质。衷心祝愿李亦珉同学能创造出更多更优秀的科技作品。

(张朝竣执笔)

三、冰箱延时报警器和一个冷门分析课题的诞生

1月18日中午,本学期期末考试结束之后,天平德育圈举行了2019年的第一次活动。这次活动的主题是由我们鲁迅知己社的成员采访向阳小学从北京载誉归来、荣获第14届中国少年科学院"小院士"称号的几位同学。我们倍感荣幸。

王泠一博士在范建军校长的陪同下,首先对采访活动进行了指导。随后,我们在大队部姜颖老师的带领下,来到学校的会议室。只见几位"科技小明星"和他们的指导教师黄勇良老师已经等在那里,准备接受采访啦。其实,我们平时在校园里经常见到黄勇良老师,也早就知道他很厉害,是科技方面的专家高手。他在接受王悦灵同学的采访时,介绍自己2004年大学毕业后就一直在我们向阳小学工作,如今已经有15年教龄了。他希望向阳小学的学生们也能像他一样热爱科技、热爱科学,因为人类的发展离不开科技创新,而且科技和生活密切相关。

我和二年级的朱沐恬组成了一个采访小队,我们的采访对象是荣获小研究员称号的五(6)班陶鸣谦同学和荣获预备小院士称号的五(2)班吴修寅同学。我们是第一次接触科技教育和发明创新的内容,因此,事先我和朱沐恬就准备了采访提纲,关键就看我们在采访中,能从两位同学口中挖出多少有价值的内容啦。

陶鸣谦同学的发明成果是冰箱延时报警器,这项发明帮助他获得了课题研究成果的三等奖。我们问道:"冰箱延时报警器的发明来源于生活中的观察,你认为我们小学生怎样才能提高在生活中观察事物的能力呢?你自己有什么好的经验可以跟我们分享吗?"陶鸣谦回答道:"我认为,在生活中如果遇到不便,可以问问同学们或老师,做一个小调查,当他们都体验或试验过了,再请他们提些建议,这样的话,也许就会产生改进问题的思路。"我们又询问了关于冰箱延时报警器的设计原理和材料采购过程,等等,陶鸣谦同学一一作了解答。最后我们请他谈谈获奖的最大感受是什么,陶鸣谦说:

"这次获奖提升了我对科技探索的认识,当听到或看到其他发明创造,我们会去研究请教,这使我们对科技试验有了更深入的了解,收获实在是太大了!全国各地的同学都赴京参赛,也让我们知道强中更有强中手。同时,比赛非常紧张激烈,但我们也充分享受到了比赛的乐趣。"

接着,轮到吴修寅同学了,她的课题研究成果获得了活动的二等奖。第一次听说吴修寅同学研究的课题是有关"小学生尿检分析"时,我和朱沐恬都感到十分的惊讶,因为这个研究项目对我们大多数人来说显然是太陌生了。"当初是什么原因促使你进行这项研究的?"带着疑问,我们请教了吴修寅同学。原来,吴同学的妈妈是复旦大学医学院的医生,专门从事肾脏方面的学术研究,她跟着妈妈学,也了解和掌握了一些这方面的专业知识。怪不得吴同学能够研究这么冷门而且专业性这么强的问题,原来是家学渊源啊!我们又请吴修寅介绍了几个生活中关于尿液观察的小常识,吴同学俨然一副"小医生"的样子:"喝水少,尿变黄;多喝水,才健康。如发现尿液有异常,要去医院检查。"吴修寅还特地补充道:开展这项研究主要还是希望引起大家对于青少年健康特别是肾病预防的重视。

带着满满的收获,我们顺利结束了这次采访。我和朱沐恬都觉得这是一次十分有意义的活动。作为向阳小学的学生,我们为自己的老师和同学获得全国性奖项而感到自豪;作为天平德育圈的小记者,我们提高了自己的采访和写作水平;最关键的是,通过这次活动我们更加深刻地了解了科技发明的重要性。中国要发展新时代中国特色社会主义,上海要建设全球卓越城市,都需要不断开展科技创新活动。我们要从小立志,增强科技意识,长大以后为科技兴国添砖加瓦。

(许蕴章执笔)

从流年可忆到未来可期：
建襄小学发展论坛侧记

郝心榕

2019年1月18日下午，本学期的期末考试刚刚结束，我有幸受邀，代表少先队大队部参加我们学校举办的发展论坛。来到主会场，只见里面整齐地摆放着近百张椅子，上面还都放着一张张写着"福"字的精美日历，而且"福"字不是打印出来的，是用毛笔手写出来的。这些字的风格各异，明显不是一个人写出来的，还散发着淡淡的墨香。我不禁疑惑，这么多"福"字，是用来做什么的呢？

不一会儿，我心中的谜团就被解开了。"这次发展论坛我们学校所有的骨干老师都会来参加，这些'福'字是学校长亭书画社的同学们写的，是用来送给老师和嘉宾们的。"一位五年级的小姐姐告诉我。"真希望我也能拿到一张啊！"我渴望地说。"放心吧，你也能拿到的。"小姐姐说。不久，各位老师、嘉宾陆续来到了主会场。这真是一个大场面，几乎所有的椅子都坐满了人，人多得数也数不清。过了一会儿，随着建襄小学副校长谢庆老师清脆的声音响起，论坛开始了！

第一个精彩环节，就是我们喜爱的陈静校长带来的，她演讲的主题是《建襄，明日可期》。她从建襄小学白手起家、"鸡毛飞上天"的历史说起，谈到"教好每一个学生"的办学理念传承、发展了60年。如今的建襄桃李满天下，自带奋斗的基因，是一所敢于探索、勇于创新的学校。学校的领导带着老师们探索进行情感教学，老师们用责任、用热爱努力让教学充满情趣，让教育浸润情感。这段历史真是太不容易了，更让我特别感兴趣的是，陈校长谈到学校还要着力构建新课堂，让学校仿佛是一个农场，学习的课堂无所不在,这是件多有趣的事情!同时,她提出,老师们也要俯下身子,倾听学生的内心,在今后的学习生活中更深入地了解学生。对于这一点我是很赞同的,我们学校的老师都十分关爱呵护学生,他们认为:只有找到孩子们的优缺点并因材施教,才能为孩子们守护好那一颗颗纯真的童心。

接下来,建襄小学的青年党员教师张歆老师通过一种特殊的方式——分析电视剧《延禧攻略》中的人物性格特点,为我们讲述了老师需要具备的品质。这个电视剧我不是很熟悉,但是通过这段演讲,我感受到了老师们在我们成长背后付出的努力和辛劳。老师们的目标是很崇高的,为了培育我们这些"小树苗",他们科学地为我们浇水、施肥,想尽一切办法让我们茁壮成长。他们虽然看上去是平凡的、很多时间段里都会显得默默无闻,但我却认为他们是最伟大的人。

要看"沉稳风"和"可爱风"强烈对比的快看过来吧!说到这里,你一定会感到奇怪,严肃的论坛上怎么会有这样的环节?别急,你看下去就知道了。"沉稳风"指的是五(5)中队的李煜恒演讲的《我与建襄这五年》。他讲述的是他在建襄生活的近5年中的收获和感受,讲得头头是道、条理清晰,仿佛是一个大人在侃侃而谈。对于体育、对于科技、对于社团等校园生活,他都是那么的热衷。

说完了"沉稳风",下面我再来讲讲"可爱风",这是由二(5)班的王泽芃带来的《小襄童的校园生活》。别看他年纪小,却十分可爱,但是自从他当上了一名光荣的儿童团团长后,就变得"事务繁忙",就需要用种种方法来"挤时间"才能参加必要的课外活动。听了他那童真的演讲后,我不禁陷入了沉思,如果每个人都能做生活的小主人,就能够拥有充足的时间,让自己得到全面的发展。

此外,来自中科院上海分院的团委书记胡嘉和建设银行徐汇支行的副行长田挺,以及徐汇区教育局副局长钱佩红和上海师范大学王健教授也发表了精彩的讲话,给予我们学校发展战略的思考以热情鼓励。当我们沉浸在其中时,此次论坛的高潮——"襄园梧桐社"的揭牌仪式开始了。徐周雨萱社长先为我们介绍了"襄园梧桐社"的由来。"襄园梧桐社"是一个新时代的校园社团,由师生、家长和志愿者共同营建。在这里,我们可以通过阅读理解时代、理解生活、理解亲情,用文字、图片和声音共同打造属于我们的精神坐标和文化高地,这该有多么美好啊!在学校的高静书记和秦武平先生、王泠一博士为"襄园梧桐社"揭牌之后,上海社科院文明办主任、天平德育圈发起人王泠一博士,还特地代表天平路街道党工委书记高路向"襄园梧桐社"赠书,引起台下一阵热烈的掌声。

这本书的名字叫《丰子恺漫画古诗文》,是上海社会科学院出版社去年推出的十佳图书之一。大教育家、大书画家丰子恺,还曾经是上海中国画院的首任院长。目前我们学校的长亭书画社最主要的技术和艺术支持者就是中国画院。

转眼间,论坛就进入了尾声。但是,让我想不到的是,在原本如此庄严的场景下,竟然用一种别具一格的方式来收尾。一位小男孩拿起话筒,站起身,边走边唱着好听的歌曲;他走到音乐老师身边,停止了歌唱,把话筒递给了她。音乐老师也拿起话筒、站起身,牵着小男孩的手,边走边唱着动听的歌曲。就这样,一传十、十传百,许多老师都加入了"大合唱"。虽然有些人的歌声还不是那么动听,但他们都唱出了自己的真情实感。这时,我被这场精心筹备的论坛所感动了。

法国梧桐树是上海最亲民的树,那里生活着许多音色优美、羽翼丰满的鸟儿,也是传说中凤凰的故乡。愿"襄园梧桐社",也能培育出一代又一代的"小凤凰"。

建襄,流年可忆,未来可期。

(作者:建襄小学四年级三班)

长颈鹿班和我的第一次读书节活动

孙梦琪

我读幼儿园时,常常路过高安路第一小学;妈妈总是露出羡慕的眼光。幼儿园毕业,妈妈如愿以偿,我进入了她梦寐以求的高一小学。其实,我还去过柚子的向阳小学,那时柚子一年级。柚子的校长范建军老师像个大姐姐,热情地陪我们吃了蛋糕;学校有个足球场,比我和柚子大的小朋友都在很兴奋地追逐小足球。

2018年年底,妈妈说这一年家里最重要的事都是我的事:从科技幼儿园毕业、升学高一小学、一年级第一学期戴上了绿领巾加入儿童团……我觉得最重要的事情是给滕平校长送信送书、读了一套爸爸推荐的书、第一次参加了读书节!

信是我的大朋友王博士写给滕校长的跨年问候,信的内容还有五年级6班被命名为"新民周刊班"之后的有关情况。这个"新民周刊班"的事情我不是很明白,但《新民周刊》我是知道的。因为爸爸妈妈很喜欢这份刊物。还有就是在十九大的前一天,王博士让我、柚子和另一位向阳小学的许蕴章同学,到田林中学通过烘焙学习做过一个蛋糕。我们3个小朋友,没能吃上这个花了一个下午做成的蛋糕,被志愿者老管伯伯送到《新民周刊》社,给当天值夜班报道十九大的老师当夜宵吃了。不过,我们做蛋糕而不吃蛋糕的事迹,后来还登上了《徐汇报》。

滕校长很高兴地收下了我递交的信和书。书是王博士主编的《2018年上海精神文明发展报告》,里面记载着高一小学的先进事迹和不少活动。我感到很骄傲!

我爸爸和王博士是同行。他推荐给我的书,比其他小朋友家长推荐的书内容要深得多。当然,步入小学一年级后,在老师的建议下,我也开始尝试阅读童话、动画以外的书籍。爸爸推荐给我的书是《写给儿童的中国历史》。这套丛书贯穿上下五千年,共14册;分为8个重要历史时期,从盘古开天辟地的传说开始到民初中国,有99个单元;语言简洁、故事精练、画面精致、图文并茂。

爸爸强调说:这套丛书是站在孩子的角度来撰写的,它以趣味生动、亲切温和、深入浅出的语言,系统地为孩子们叙述中华民族的历史。并且为了便于孩子们理解,还配了近1 000幅彩图与珍贵文物照片以情景化,借以传达正确的历史常识。

我觉得书里的成语故事,让我收获颇丰,比如《开天辟地》《女娲造人》《炎黄子孙》《夸父追日》《仓颉造字》《后羿射日》《精卫填海》《大逆不道》《富丽堂皇》《烽火戏诸侯》《倾国倾城》《管鲍之交》《祸国殃民》"等,一个个故事述说着事件和典故的来龙去脉,使我印象深刻,再也不用死记硬背来学习。我还学习了如何使用字典,所以我觉得和爸爸妈妈一起读一些历史故事书,是一件非常有意义的事情。

2018年12月29日,我参加了盼望已久的学校读书节活动。王博士告诉我,这是高一小学的第15届读书节了。滕校长给我们这届读书节的主题定义为"每间教室一本书",她自己还向高年级同学推荐了一本描写宋朝大文学家的《苏东坡传》。我所在的一年级一班事先也热烈讨论过,后来确定的书是班主任朱宏瑾老师推荐的绘本故事《搬过来　搬过去》。我最喜欢上朱老师的语文课啦,她推荐的书肯定是很有趣的;她还让我们演绎绘本故事,我扮演了长颈鹿。

这个绘本的故事是讲:长颈鹿和鳄鱼这对好朋友,因搬家而不得不分开了,但他们老想在一起玩、一起学习。长颈鹿跟着鳄鱼走,去了他家,但鳄鱼家好小哦。长颈鹿只能让自己的脖子弯着、扭着,要不就是从门或窗口伸出去,舒展一下、透透气。鳄鱼心疼她,不想让她这么辛苦。他们就一起去了长颈鹿的家。但是,问题又来了。可怜的鳄鱼,只能拿着刀叉,看着那高高在上的餐桌而发呆。连晾衣服都得爬好高的梯子,鳄鱼都学会了走钢丝。长颈鹿又很心疼鳄鱼,不想让他这么辛苦。他们就靠在一起,想啊想,一个绝好的建设图纸就诞生了。他们开始忙碌起来。最后,他们的家出现了一个很大的深水游泳池,在水里呢,鳄鱼本来就是游泳的高手,而长颈鹿的高度自然就不成为问题了。他们就这样开始了幸福的生活!

通过绘本演绎,大家都纷纷为鳄鱼和长颈鹿出谋划策、设计新家。我也觉得比以前幼儿园的儿童节过得还开心,更有收获。在后面的图书义卖环节,我也既买到了自己所心仪的书,又觉得能够帮助贫困地区的小朋友很有意义。后来,大队辅导员余闻婕老师还告诉我们,全校义卖款项3.2万多元都捐赠给了徐汇区的红十字会,通过红十字会再安排公益捐助。红十字会很快送来了捐赠证书,感谢高一小学全体师生奉献的爱心,还盖有红红的公章。我觉得非常地自豪啊!

(作者单位:上海市高安路第一小学一年级一班)

野生动物的感受、生活方式与自由权

徐诚鸿

看着鸟儿在天空飞翔,看着鱼儿在水中遨游,也许你会认为世界上的动物很多吧!但你是否知道,与过去相比,现在的动物不仅不多,而且有的动物已经很稀少,甚至某些动物已经灭绝。

可是,你知道吗?人类的祖先也是从毫不起眼的小动物演变来的。因此我们原本和这些小动物们是一家,一家人就应该其乐融融,互相帮助,帮助那些在外流浪的小猫小狗。动物是人类的好朋友,我们不能伤害它,我们要做的应该是和它们和平相处。

这次,我和家人一起去了澳大利亚,在那里我看见了很多可爱的野生动物,有袋鼠、鲸鱼、考拉……

在中国,考拉并不多见,绝大部分的动物园中都没有。

而澳大利亚特有的动物便是"考拉",它有着柔软的绒毛,憨厚天真的眼神,滑稽笨拙的动作,像是摆在玩具店里的毛公仔,奇趣又可爱,被誉为"世界上最可爱的动物"、"从童话里走出来的动物"。

在澳大利亚,人们亲切地把无尾树熊称为"懒汉"。因为这种动物非常懒惰,喜欢大白天在树上呼呼大睡。无尾树熊又叫考拉,是澳大利亚原产珍稀动物。他们的耳朵大而多毛。它们的爪子特别锋利,这样可以帮助它们爬树。

在澳大利亚,考拉像中国的熊猫一样,被视为国宝。政府在道路上增加很多的标志,以帮助汽车司机避免撞到在道路上行走的考拉,并且,国家将建造专门的桥梁,这样考拉和其他野生动物就可以在避开汽车和卡车的情况下穿越马路。由此可见,澳大利亚人对考拉有着特殊的感情,他们每年10月20日为澳大利亚全国无尾树熊日。每逢这一天,人们自发地组织起来,以各种方式开展挽救这种动物的活动。在考拉较多的地区,有专门的科研人员精心护理因意外而受到伤害或患病的考拉。

在澳大利亚一些野生动物保护区里,人们常常看到小考拉趴在妈妈背上那可爱的形象。有趣的是,考拉胆小,一受到惊吓就连哭带叫,声音好像刚出生不久的婴儿。考拉性情温驯,行动迟缓,从不对其他动物构成威胁。它的长相滑稽、娇憨,是一种惹人喜爱的观赏动物,它还是澳大利亚的旅游形象大使。它的存在使这个国家有了另一番色彩。

除此之外我们提到澳大利亚,最先想到应该就是袋鼠了吧!据我了解,袋鼠有很多种类,譬如大袋鼠、大灰袋鼠……

而大袋鼠只有澳洲才有,它们被澳大利亚人民视为他们国家的象征。在澳大利亚的国徽上,就有大袋鼠的形象,我们中国动物园里的大赤袋鼠、大灰袋鼠,就是直接来自澳大利亚的"贵客"。

袋鼠是食草动物,吃多种植物,有的还吃真菌类。它们大多在夜间活动,但也有些在清晨或傍晚活动。不同种类的袋鼠在各种不同的自然环境中生活。

所有澳大利亚袋鼠,动物园和野生动物园里的除外,都在野地里生活。不同种类的袋鼠在澳大利亚各种不同的自然环境中生活。

我见过狗、猫和鸡宝宝,而袋鼠却与它们不同:袋鼠妈妈胸前有个大袋子,又宽又大,是用来装刚出生的袋鼠宝宝的。小宝宝在妈妈的袋子里一定感觉很温暖、舒服、安全。

它的耳朵非常短,像两堆干枯了的小草长在头上。它的黑眼睛又大又圆,像一颗黑色的宝石。它的前腿短后腿长,一下能跳很远,是个跳高能手。它的尾巴力气非常大,能把自己的身体撑起来呢!它跳跃的时候尾巴一撑地就能跳起来老高,而且尾巴还能掌握平衡,这样它跳跃时就不会摔倒。

在澳大利亚,我发现他们那里的动物很自由,你可能清晨起来时会在自己的窗户边上看见几只小鸟,或是在路上也能偶遇一两只袋鼠。

除了这些陆地上的动物以外,我还和家人一起去看了鲸鱼。

澳大利亚是世界上最佳的观鲸胜地之一。在澳大利亚,你经常可以从海边的悬崖或者海滩上就能够看到鲸鱼,最常见的是座头鲸和南露脊鲸,除此之外,特定的区域还有机会寻觅到蓝鲸、小虎鲸和小须鲸。虽然鲸以体积庞大而出名,但是乘船近距离观赏他们并没有什么危险,因此观鲸是一项老少皆宜的活动。

当鲸鱼从海面跳出的那一刻,船上的人都会激动得欢呼起来。鲸鱼是世界上最庞大的动物,在国内是没有机会可以见到的,所以欢呼是必然的。

妈妈告诉我鲸鱼的种类已经变得很少了,有的甚至已经没有了。我在想鲸鱼这么大,它们一定很厉害,怎么会没有了呢?

事实证明,身体大的,不代表他们就很厉害,没有敌人。而鲸鱼的敌人就是人类,我们把它们所居住的环境污染了,把它们捕杀致死,然后把它们送上餐桌。

我想澳大利亚把观鲸这个活动作为旅游景点之一,就是为了让我们接触它们,喜欢上它们,去保护它们。

动物与我们人类一样,有大脑,有感官,也有它们自己的生活方式,更有自由权。但我们却在未经动物们的同意之下就随意破坏它们所生活的地方,在未经它们的同意之下就随意伤害它们的躯体,在未经它们的同意之下就私自促成它们的死亡。

我们是否有考虑过它们的感受,是否有想过它们的想法,是否想过它们的生命什么时候终结应是由它们本身决定的呢?我们人类现在正提倡珍爱生命,爱惜生活。我们人类的生命很珍贵,难道动物的命就不值得珍惜吗。或许我们人类也有不想死但是没有选择权利的时候,但是这样的事情毕竟是少数啊。我们就不能把动物当成是我们人类的一分子,当成我们的朋友,当成我们的家人一样对待吗?我们现在的生活水平越来越高,信息越来越发达,对物质生活与精神生活的要求也越来越高。但是我们的物质生活中可否将"食用野生动物对身体有好处"这一条去掉呢。现在有说吃野生动物可以长命的,也有说吃野生动物有营养的,更有人说吃野生动物对大脑有好处的。我想这种好处可能是有的,但是人类不能盲从,有些动物体内是有病毒的。况且不说这个,就算吃野生动物对我们有好处,但是人类有没有想过,当我们在尽情地虐杀它们的时候,我们人类也会遭到大自然的报复呢?

爸爸和我讲了"生物链"这个词,一旦生物链被破坏,就意味着生物大家族会以最快的速度在地球上消失,最终人类也会落到消亡的下场。等到人类得到报应的时候,恐怕已经没有挽回的余地了吧?谁都知道一句至理名言——世界上是没有后悔药买的。为什么知道这句话,就不能去思考一下,去想一下,去改变一下呢?只要我们时刻记着这句话,时刻想着这样的提醒,当我们在餐桌上看到那无辜的动物的时候,还会开开心心地想要把它们吃下去吗?还会犯这么天大的错误吗?

如果我们不保护好我们的环境,不保护好我们珍贵的野生动植物,我们又怎能保障人类存活长久呢?现在全球的动植物物种正在以前所未有的速度从地球上消失,如果任凭这样的趋势发展下去,人类难道不会消失么?人类难道就不能为以后做下打算吗?难道就不能为后代打算一下吗?难道就不能为人类的长远发展做下打算吗?我们现在的生活幸福美满,不愁吃穿,信息高速发达,这些都是我们的前人留下来的,这些都是他们辛苦努力奋斗得来的。作为后代,难道我们要把他们的成果就这样毁于一旦吗?地球就这样毁灭,人类难道不会觉得可惜吗?

所以,我觉得为了人类的长远发展,更应该好好珍惜保护野生动物,珍惜我们美满的生活,把前人留下的成果进一步发展下去。

(作者为徐汇区第一中心小学五年级"东方体育日报中队"中队长)

《新民周刊》篇

追梦1 000期：回答1998年的初心

刘 琳

在1998年的年尾,当我接到《新民周刊》录取通知时,还不知道人生已就此揭开了最深刻的篇章。也不曾想,就这样从初心走过了1 000期周刊。

一、初唐四杰的丁法章之问

我有理由相信,那场笔试后的最终面试,我的成绩应该是在所有录取者中垫底的,尽管从来没人告诉过我这点。

那天的面试官只有两位:刚刚卸任《新民晚报》总编辑的丁法章和时任上海记协主席的丁锡满。面对坐在对面沙发上的两位大名鼎鼎的报人,我的紧张可想而知。之前自认为做了充分的准备,当时我是另一家新锐报社刚刚兴起的用整版聚焦一件时事的"焦点新闻"的编辑,入行已经7年,自觉要是聊当下新闻还是能说出一套套的,另外,我虽然不是新闻专业毕业,但好歹也翻过几本"新闻理论",对深度报道有一些自己的看法和实践。

可怎么也没料到,丁法章老师二话没说抛出一个考题:初唐四杰,知道吧？能背一首代表作吗？我一下懵圈了,"初唐四杰"都有谁啊?！王勃？海内存知己,天涯若比邻？这句是那篇叫什么来着的诗里的……我顿时满头大汗,瞥见一旁的丁锡满老师笑眯眯的,心想,完了,这叫"皮笑肉不笑"。

那时,社会学系毕业的我把自己的"特长"归入"社会新闻"……不过,这道面试题也太诡异,似乎也不应该是考"文化记者"的吧？直到很后来才知道,和我一起参加这场创刊招募面试并最终录取的三四位其实那会儿几乎都已成名成家,比如作家胡展奋、沈嘉禄——没想到我们做同事那么久,直到他们从周刊退休。据说,当年对他们的"面试"也就是拉了会儿家常。

现在想起来,从那场面试之后,每周出刊的"周周考"再也没有过这样富有"诗意"的轻松。

二、从来就都是"他",而不是"她"

在1998年年底制作了A、B、C三期试刊号后,我们的办刊宗旨、编辑方针、工作原则已经明晰,《新民周刊》在20世纪最后一年的第一个周一,开始了走向21世纪的"每周一之旅"——1999年1月4日周一,"她"诞生了!

在"创刊号"的扉页,发刊词如此记录这个特别的新年——

此刻,1999年新年的钟声已经敲响,新千年的脚步声也隐然在耳畔回响。

窗外,今年即将完工的上海延安路高架工地上,一长列8吨土方车的引擎正发出阵阵铿锵有力的轰鸣。

北京,正在修整中的世界最大广场,来自全国各地的游客,已经早早地来到天安门城楼前,等待着五星红旗在新年第一缕晨光中的升起。

美国,纽约时代广场,17岁的中国体操运动员桑兰应邀与纽约市市长一起按下电钮,作为纽约象征的"大苹果"水晶灯球缓缓降落。

奥地利,维也纳金色大厅,随着著名指挥家洛林·马泽尔在空中轻轻划出一道圆弧,逝世100周年的圆舞曲之王约翰·斯特劳斯的名作《蓝色的多瑙河》那迷人的旋律又徐徐响起……

20世纪最后一个新年来到了。

中国新闻业的一个新生儿,早已躁动于中国最大的报业集团母腹中的《新民周刊》,在21世纪倒计时的"读秒"声中降生了!

有意思的是,编辑部里这群上海大男人们竟然把这本杂志称为"她",他们继续写道——挟新世纪春风来到您身边的《新民周刊》,会带给您什么新的感觉?在全国8 000多种期刊中……

她是一份主要面向城市读者的综合性新闻周刊;她以社会、文化、生活为主要内容;她以深度报道、背景报道、图片报道见长;她讲求观点的权威性、信息的及时性、内容的真实性、形式的可看性;她比较精致、比较实在、比较新颖、比较开放,具有较强的海派风格……

想起最初的两三年,我的同事们几乎都是男性,这群媒体精英主要来自《新民晚报》《文汇报》的骨干编辑、记者,还有一些来自集团外其他媒体的成熟人才,因此创刊那会儿时常听见集团上下把周刊称为"人才高地"。彭正勇、裘正义、郦国义、雍和、陆幸生、丁曦林、冯学峰、金仲伟、杨继桢、何斌、徐平、王震坤、潘文龙……从1998年开始,当我和这批满怀理想、才华横溢的才子们共事,成为他们的同事、朋友,职业生涯才真正变得风云际会,精彩纷呈。他们是因为只有把"他"称为"她"才能表达心中对新刊的激情和深爱吗?创刊精英后来大都成了上海新闻界大咖,叱咤一时,一同见证和参与中国新闻行业的盛与变,以及逆境中的不断前行。

"她比较精致、比较实在、比较新颖、比较开放,具有较强的海派风格",发刊词里的5个"比较",透着上海人骨子里的务实。后来加入的年轻人越来越多,相当部分是出了校园直接来到周刊的,他们来自五湖四海。这些优秀的年轻人,与周刊一起成长,与这座城市命运与共。无论如何,20年,所有的周刊人,情怀一样、理想一样、爱上海一样。

是的,在这连续不断的1 000期里,我们也曾犹豫过,最近的一次是前任周刊社长、现任的《新民晚报》党委书记、社长、总编辑朱国顺再一次拨准龙头。消沉从不属于我们,我们总是很容易地被新闻点燃。

三、永不放弃:既要讴歌,也要追问

"此刻,您翻阅着这一册散发着油墨清香的创刊号,卷首的一幅幅照片记录着一百年来人类的坎坷历程、中华民族的艰难岁月,而您在新年明丽的阳光下翻阅周刊的一情一景,也同样地会被摄入史册,尽管只是沧海之一粟。"

如今看来,记录100年的"20世纪新闻备忘"只用了4页,实在可惜。因为初创时所有的采编和美术设计都来自报纸,大家都没有办过杂志,一切都是摸索着开始。确实,这一整年的版式似乎还带着浓重的报纸气息,但是,敏锐的新闻嗅觉献给1999年的选题是如此精彩又预示未来。翻阅着1999年的52期杂志,恍惚间竟以为大历史也是从这一年开始的,这大概是"今天的新闻就是明天的历史"所带来的幻觉。

可圈可点之处太多了。著名相声演员牛群是个摄影爱好者,他在周刊上开了一个专栏《牛眼看家》,当今的一线文艺明星几乎都在这里留下了别处所看不到的身影和故事——巩俐:看上去很美;道不明的陈道明;一人千面赵本山;崔永元:歪瓜往往很甜;冯小刚徐帆:即使"甲方乙方"也要"不见不散";张国立:好脾气也有"没脾气"的时候;想念葛优;姜昆何时再露面;水均益不"水";陈强陈佩斯父子老爷车;听孙悦妹妹一句话;对面的毛宁看过来……还有,周汉民、沙叶新等大咖是固定的专栏作者;而澳门回归前夕,杨澜作为特约作者发表了一篇专访《走马上任何厚铧》……

四、二十年:弹指一挥间

1 000期,20年,弹指一挥间,今天已经无法深切地感受到,身在1999世纪之交,历史感、未来感在周遭的发酵,唯有挑一个慢悠悠的下午翻一翻过往的《新民周刊》,才能些许体会千禧年到来前夕,国家对改革开放创新的决心,人民对未来美好生活的激动和向往。

发刊词中有这样一句:"这便是历史,不断创造、不断变化、不断发展的人类历史,绵延不绝,生生不息……"

20年后的今天,作为一本新闻杂志,《新民周刊》还是这座卓越城市的唯一,我们背靠的集团还是中国最大,只是改名为"上海报业集团",我们的母报《新民晚报》依然是这个城市的精神文化标志之一。

在这千期之交,我们列举这样一些封面回答1998的初心,1999的定格——跨越苏州河;上海地铁的风花雪月;舌尖上的上海;中共诞生地:历史选择了上海;滨江45千米漫步;"一带一路"的上海机遇;卓越城市的细节;教育的真谛不是补课;本帮菜为什么这么甜;快递的未来要多快;与总书记共商国是;海派文化与城市精神;最具情怀的"95后";杭州保姆放火案再调查:保姆何以成社会痛点;创新中国的AI时代;强军始终聚焦备战打仗;阿拉申花;新时代上海四重奏;三万亿,新起点;暖的雪;改革开放40年物语;浦东的诗与远方;长三角城市群超越想象;上海制造再出发;40年中国科技跑步:卡脖子,怎么破……

互联网带来了挑战,更带来了机遇,《新民周刊》的读者早就不再限于纸媒,2 600万粉丝在新媒体平台与我们一起走进新时代。

(作者为《新民周刊》社社长、主编)

光华楼里的别样导读

金 姬

不同肤色的人在一间教室内用汉语高谈阔论,而他们所讨论的内容是一本杂志,一本立足长三角、辐射全中国的海派刊物。

一、光华楼的洋课堂

为外国学生专门开课研究一本本土杂志,这在中国乃至全世界都十分少见。要英就这么做了,做得还非常成功。身为复旦大学国际文化交流学院汉语系第二教研室组长(2006年9月已卸任),要英给高级文化进修班的留学生们开了一堂必修课——"新民周刊导读",她的课堂一时成为学院内最热闹的地方。

自1995年进入复旦大学国际文化交流学院工作以来,要英发现留学生上课的教材虽然有所变化,但往往阅读、听说和写作是分为三门课来上的,内容相对枯燥,很多学生往往提不起兴趣。她突然想到,学生们漂洋过海来到这个东方大国,就是希望了解今日之中国现状。一本可读性强的综合类杂志,对于留学生而言,不就是最好的教材吗?

"我是《新民周刊》的老读者,看《新民周刊》已经成为我的一种生活方式。"要英是《新民周刊》的老读者了,在她眼里,这本杂志是当代上海文化的一个窗口,它所涉及的题材十分丰富,从文化、教育、经济到医学、环境和时尚,内容也不局限于上海。"虽然北京、广州也有不错的杂志,但既然我们在上海生活,注重格调和趣味的《新民周刊》就是最好的选择。"于是,在高级文化进修班,"新民周刊导读"应时而生。

上这门课的留学生有 20 多人,来自日本、韩国、德国、瑞典、巴西、加拿大和塞尔维亚。不少学生都达到了中国汉语水平考试(HSK)8 级水平(HSK 共分 11 级)。"新民周刊导读"每周五下午 4 点到 6 点在复旦光华楼上课,课堂热闹的气氛,成了光华楼内的一道亮丽风景线。不同肤色的人在一间教室内用汉语高谈阔论,而他们所讨论的内容是一本杂志,一本立足长三角、辐射全中国的海派刊物。

"上学期第一次上课时,学生们也是第一次接触《新民周刊》。我带了一些旧刊,让他们用半小时阅读,然后挑选自己感兴趣的文章上来发言。"在第一堂课上,瑞典人欧阳涛选的是 2006 年 10 月的一篇有关鲁迅的文章,他最后用标题"花开花落两由之"对鲁迅的生死观做了总结。

当时有些学生还很腼腆,说话还会脸红,但《新民周刊》实实在在的内容帮他们克服了怯场,以后每次发言学生们都争先恐后,而且发言时间越来越长。

要英建议学生们到学院资料室去借阅《新民周刊》,让他们把自己所喜欢的文章复印下来。谁知学生们每次上课都人手一本《新民周刊》,原来他们觉得这样的杂志值得购买。而且,由于《新民周刊》的出版日期是每周五,因此要英上课讲的是上一周的杂志。而一些机灵的学生会在周四就到书报亭买到最新一期的杂志,然后在第二天的课堂上得意地对最新报道侃侃而谈。

周五下午 4 点至 6 点的课,临近周末又接近晚饭时间,往往"上座率"不高。"新民周刊导读"是一个例外,就连旁听生也从不缺课。从日落到华灯初上,不少学生跑出光华楼去买了点心,继续在课堂上和要英以及其他留学生交流对《新民周刊》的看法。

对于要英来说,"新民周刊导读"是她教育生涯中最令人难忘的一门课。"我上得很轻松,学生们的反响非常好,他们学到了许多感兴趣的东西,汉语水平提高很快。这让我很有成就感。"在上课期间,美国驻沪总领事夫人、美籍华人女画家颜正安也曾来旁听,当时她正在考虑安排自己的孩子到复旦学中文,"新民周刊导读"成为检验复旦对外汉语教学的试金石。

二、"洋眼"看"新民"

刚接触《新民周刊》时,最吸引这些洋学生的是图片版面,因为那是最直观了解中国和上海的途径。

今年4月的图片报道《车展与盒饭》,钱东升照片上的浦东樱花路引起了大家的特别关注。满地没有"樱花",只有一次性饭盒,那都是前来看车展的人留下的。陆幸生幽默犀利的文字点出"嘴嚼简易饭菜,敞开博大市场,迎接如今高技术含量、风度最优雅的现代工业产品,这就是当下中国的风景"。

今年5月的报道《比高》,让住在复旦北区宿舍的留学生们就特别有感触。《比高》的图片是建造中的环球金融中心,而北区宿舍的朝南房间就可以看到陆家嘴的高楼大厦。学生们觉得自己每天都在见证"上海长高"的过程。

一些国外少见的现象往往受欢迎程度很高。今年4月,复旦教授葛剑雄在《新民周刊》撰写的《让户籍管理回归本位》一文,学生们特别喜欢,因为在国外是没有"户口"概念的,而这篇文章让他们了解了中国的户籍制度。此外,《新民周刊》上提到在上海的文化演出或展览,学生们会因此结伴而去,因为这是他们了解和体验这座城市文化的最好方式。

《新民周刊》给每个学生带来的体验并不完全相同。瑞典人李灏朗是个金发碧眼的腼腆青年,他和大多数瑞典人一样都认为上海人是"经济动物",但看了《新民周刊》后才发觉上海人也十分注重环境保护。例如今年4月《城市水危机》这一组报道,让他觉得上海人相对中国其他一些城市的人更节约用水。

瑞典媒体曾有报道称中国是一个政治专制、缺乏民主的国家,《新民周刊》的报道改变了李灏朗的中国印象。他在期末《我的新民周刊的感情》总结中这样写道:"我看《新民周刊》后,了解到中国人也关心环境污染、国际政治、文学和电影……我看的《新民周刊》第一篇报道是关于政府腐败的问题,作者建议给媒体更大的监督权。我本以为在中国是不允许公开发表这样见解的,事实上中国比国外报道的要开明。"

德国人威特曼对今年3月的报道《戴上奥斯卡光环以后》很有感触。文中提到今年奥斯卡获奖纪录片《颍州的孩子》,而威特曼恰恰十分关注中国纪录片的发展和困惑。对于今年3月的文章《埃科:那人,那书,那话》,他也作为发言内容,因为文中提到埃科的小说《玫瑰之名》。他很想了解中国人在看涉及宗教题材小说时的看法。

相对于德国人的严谨,韩国学生在课堂上的思维比较发散。在谈到城市水危机时,韩国学生喜欢抛开文章本身,而在黑板上画地图,介绍汉江的治理情况。加拿大学生对于《新民周刊》介绍的"太阳马戏"很激动,他自豪地在课上向其他同学介绍这一加拿大"国宝级"演出。对于《新民周刊》有关何智丽的一组报道,一个日籍华裔的学生在课堂上感慨颇多。

在所有学生中,旁听生北泽祐子是最认真的一位。作为复旦国际文化交流学院汉语言专业本科生,北泽祐子在上学期是大四最后一个学期,她在忙着写毕业论文和找工作的同时,又坚持旁听"新民周刊导读"。因为她非常喜欢要英老师,也觉得坚持看《新民周刊》对她的汉语提高很有帮助。为了更好地读懂杂志上的文章,她每次都选一篇自己所感兴趣的文章输入电脑再打印出来,然后在打印的文章上做阅读心得,不舍得在印刷精美的杂志上涂涂改改。

由于是旁听生,北泽祐子怕占用其他学生的时间,因此不太主动发言。她比较感兴趣的是医疗方面的文章,如《未来不再"血荒"?》《像对付慢性病一样对付癌症》和《眼上飞刀》等。此外,作为日本人,北泽祐子对有关日本的报道也特别留意,如《谁杀了松冈利胜?》,她那次就在课上向大家解释了日本政坛的"自杀现象"。如今,在上海青浦工业园区工作的北泽祐子仍然住在复旦附近,她有空会打开《新民周刊》的网页,这渐渐成为她的一种生活方式。

课堂上,学生们也会围绕《新民周刊》的有关报道进行一些激烈争论。对于《新民周刊》的办刊口号"我们影响主流",有学生质疑《新民周刊》是否具备这个能力。他觉得这只是一本高级信息杂志,内容也是偏文化和地方性的。另一些学生则回应:这是一本反映中国高级知识分子想法的杂志,怎么影响不了主流?

学生们对《新民周刊》的总体评价:关于中国尤其是上海的内容就特别扎实。用他们学到的上海话词语"煞根"来表达读《新民周刊》的极致感受。

当然,和国外的主流杂志相比,学生们认为《新民周刊》观点是"漂移"的,这再次显示了中国人的智慧和上海人的"精明"。

三、"生粉"布兰卡

塞尔维亚姑娘布兰卡是这批学生中最狂热的一个,因为她在上"新民周刊导读"课时,成了高级记者陆幸生的铁杆"粉丝",外人称她是"生粉"。

在塞尔维亚期间,布兰卡根本不看杂志,因为那里的杂志要么"干巴巴",教条式的东西太多,要么就是"品位低",充斥着八卦内容。来到中国以后,她一度认为提高自己汉语水平的最好途径是阅读中国文学作品。当她开始接触《新民周刊》后,立刻被这本杂志的生动内容所吸引,尤其是陆幸生的文章。她在课堂上就向要英老师表示了对陆幸生文章的欣赏,甚至还写了"关于周刊上陆幸生文章的研究文章"。于是,要英安排布兰卡和"偶像"见面。

提到这次见面,陆幸生仍有些"受宠若惊"。"今年 7 月上旬,在办公室接到电话,对方说是要请我吃饭,请客的是复旦大学的要英,请客的缘由是'有外国 MM 要见到你'。"

"7 月 20 日晚,我来到青海路吃饭。席间,一位金发女郎飘然而至。要英介绍,她叫布兰卡,原是南斯拉夫人,后来国家解体,就成了塞尔维亚人。布兰卡的汉语颇为流利。"

布兰卡说,作为留学生,大家都非常关注在变化中的中国,变化中的上海,究竟在出现哪些"变化",这些变化出现的时间节点,这些变化出现的时代原因,这些变化出现的社会效应,最重要的是为什么现在会出现这些变化。

对此,陆幸生谈到自己前后"经历了 18 年"的一篇文章,那是关于上海市民住房的。20 世纪 80 年代中,他采访到的上海市民最极端的房租,仅仅为人民币 2 分钱。2 分钱房租,对于今天中国货币情况有充分了解的布兰卡,感到非常惊讶。18 年后,上海电视台要拍摄上海"衣食住行"的专题片,发现当年的老夫妇已经住进新公房,3 个女儿也经过不同的方式,住进了商品房和自家的产权房。当年的老屋尚在,租给了外来的"新上海人"——一对来自江苏的夫妇。这套老房子的租金,已经由当年的2分钱,提升到9角;而作为房东的老夫妇的出租价位是"100元"。

陆幸生举例说明的是,上海市民的居住条件在逐步改善,而且社会不同劳动者人群的住房情况,是处在"先来后到逐步递进改善"的路途之上。

布兰卡这样的留学生,也关注中国改革开放过程的宏观"过程",因此陆幸生说到了自己在去年撰写的《向前走,别回头》,主题是中国特区第一人、招商局的袁庚当年如何开创深圳特区的决策参与"流程"。这篇稿件后来在《新华文摘》上全文转载。

布兰卡还说了她对上海的一些困惑。欧洲没有那么多高楼大厦,尤其不建摩天大厦,为什么上海要建造那么多高房子?为什么上海人喜欢买大轿车,欧洲各国的家庭轿车都是小小的。这些关于环境污染、消费习俗的问题,其实反映的是发达国家经过快速发展阶段,经过许多年代人文"沉淀"和文明普及后的结果,而中国、上海处在群众急切要求改变生存面貌,以至将这样的设想"落实"到外部形象上,甚至以为那样的变化就是改革成就最佳反馈。对此,陆幸生回答说:"要充分理解我们刚刚起步的初级阶段。"

在复旦大学外国留学生的课堂上,《新民周刊》的选题和图片,得到相当的注意,留学生们认为,《新民周刊》图文并茂,对照片和装帧都非常讲究,丰富地表现了城市社会的生存百态。如今,布兰卡虽然已经回到塞尔维亚,但她表示自己有机会一定会再来中国,而《新民周刊》就是她回中国的理由之一。(本文完稿于2007年10月)

(作者为《新民周刊》记者、编辑)

了解一个无限广阔的中国

要 英

张仲礼、丁法章、吴振标、盛重庆、邓伟志、陈绛、王战……假如没有《新民周刊》,这些如雷贯耳的名字对我来说只是种传说。这些在改革开放40年间有功于国家、民族的大师们,都是《新民周刊》的高级顾问和高贵读者。我有幸认识他们并从中汲取似乎永远不会枯竭的思想养料,是因为周刊的一个很普通的读者,也是我的先生——王泠一。他一直在上海社会科学院工作,没啥成就;但他却是一个《新民周刊》与生俱来的忠实读者,他的态度后来还影响了我。

一、大肠馆之问

喜欢喝几杯的王泠一,曾经像孔乙己一样神气过。刚认识他的时候,我俩还在复旦大学攻读博士学位。那时还没有《新民周刊》等时政类、都市类媒体,复旦师生心灵园地里的品位读物是广州的《南方周末》。他居然好几年都在《南方周末》开设专栏;现在复旦的不少知名教授、当年南区的博士生,在手机还没有普及的情况下也就成了他的读者。他比较好客,有了稿费,会叫上一群哥们去五角场邮局取出并在就近有名的大肠馆请客,聚餐时也常常遇到各个领域的著名学者,并桌是常有的事(现在看来应该是佳话)。常常,王泠一的专栏文章被礼节性恭维几句之后,大伙儿都会问——咱上海滩啥时候也有个响当当的媒体啊? 这时候,王的脸必然是涨得通红的,他不争论,只是弱弱地回复:面包会有的,一定会有的……谁都没有把他的话当回事,日子淡淡地过。

20世纪的最后5年,上海从中国改革开放的后卫变成了前锋。王泠一所在的上海社科院变得日益重要起来,因为要摸着石头过河,而石头的大致模样得社科院这样的思想库和智囊团来描述。王泠一,因此得到了很多调研、考察以及和海内外顶级高手交流、互动的机会;他也开始成为市政府会议厅的常客并能够见到市长和副市长们,而他们的尖锐提问往往就是决策课题的紧急题目。决策课题和学术研究完全是两码事,需要深入调研和借鉴海外发展经验、案例;其最终课题报告的文字作风和表达手法,和主流媒体的深度报道则有相似之处。在一次对杨浦区发展战略进行评估的调研中(我还记得主题是房地产开发与市民文化品位需求是否能够兼容,具体还涉及一个电影院的选址),王泠一认识了前去采访的《文汇报》资深记者丁曦林。丁曦林大他几岁,又是复旦校友,两人一见如故。不久,丁曦林成为《新民周刊》创立时期的元勋之一;王泠一因此也就成为《新民周刊》社的常客,并居然能够从那时起一直维持到今天。

周刊诞生的头一年,我在韩国的汉拿大学支教。中国中央电视台的汉语频道虽然已在韩国开始落户,但以播放电视连续剧为主,而反映上海和长三角区域发展情况的时事报道较少。《新民周刊》最初的定位就是立足上海、面向华东,于是,王泠一就很耐心地在和我的通信中介绍周刊相关文章的内容;有的报道篇幅较长就复印后邮寄给我。为什么不能直接邮寄周刊呢?因为当时的韩国还有苛刻的邮政检查制度,尤其是对于来自社会主义国家的时政类刊物更是"鸡蛋里挑骨头",然而"刊物审查"所需要的汉语人才却不够。同时,好多韩国各个领域迫切需要的汉语专才,在我的班上还没有毕业呢。这时,周刊的内容确实如同黎明的曙光。

二、世纪的曙光

我从韩国回国后不久,就发现每到周末,复旦学者、学子们的话题和话风开始变了;《新民周刊》及其深度调查(后来叫封面报道)成为大家的谈资。一位现在是知名教授的师妹说,报纸的新闻好比夏天北京的大碗茶,解渴用的;而周刊的主题报道,就像是龙井新茶令人亲近,如果是有品位的人一起品是谓"悦读"。

我的博士导师吴中杰(鲁迅专家)、他的复旦同事陈绛教授(历史学家)和上海社科院院长的张仲礼研究员(全国人大代表),也对周刊的诞生、稳定的出版和鲜活的选题极为赞赏;周刊好像是21世纪上海文化人的一件大事,而不仅仅属于新闻界和当时的文新报业集团。那时,王泠一在老静安区的石门二路街道挂职锻炼。这个含南京西路和北京西路精华地段的街道只有1.09平方千米,却是地地道道的上海中心城区的缩影,居民素养较高而且积极追求生活品位,社区的文化领袖就是当时的民进中央副主席、全国政协常委、著名社会学家邓伟志。

邓伟志学富五车;是新四军的传人,幼年时光就经历了淮海战役的炮火;他的学习和工作经历也很丰富,如先后是大百科全书编辑部、上海社科院、上海大学等重要文化单位的学术领军人物。王泠一陪同新任街道主任陈正安,去拜访社区文化领袖邓伟志是在2000年春节的大年初一。那天上午,他们还去邓府造次了两回。第一回,是礼节性的,他们吃了点水果但没喝上茶,邓先生还抱怨社区的农民工都回乡过年,没人送桶装水了!说者无意,听者有心。出了邓家门之后,陈、王逛了好多条马路,确实各服务点都紧紧关闭。两人回到街道办公室正犯愁,突然来了灵感,就把自己办公室几乎满满的一桶纯水,挺费劲地穿街过巷又光临了一邓府。这下,邓先生很开心,沏了壶好茶,海阔天空地从门前弄堂里康有为亲手种植的挂花树,聊到他眼中社区文化生活新品位的《新民周刊》以及张仲礼、丁法章、盛重庆等他老友的各类佳话,末了,还送了一本有自己文章的周刊。

这是一本1999年3月全国"两会"期间出版的周刊,全文刊登了张仲礼领衔的当年第一号议案——建议制定"反腐败法"。议案中,张仲礼等31名代表提出:为了全面、统一和有效地惩治腐败,必须把反腐败斗争纳入法律化和制度化的轨道,建议由全国人大制定"反腐败法"或"惩治腐败法"。立法应包括的主要内容:1.法律依据和宗旨、目的;2.立法原则;3.确定"腐败"的法律概念;4.界定腐败行为的主体;5.界定腐败行为,并明令禁止;6.设立"反腐败审判庭"。而在当时,敢于刊发"一号议案"全文的主流媒体,只有《新民周刊》。这期周刊,还刊发了邓伟志和时任华东政法学院院长曹建明教授(后任最高人民检察院检察长)呼应"一号议案"的文章,因而引人瞩目和被广为收藏。而我所在的民进复旦支部,也热烈地讨论过这期周刊;后来又发现,只要是张仲礼领衔的议案,其核心内容和相应的社会诉求都会在周刊得到反映。因此,公平与正义、民生与发展、光荣与梦想,也就是我和同事们眼中的周刊形象。

三、品牌的诞生

毫无疑问,《新民周刊》走在了时代的前列,如同它的办刊理念"我们引领主流"。从时政和发展角度,读者迫切需要了解的选题都是周刊的主旋律。如中国入世谈判、中国筹办北京奥运会、中国申办(上海)世博会、长三角一体化如何破除瓶颈、上海城市精神的内涵……当然,还有韩流、大片、新车、手机、世界杯等年轻人喜爱的时尚内容;很多读者也都注意到,周刊的原创图片不仅视角新、技术高,而且印刷精美无比。而我的好多留学生,为了尽快融入复旦国际文化交流学院的汉语和中国学环境,纷纷自费选择了《新民周刊》作为自己的课外补充读物;其第一选择要素就是图片精美,并配有凝练的说明文字;核心选择要素则是"只要花5元钱(当时周刊的零售价),就能了解一个无限广阔的中国"。

我最终下了决心,并在张仲礼、吴振标、盛重庆、陈绛等老前辈的积极鼓励下,经2004年下半年的试讲,于2005年上半年正式把《新民周刊》从课堂外移植到课堂内,王泠一则建议课程名字干脆就叫"新民周刊导读"。感谢复旦大学给了我创新的机会,因为教材就是当期的《新民周刊》,这是闻所未闻的课程设计;每周的课堂上,各国留学生们自我选择某篇文章用汉语来讲解、讨论,课后则及时撰写心得和论文,学期结束,复旦教务处经考核合格给予留学生2个学分。

这门留学生教育的创新课程,很快就站稳了脚跟,还得到了一些国家驻沪文化领事的赞赏,于是,复旦大学国际文化交流学院就将之列入了品牌(精品)课程计划。而2005年的下半年,还发生了一件对《新民周刊》品牌建设富有意义的特大喜事。这年11月8日即记者节,由上海市委宣传部组织评选的15个专栏和专题节目,在诸多新闻、副刊品牌中脱颖而出,成为首届上海市媒体优秀品牌。

据王泠一当年的记载:这15个著名品牌的诞生,既是中国新闻事业发展过程中的一次生动刻录,也是21世纪新时期上海以实施媒体品牌战略为抓手,努力推进主流媒体影响力建设的一个阶段性成果。譬如,首创于1979年亦即十一届三中全会召开后第一个月的《解放论坛》,常常在各种观点莫衷一是之际,发挥了拨开云雾见青天的作用。它的实践证明,在中国,思想解放既具有引导政策、解放生产力的历史推动意义,又有人文关怀价值。又如,创办于1946年的《文汇报·笔会》,在长达60年的时间里,以几代编辑人薪火相传的努力,培养着与知识人的鱼水之情、道义之交。一起当选的还有《新民晚报》的著名副刊《夜光杯》和《新民周刊》的《深度调查》。后者的优势是什么呢?

上海新闻界的吴振标明确告诉我:"只有近7年历史的新民周刊《深度调查》,则以一系列深度报道得到读者和同行的广泛认同,成为同类媒体中调查类报道的标杆之一,它生动体现了记者坚持深入第一现场、不畏艰难困苦,积极发挥舆论监督作用的时代责任和职业精神。"这一评价自然也让被我尊称为"周刊之父"的另一位人物丁法章很是得意,他可是周刊创刊立项关键时期的最高领导。

四、课程的传导

官方的品牌授证和日益增长的读者人气,让王泠一特别神气。他甚至在市委研究室主持的上海发展研讨会上,大谈媒体品牌与城市文化软实力的关联。后来在时任市委副秘书长、市委研究室主任王战教授(现市社联主席)的支持下,市决策咨询委的重大课题成果(报告)还授权《新民周刊》率先发布。如房地产调控、现代服务业税改等,这也为周刊新闻信息和分析依据的权威性加了不少读者。

王战还告诉王泠一,通常世界一流城市都会有一份具有国际影响力的原创时政类周刊。这是王战教授考察世界主要大都市文化魅力的独特发现,对我是个很大的启发。而在复旦,我的"新民周刊导读"课程也越来越受欢迎。有关留学生国家的驻华大使馆、驻沪领事馆派员来了解课程情况,还有留学生的家长来探望孩子时也被《新民周刊》迷住了(有弥补代沟的功能);周刊也不断地派记者来打探课堂讨论的氛围。由此,我认识了金姬、陆幸生、钱东升、应琛等一批周刊朋友。

留学生们喜欢周刊的各个栏目,对记者的大名甚至一度比我还熟悉。如一个叫布兰卡的姑娘,就成了周刊高级记者陆幸生老师的铁杆"粉丝"。一头金发的布兰卡,汉语很流利;她原本是南斯拉夫人,因国家解体就成了塞尔维亚人。刚认识她的时候,她的眼睛里总是有一丝忧虑;她在塞尔维亚并不喜欢看杂志,因为充满着西方的教条和谎言。在上海、在复旦,布兰卡开始研究社会主义的中国路径和上海样本;她的主打素材就是《新民周刊》,尤其是陆幸生的城市报道。在周刊的帮助下,我陪布兰卡在青海路的一家餐馆里见到了陆幸生。布兰卡问了不少尖锐但很有收获的问题,如深圳特区的决策流程、城市住宅租金的差别、新上海人的生存状况、汽车导致的空气污染,等等;陆幸生都做了耐心、详尽的解答。而金姬不仅和我的友谊保持到现在,她和一个采访对象、喜欢阅读周刊医疗类文章的日本姑娘北泽祐子,也维护交情至今,完全称得上中日民间友好往来的佳话了。

有意思的是,留学生们还从《新民周刊》的上海本土报道中学会了不少"上海闲话",了解了不少弄堂文化的典故和新知;如张爱玲、宋庆龄、新天地、武康路,等等。通过课堂辩论和平时精读周刊,他们理解了养老院、居委会、业委会和开发区,他们能听懂出租车司机的抱怨,他们能在菜场上讨价还价……近年上海发展的速度更是快马加鞭,而地铁新线路的开通,成为他们阅读周刊报道的新热点,他们甚至能够据此测算地铁新线路沿线房租,希望能符合自己发展的预期。

五、周刊新气象

上海在变、中国在变、时代在变,《新民周刊》的报道方式和文章风格也在变,而留学生们的适应性似乎比我还强。如2016年的下半年,一个新学期,我突然发现周刊的封面报道变成统领式、立体式,甚至一期内容可以完全是封面报道的主题、相关栏目根据需要来整合,即由主题决定内容,而非以内容安排形式。

我本来担心周刊风格的剧变,让留学生们消化不了,这就好比球队突然间上了高原、突然进行大运动量训练。但马上就显示我的担心是多余的,一个更有利的条件是毕竟12年过去了,汉语教学在亚洲、欧洲和美洲都得到了深入普及,复旦留学生们的汉语水平和中国国情认知能力早已经突飞猛进。经现在的留学生们的比较,风格变更之后的《新民周刊》更聚焦、更精确、更时效。他们告诉我:某个发展领域的课题或时政类主张如果是门的话,《新民周刊》的即时封面报道就是打开思维之锁的钥匙。我突然觉得他们是"刊二代"了,其阅读理解能力不亚于国人。

这批"刊二代"中,有的是随父母在华工作、在上海接受的基础教育;有的是对华外交官和商务专员的孩子;还有的就是在沪文化领事、商务领事本人。"新民周刊导读"的课堂,几乎类似成联合国的专题辩论场厅,思辨火花闪烁,思维值得留痕。而今年暑假前刚结束的这学期,多才多艺的白雪花(美国留学生)是第八届"汉语桥"世界中学生中文比赛总决赛季军,弹得一手好钢琴,随复旦echo合唱团活跃在上海的各种舞台上;来自英国的易梓星曾以火辣劲舞激情歌喉夺得2017年度复旦达人秀冠军;还有好些留学生都获得过孔子学院的汉学奖学金。

白雪花喜欢精读《城与事》栏目,因为"能从作者的眼里看到了中国老百姓的日常生活"。她印象最深刻的是《我接母亲住新房》,作者名叫铁万钢,来自青海。她这样理解:"春节快到了,作者在帮母亲从村子搬到城市,希望她晚年的日子过得更舒服,更愉快。母亲的新房有空调、电灶,即很多作者认为应该让她开心的东西。但是刚好要过春节了,母亲有点想家,所以心情没那么好。后来作者给她做村里过春节经常吃的一道菜,也认真地听母亲说一说往日时光的故事。当他们在一个新的地方产生了'家'的感觉,母亲也开心起来了。这篇文章让我更加了解春节对中国老百姓的重要性。我读了这篇文章以后想起了美国的感恩节,今年是我第一次在国外过节,没有跟家人亲戚一起过,就像那个母亲一样难过。"

在"刊二代"中,甚至还有能够根据周刊主题,参与讨论后引发进一步反思的。如松田亮辅(日本留学生)选讲了周刊好些文章,有《安全屋:合法吸毒?》《小费"潜规则"是文化还是陋习?》《在日本拾金不昧记》《一道留住男人的菜》等。但他和同学们印象最深刻的是《为什么会有"精日"这种异类?》。他告诉我:"读这篇文章的时候才知道中国人对中日之间发生的事情怎么想,而且觉得对中国人来说尊重历史是多重要。讨论的时候,韩国的沈保罗就说'精日'听起来奇怪,但却不是个案,在德国,就有一些遭受纳粹屠杀的犹太后人崇拜希特勒。讨论中大家的观点一辈子不会忘,所以我回日本后,还继续看《新民周刊》。"

以上案例,只是"新民周刊导读"课程14年来丰富记录中的一些片断。谨以此文,献给《新民周刊》1 000期!

(作者单位:复旦大学国际文化交流学院)

外国青年对"一带一路"的期待

金 姬

2017年5月一个周四的下午,在上海复旦大学光华楼东辅楼的一间普通教室里,来自十几个国家的学生用汉语讨论得热火朝天。作为复旦大学国际文化交流学院的文化班和经济班第一次联合上课,此次课程主题是"一带一路"(Belt and Road,简称B&R)。虽然这些学生的汉语水平参差不齐,对于"一带一路"的了解也不尽相同,但他们一致认为对其而言这是一个契机。

一、就业机会更多了

越南姑娘杜娟到上海已经8个月了,她坦言自己之前对"一带一路"一无所知。"现在很多中国工厂都迁到越南,所以在越南会汉语的话就有很多工作机会。"杜娟告诉《新民周刊》记者,她从小对中国文化和影视剧感兴趣,学汉语也就是水到渠成的事了。当她知道"一带一路"的倡议后,第一反应就是以后毕业回国就有更多的就业机会了。

意大利小伙马特和杜娟的想法不谋而合。他似乎比教室里的其他学生对"一带一路"更有感情。"古丝绸之路,就是中国到罗马的。现在中意关系不断向前、愈加亲密。"马特表示,自己学汉语的初衷很简单——当下在意大利,会中文的人更好找工作。意大利在中国尤其是上海设有不少公司。"一带一路"对他而言就是一个大大的利好,"我希望学了汉语后,今后找到的工作可以是一半时间在中国,一半时间在意大利"。

巧合的是,越南国家主席陈大光和意大利总理真蒂洛尼都到北京出席

"一带一路"国际合作高峰论坛,可见这两个国家对"一带一路"倡议的认可。

二、期待和中国的合作

在德国留学生熊明浩看来,"一带一路"对很多国家而言都是一个很好的机会。"以前欧盟,包括德国,在政治上一直跟着美国走。但是最近欧美的关系日趋复杂,特别是特朗普上台以来。我们也愈来愈重视经济往来,例如现在有直接从中国到西欧的火车(中欧班列)。这是一个很好的贸易基础。这样搞好贸易关系不但对欧盟有好处,而且对中国来说也是一个很好的机会。"

德国学生莫里茨也表示,德国商业领袖很看好"一带一路":"他们认为,中德贸易对两国的经济很有益,来自中国的投资者可以帮德国的公司进入中国巨大的市场。"虽然此次德国领导人没有参与"一带一路"峰会,但是德国是亚洲基础设施投资银行(简称"亚投行",AIIB)的成员国之一,由此可见德国对于"一带一路"倡议的响应。

同样是亚投行成员国的韩国,也希望以"一带一路"为契机。5月9日文在寅在韩国总统大选中胜出后,本来出席论坛的韩国代表也由韩国驻华大使升级为一个政府代表团。对此,韩国男生卢长雨对《新民周刊》记者表示,希望以经济带动外交,以"一带一路"合作为窗口,缓解因为萨德问题而日益紧张的中韩关系。

作为亚洲仅次于中国的经济体,日本的态度也很矛盾。日本女生本行萌告诉《新民周刊》记者,日本国内经济发展已经呈饱和状态,需要寻找海外市场。而"一带一路"中的东南亚或非洲市场都对日本具有不小的吸引力。

值得注意的是,在北京峰会召开前夕,日本学者纷纷呼吁日本加入亚投行。他们认为,日本如果对"一带一路"倡议及亚投行持积极姿态,不仅有利于改善中日关系,还会对东亚乃至世界经济发展做出贡献。

来自加拿大的女生吴娴是一位华裔,她表示中国的强项是基建,可以帮助很多发展中国家。而作为发达国家,加拿大也可以从中受益,因为中国是加拿大第二大贸易伙伴国,双方还有很多合作空间,例如加拿大已经是亚投行成员国,这意味着加拿大公司也可以参与到"一带一路"的投资中,从而实现各方共赢。

三、有些问题无法回避

　　印尼姑娘王菁菁的母亲是华裔,父亲是印尼当地企业家。作为一位混血儿,她可能比其他印尼人更能感到"印尼排华"的影响。"我的样子看上去更接近华人,所以在印尼大家把我归为华裔,受到不少歧视。"王菁菁说,虽然现在中印领导层对"一带一路"倡议达成合作共识,但普通印尼人未必接受。

　　以印度尼西亚的高铁建设工程为例,此次的高铁项目为雅加达到西爪哇省万隆,印尼与中国国企设立的合资公司负责运营和建设。中国在高铁建设方面是行家,但是项目实施起来很困难。虽然在 2016 年 1 月就已举行了动工仪式,但工程进展仅停留在部分土地的平整作业上。此次印尼佐科总统到北京参加"一带一路"峰会,就是为了双方签订融资协议。即便如此,也很难完成原定的 2019 年竣工的目标。

　　除了政治风险,诞生 3 年多的"一带一路"倡议对于沿线百姓的宣传力度也需要加强。乌克兰女孩杰奎琳说,2017 年是中国和乌克兰建交 25 周年,双方高层都很认可"一带一路"倡议。但乌克兰没有加入亚投行,国家领导人也没有出席此次峰会。更重要的是,杰奎琳在到中国之前从未听说过"一带一路",可见乌克兰老百姓对此的了解程度不高。

　　生于白俄罗斯、在俄罗斯长大的萨莎提到了另一个问题:中国人对现代俄罗斯或白俄罗斯的了解,远不如俄罗斯人或白俄罗斯人对中国的了解。这可能是中国非常注重吸引这两国的学生来华学习汉语的重要因素,希望由此推进双方合作。"'一带一路'应该是双向的,互惠互利的。"在萨莎看来,唯有这样才能让更多国家真的愿意加入这一"朋友圈"。

　　(本文完稿于 2017 年 5 月)

(作者为《新民周刊》记者、编辑)

环保课上的震惊：高一小学《新民周刊》班探微

翁黇懋

2018年暑期去纽约之前,我的名誉班主任王泠一博士让我重点考察一下当地河流或湖泊的基本情况,这是为了更好地借鉴海外经验。于是,我的第一站就是考察当地的中央公园。中央公园坐落在曼哈顿中心,是纽约这座繁华都市中一片静谧休闲之地。中央公园南起第59街,北抵第110街,东西两侧被著名的第五大道和中央公园西大道所围合,公园占地约3.4平方千米,纵跨51个街区,横跨3个街区,面积达340万平方米,是世界上最大的人造自然景观之一,被称为纽约的后花园。园内分布着大大小小的湖泊和森林,设有动物园、运动场所及游乐设施,有两个巨大的人工湖,稍大的是水库,小的是湖,两处大草坪。从中央公园骑行出来后,我就转向去了哈得孙河畔骑行。

哈得孙河由意大利探险家乔瓦尼·达韦拉扎诺于1524年发现,是纽约州最重要的河流之一,为其经济命脉。哈得孙河源出阿第伦达克山间冰川湖,全长507千米,流经纽约市、奥尔巴尼市,最终注入上纽约湾,流域面积可达34 628平方千米。哈得孙河可谓是纽约市的母亲河,哺育着两岸人们,为经济、文化和生活的发展做出了重要贡献。哈得孙河没有我们国家的长江长,也没有黄河宽,但河水却很清澈,河道的水深都在12米以上,仲夏之夜,河道上的盏盏船灯像条条蜿蜒的巨龙,点缀着夜幕下的哈得孙河。游览哈得孙河的最佳方式就是乘船观赏,两岸风景迷人,高高低低的建筑错落有致,有的恢宏,有的精致。一些城市雕塑在湛蓝天空的映衬下显得温婉、柔情。河岸景色相映成趣,相得益彰,勾勒出一幅幅令世人为之惊叹的美丽画卷。

考察回上海后的8月15日,我专门向王博士作了考察情况说明。他一方面表示了对我考察仔细的赞赏;另一方面却告诉我上海的水环境治理不是很乐观,而且让我有个心理准备,说开学后的第一堂拓展课就是水环境治理。

果然,这学期开学不久,我们校领导宋霞峰老师荣幸地请到了上海环境物流有限公司的黄长缨高级工程师,于9月20日下午,来到我们高安路第一小学康平校区4楼电教室,专程为我们上了一堂环境保护专题课,大家都很激动,也很高兴。这也是我们班有幸挂牌"《新民周刊》班"之后的首堂大课呢。

黄长缨高级工程师作为上海环保方面的专家,很是细致周到,还特地为我们做了演讲的PPT,有38页之多。她还为了照顾我们小学生,大多以图片为主进行细心讲解,足足为我们讲了包括河长制在内1个多小时的环保知识,让我们很是受益!大家都很感谢校领导能给我们带来这么有意义的拓展课!

但是,这堂课的内容让我们听得心惊肉跳。黄老师PPT的开头说到的正好是我家里订阅的最近一期《新民周刊》里的一篇文章:是《新民周刊》记者王煜,于9月5日的一篇报道,题目是:《震惊!臭河浜藏身上海重要水源地多年不得根治》,大概意思是讲到地处青浦的上海重要水源地杜子江,污染带延绵500多米,水面腐烂恶臭,水生物尸体散布周边河道,受到污染源源不断侵袭,淀山湖、淀浦河交界处,淀山湖边也密布着蓝藻,附近单位工作人员反映:河湖水体污染已持续多年,水体富营养化导致蓝藻泛滥,使水生物缺氧或中毒,后来查看电子版的《新民周刊》,视频中还看到大量的死鱼等。

这篇报道的最后,王煜写道:"如果不保护河湖,困在网中的将是我们自己。"这句话让我们震惊,也让我印象非常深刻!原来环境保护与我们每一位都休戚相关!在黄长缨高工的这节环境保护主题课上,我们更深切地感受到环保的重要性,不保护好生活环境,到头来受害的还是我们自己。

联想到我们小学自然课的杨钟岚老师,她也和我们讲过以下知识:假如全球有100%的水,其中我们能喝的淡水只占30%;再把我们能喝的淡水看成100%,其中我们只能喝到3%,因为其中的97%是地下水。也就是说,在我们这个地球上,海洋是陆地的 4.1 倍,但是这么多水,我们却不能直接饮用。

　　了解到这些情况后,我的心情有些沉重。通过周刊报道,我还进一步了解到中共上海市委书记李强也心忧治水。他说:"上海实施河长制一年多来,实现良好开局。同时要清醒看到,全市治水形势还不容乐观,水质尚未实现根本性好转,影响水质的污染源尚未彻底消除,治水任务仍然十分艰巨。老百姓对我们的工作满怀期待,他们看水环境,往往不是看公布的监测数据,而是更直观地看水到底清不清,闻起来还臭不臭,水里有没有鱼在游。我们要增强忧患意识、注重百姓感受、更加奋发进取,真正把河长担子挑起来,到 2018 年年底全面消除河道黑臭,到 2020 年力争全面消除劣 V 类水体。"

(作者单位:高安路第一小学五年级六班《新民周刊》班)

朱国顺专栏：复旦留学生的阅读知音

要 英

上海的文化符号《新民周刊》，几乎人见人爱。周刊文化底蕴深厚、选题严肃，又不失活泼，有很多经典的栏目。就以《新民一周》栏目来说，简洁的千字文，挥洒道来，说透一周世界上最值得关注的大事，深受留学生的喜爱，比如有个叫沈保罗的韩国学生对这个栏目每一篇文章都可以娓娓道来，还能发表自己由它而引发的思考。我总结这个栏目的特色，就是不囿于国家民族的狭隘，以博大的胸襟，纵览新闻热点，新知识与雅趣味兼得，讲出了中国人对重大国际事件的解读。以下就是复旦大学国际文化交流学院汉语言专业文化方向 2016 级本科生阅读 2018 年第 45 期朱国顺专栏《天上的星星有北斗》后，部分学生感言：

一、小娜（哈萨克斯坦）：再也不担心美国把 GPS 关了

刚开始还不明白为什么叫"天上的星星有北斗"，看到结尾才觉得朱国顺起的这个标题超棒，因为中国古代是用北斗七星辨别方向的，所以，一听就知道是中国系统。

不过我有一些疑问，我们知道北斗成功发射后准备在 2018 年底前开通运行，现在已经是 2019 年了，为什么我们用的还是 GPS 呢？如何才能真的让普通人在生活中用上北斗？另外，根据文章，我们知道中国打算在 2020 年年底前使用北斗卫星导航系统，且具备服务全球的能力，并服务于"一带一路"国家。那么，我的祖国哈萨克斯坦有没有包括在里面呀？我的父母、奶奶根本也不知道这件事情。看来北斗能够像 GPS 那样深入全球人民的生活

不是一件简单的事情,或者说,并不是有了这个技术和能力就可以推广的啊。中国,你还需要继续加油!

虽然有许多的疑问,但最值得欣慰的是,这个北斗全球卫星导航系统成功制造出来,它已经成为中国的一大瑰宝,中国可以成为继美国的 GPS、俄罗斯的"格洛纳斯"系统、欧盟的"伽利略导航"系统之后,世界上第四个后起之秀。这是个令人欣慰的系统。有这个中国瑰宝"北斗"在手,如果美国人把 GPS 关闭,也没有关系,中国人会有自己的全球卫星导航系统。

过去,我一直觉得中国什么都有、什么都会、什么都能找到、什么都能生产。刚好昨天看新闻,说中国的嫦娥四号卫星成功登陆月球的背面,今天又看这篇文章,我觉得中国这么强大,什么都能成功,我再次知道自己选对了留学的国家。

二、大内莉里(日本):读《天上的星星有北斗》有感

当我看到《新民一周》朱国顺的这篇文章的题目时,我认为这是一篇分析星象的文章,但在我仔细阅读完以后,我对"北斗"有了一个新的概念的认知,并且学习到了新的知识以及增添了新的感悟。

我强烈意识到了什么是卫星导航系统及其重要性,此前我并不知道只有少部分国家拥有此系统,在这个发展迅速的年代,卫星导航系统已然成为了人们依赖的工具,而当我看到我正在留学并生活在此国家——中国也开始拥有自己的卫星导航系统时,我的心头不由得感到一丝骄傲。

文中提到从工程启动一直到开通运行再到具备服务全球的能力,此过程耗费了 11 年的时间。这过程虽然文中只是提及而已,但我能够想象到每一个科研技术人员在背后为此工程所付出的辛勤汗水。我认为最了不起的就是在 2018 年仅用 1 年时间,长征三号甲乙火箭先后发射了 11 次北斗导航卫星,并且全部圆满完成任务,还创下了北斗组网发射历史上高密度、高成功率的新纪录。

读到这里,我又在心里默默感叹中国改革开放 40 周年以来科技的飞快发展是世界各国有目共睹的,作为一个在中国留学的日本学生,我感到十分自豪!

文章的后半部分讲述了中国"北斗"领先其他国家卫星导航系统的两大"独门绝技":其一是复杂的星座系统。此系统可以帮助"北斗"定位精度提高,而看一个导航先进与否就是看导航精度。另外一个就是短报文系统,不仅可以与卫星进行交流,还能实现双向通信。在这样强大的"绝技"支撑下,"北斗"可谓是成了目前全球最先进的卫星导航系统。

在文章读到这里的时候,我心中不仅对于"北斗"的先进感到臣服,如此先进的技术,中国还准备服务全球,造福全人类,这样的态度也着实让我钦佩。

在文章最后,作者讲述了北斗七星在古代中国的含义,这也恰巧是我在开头提到的一直对于北斗的理解,但在读完这篇文章后,我对于北斗的另外一个概念也有了认知,就像作者最后说的那句点题的话——"对于许多人来说,最可欣慰的事之一,大概就是'天上星星有北斗'",我也成了那许多人中的一个。

三、李到炯(韩国):最美丽的中国星"北斗"

我们在日常生活中,经常看到用 GPS 的人,送外卖的时候需要用,送货的时候需要用,开车的时候更需要用,GPS 为生活提供了很大便利。这样的卫星导航定位系统是不容易创造的,创造卫星导航系统需要的不仅是尖端科技,还要有强大的财力,而且花很多时间。在韩国也试过创造,但都失败了,这么难的事,中国的"北斗"成功发射了好多次,是非常了不起的事情。

"北斗"比别的国家的卫星更高级而且卫星数更多,"北斗"就是全球唯一的独创,没有别的国家的帮助创造出来。"北斗"设计了复杂而精密的星际链路实行星际纠偏,使用了 3 种轨道 35 颗卫星(GPS 为 32 颗),包括地球静止轨道(3.6 万千米)、地球倾斜同步轨道(3.6 万千米)和中圆轨道(2 万+千米),卫星越多,链路越复杂精密,结果就是定位精度越高。GPS、格洛纳斯、伽利略都是仅使用中圆轨道,而且通信卫星进行任何交流是非常高级的技术,但是"北斗"能通信,发布 140 个字的短报文式"短信",既能够定位,又能显示发布者的位置,这就是万能的卫星,更重要的是,短报文功能实现双向通信,指挥端机可进行一点对多点的广播传输,为各种平台提供了极大便利。

在中国最美丽的星是"北斗",虽然比其他国家起步晚,但是它用自己的技术,已经超过很多国家的技术。我认为,10年内中国的北斗卫星可以被称为世界上最高级的卫星,是中国人超越地球点亮天空路的"明灯"。

四、洪在锡(韩国):在中国的天空上存在两个北斗七星

读完了这篇文章以后,我脑子里出现的是前几天在韩国网站上的一篇新闻,新闻的主要内容是2018年各个国家的经济成长现状,新闻里说美国还是世界第一,中国是第二,中国的经济发展速度比以前渐渐慢,不是跟以前一样快的速度,但是中国的发展还是上升并且比美国发展更快,估计他们会很快超过美国的经济规模。有专家对这种情况看法不同,他们说中国的发展比以前速度彻底降落,不久中国的发展跟日本、韩国一样,会停止一段时间。我非常关心这个问题,当时留心看,知道争论好像很激烈,一时间真的不知道该相信谁的话。

我的疑问好像被这篇文章解答了。我们知道导航卫星表示了那个国家的国力和财力,果然中国终于开发出一款全球卫星导航系统,这成功不但有尖端的科技、强大的财力,而且有对目标的渴望和努力。

文本中说:"2009年正式启动实施一直到2018年试验,何况仅仅1年时间,长征三号甲乙火箭先后圆满完成11次北斗导航卫星发射任务,特别是2018年7月份以来,连续进行7次任务发射12颗北斗导航卫星,组网发射最短时间间隔为17天。"这当然是中国人的技术很厉害,但我最佩服的是他们的不断努力,为了成功不断尝试、不断工作、不断应对各种困难和挑战。

佛家有"顿悟"二字,读《天上的星星有北斗》的感觉就是顿悟。顿悟到什么呢?我顿悟了中国人设立的目标是中国实现最强大国家的动力;顿悟了中国人对目标努力的能力有多么强;顿悟了关于中国未来经济发展的前景……

五、沈保罗（韩国）：通过《新民周刊》看韩、日、英媒体的不同

我是高级文化进修班的学生，由于《新民周刊》导读课，我阅读这本杂志差不多有一年的时间，感觉它好像已经成为我的旧友之一，在家有空时常常看《新民周刊》里的文章。我想分享我对上海的这本都市与时政类杂志的看法。

我非常珍惜《新民周刊》里关于上海固有文化的文章。我少时问过父亲："封建时代朝廷专门编辑了史书，比如《高丽史》《朝鲜王朝实录》之类的，那么现为何不这么做呢？"他回答说："现在有报纸啊，后代人研究现代的时候，他们可以看现在的报纸。"至今为止，我赞同当时我父亲的看法，新闻媒体就是后代人研究现代的时候用的史料记载。可是，后代人研究国家历史也罢了，地方历史怎么研究呢？

目前，在韩国少有地方媒体。随着国家的发展，全国社会经济力量密集在一个中心，只有以首尔为中心的媒体能生存下去，地方媒体基本上已经消失了。幸好，中国国家比较大，还是有很多地方媒体生存下去，保留着各个地方独一无二的声音，《新民周刊》就是其中之一。《新民周刊》是历史悠久的《文汇报》《新民晚报》联合组建而成的媒体，也是现在具有全国影响力的周刊媒体之一。它不但提供了国际或者全国性消息，而且还栩栩如生地介绍上海本地的情况。

此外，我通过《新民周刊》能够了解现在中国人的观点。作为一个外国人，我觉得了解中国社会的途径莫过于媒体。日报媒体有利于提供新消息，但是，由于日报的纸面空间有限制，不能够刊登深层的分析与探究文章。恰恰相反，《新民周刊》能够给读者提供它固有的逻辑与想法。对我来说，《新民周刊》不仅提供了中国国内和国际发生的事情，而且还能帮助我了解中国社会对各种观点的想法。

尤其是，我觉得比较中国与欧美之观点也挺有趣。从2006年开始，我读英国的《经济学人（economist）》，也是一种同样的周刊类媒体。《新民周刊》覆盖的很多观点不仅有关中国，而且其影响力涉及全世界，因此，两个媒体常常对同样的观点予以不同的评价。当然不能说谁是对谁是错，只是，我

觉得两者的观点差异越来越大。可是,我觉得这不是本质上的,而是,因中英两国处于不同发展阶段而导致的。英国人观看世界时,具有一种居高临下的态度,很像老年人看着年轻人的样子,与此相反,中国人观看世界时,具有一种向上勤奋的态度,很象 20 多岁前途无量的年轻人看着壮年人的样子。

(作者单位:复旦大学国际文化交流学院)

跋一　怀念母亲

秦万年

初秋的清晨,独坐窗前看雨。这江南的雨,缠缠绵绵,裹着凉风,勾起心底无尽的思绪。我知道自己又在想念母亲了。

母亲离开我已经整整10年,那年正值初秋。记得她"走"的那天,家乡也在下雨,伴着狂风。我从外地顶着风雨赶回家,院前临时搭建的帐篷下,密密麻麻站着很多人,熟悉的间或陌生的,他们都是专程过来吊唁母亲的。我走到母亲跟前,见她安详地躺着,像是在熟睡,也似闭目聆听雨的呜咽。

母亲一生勤劳,从我记事时开始,她的身体状况似乎一直都不太好。那个时候,父亲在远离家乡的一座小镇为生计而奔波,留下母亲和我,还有两间茅草屋,在清贫的岁月中,静静期盼远方的好消息。

为了追逐梦想,20世纪80年代初我也离开了家乡泰州,只身来到沪郊金山工作。那时,我还是一个十五六岁的毛头小子,对于这里的一切都充满了好奇。我从学徒工做起,电表装配,车钳铣刨,成本核算,出纳会计,而后来到区级政法机关从事法制宣传工作,这一干就是30多年。除了平时的书信往来,每到春节,我都要从朱泾乘2个多小时的公交车,赶到十六铺码头乘船回家看望母亲。每次行至村口,远远地总能看到她坐在那棵老银杏树下等我,混浊的眼里泛着泪光。那种只有母亲才有的慈祥眼神让我终身难忘!

幸福的日子总是短暂的,我的假期很快就要结束了。临走前的那天清晨,母亲兴冲冲地跑去市场割了二两纯精肉,午间为我做了一盘青椒炒肉丝。这应该是我味蕾感知最好的一道菜了,至今唇齿留香。餐后,母亲照例煮了10个草鸡蛋,说是冷却后让我带着路上吃。其实轮船上也就一个晚上,有晚餐供应,但她总是担心我吃不饱。简单的行囊被她理了一遍又一遍,千叮咛万嘱咐。出发了,她紧紧拽着我的手,在乡间的小路上蠕行,我能触摸到她手心上的层层老茧。送我去码头的人力二轮车来了,于是我跨上单车,向母亲道别,猛然发现她的眼里噙着泪花……年复一年。这是她老人家健在时留给儿子最温暖的记忆!

母亲姓栾,名凤英,出生在江苏泰县(现属泰州高港区)一个偏远小镇。她在家排行老三,是个苦命的女人,2岁时右眼染上恶疾,被乡村游医用绣花针刺穿角膜而致盲。嫁给父亲后,生活的重负非但没有丝毫减轻,相反老天却在有意无意摧残她的身心。由于父亲常年漂泊在外,加上当时乡村医疗条件较差,我的4个哥哥、姐姐均因非致命疾患延误治疗相继不幸夭折,其中最聪明的二姐卒年已满9岁。幼时,母亲常常在我耳边讲述姐的乖巧和伶俐,以及那些鲜为人知的往事。去年回乡整理家居物品,我在箱子底下发现了姐姐读书时用过的二年级语文课本,内页竟然还夹着母亲在世时做鞋用的纸样,已被岁月风霜染黄……沉重的精神打击让母亲的身体每况愈下。由于家里没有劳动力,生产队的分红年年都是"大红灯笼高高挂"。一家人依靠父亲的微薄收入艰难度日,硬是苦苦支撑了好多年。

虽然家境贫寒,没有念过一天书,但母亲天资聪慧,记忆力惊人,许多陈年往事几乎都能过目不忘。不但熟记家人亲朋的生辰八字,甚至连故去祖辈的忌日亦了然于心。由于她从小无师自通,习得一手正骨疗伤的好技艺,经乡邻口口相传,方圆几里无人不知。要是谁家大人小孩的关节脱臼或者手脚崴了,必定第一时间前来求助,性急的半夜三更也会跑过来敲门。善良的母亲总是有求必应,从来不肯收取任何好处。

正骨的手法看似简单,但操作起来要求稳、准、敏捷。在我童年的记忆中,母亲对这门技艺的稔熟程度着实了得。虽然没有什么行医证明,但"有效"才是硬道理。在当时医疗资源极其匮乏的乡村,这般无师自通的民间技艺,也为十里八乡的村民缓解了不少痛苦。为了方便乡亲们前来求助,印象中我们家的大门白天基本上从来不关,晚上也多半虚掩。记得有年寒冬深夜,母亲和我都已上床休息,一阵急促的敲门声传来,一个老妇人抱着左手脱臼的小毛头前来求助。孩子甚小,裹在襁褓中,哭泣声撕心裂肺。母亲急忙披衣下床,望闻伤情,开始诊治。诊疗从拉家常起步,揉揉捏捏差不多半个多小时,小孩子居然在老妇的怀里睡着了。程序看似简单,实则不然。现在想想,如今的所谓心理疏导,与其亦有异曲同工之妙吧。经过两次复诊,小孩脱臼的手肘很快便恢复正常。后来,老妇人一家特地携礼品登门道谢,母亲执意不收,还留他们吃了午饭才微笑送回。

据传,早在3000年前的周代就有专治骨折的医生,清代《医宗金鉴》总结前人正骨经验,提出了摸、接、端、提、推、拿、按、摩八法,俗称正骨八法。母亲大字不识一个,属于自学成才,不懂这些历史渊源,但由她独创的"栾氏正骨法",却被实践证明屡试不爽。很多进门时疼得没了方向的乡邻,经过母亲看似简单的揉捏推拿,出门时多半活蹦乱跳,神清气爽了。对此,童年的我常常引以为豪。

母亲的节俭远近闻名,即便后来家里的经济条件有所改善,也未曾改变她的这一传统"习惯"。那时,虽然我和父亲每月都会寄钱回家,一再关照她买点好吃的,不要过于节省云云,但这些钱到年终基本还是原封不动。日常开销,全靠她平时省吃俭用,甚至外出捡废品换钱度日。每年我回家探亲,母亲总是瞒着父亲,悄悄地把积攒了一年的钱,用手绢小心翼翼地包好塞给我,然后小声对我说:"儿啊,这点钱你带到金山去,给杰杰(儿子的乳名)买点玩具,我这里还有,你就放心吧。"我又怎能忍心收她的钱呢,可无论怎么推也推不掉啊!便强忍着泪对母亲说:"妈,等玩具买好了,我给你小孙子照张相寄回来给您吧。"抬头看着母亲,只见她的头发全白了,皱纹也深了,腰背已驼了,眼睛越发混浊了……

每次,当我打开手绢的一霎那,眼泪总是止不住地往下掉。手绢里包的,除了我们平时寄回去的"大票子",还有许多表面已经泛黄的零星纸币,边角全被她细心整平如熨烫过一般服帖,点一下钱款竟然超过寄回家的总数。我捧在手里,心里五味杂陈,感觉沉甸甸的。这哪里是钱啊,分明就是一位母亲对儿女的舐犊深情!每次她一定要看着我收下放妥,脸上才会绽开满足的笑容。

时光荏苒,一晃好多年过去了,我总是不由自主地想起母亲的好,想起她的勤劳、朴实和善良。这些年无论多忙,每到清明时节或者途经家乡,我一定会去父母的坟前看望他们,说几句心里话。

2018年下半年,家里的老屋已经被政府征地拆迁了,我们祖辈生活的这个地方,即将矗起一座座现代化的大楼,成为泰州中国医药城的生活基地。

另外还有个好消息告诉你们,泰州到上海的高铁 2019 年国庆前夕即将开通,以后回来看你们就更加方便了。来到金山 38 年,儿子还算争气,没有给你们丢脸,不但自修完成并获得汉语言文学、法律、行政管理等多张文凭。迄今在区内外各级媒体上发表散文、通讯、杂文等体裁文章 2 000 多篇(次),计 100 余万字,多次在各级征文比赛中获奖。而且还撰写了大量人物通讯及其他材料。其中,"故乡记忆"系列散文若干篇,陆续发表在《劳动报》《东方城乡报》《上海远洋》《金山报》《新金山报》及《金山文化》等;《感觉幸福》等作品分别被《中国禁毒报》《解放日报》《金山报》等主流媒体评为最佳作品(优秀文章)奖;另有《小城之旅》等若干散文(通讯、杂文)发表于《检察日报》《人民法院报》《现代农村》《金山报》《新金山报》等报刊;独立编撰或参与编写的书籍主要有《摆渡心灵》《思海拾贝》(文汇出版社)、《不应逾越的界限》(上海教育出版社)、《你的名字默默无闻》(上海法治报社)等;10 多次荣获《检察日报》《解放日报》《金山报》等媒体优秀通讯员称号等。这些年来,儿子不但多次获得新长征突击手、优秀党务工作者等荣誉,而且还加入了作家协会,担任一家公司的党支部书记,还是人大代表和党代表……想当年二老在世的时候,儿子没能来得及给你们尽孝,但我会经常回来看你们的!

(作者为上海金山广缘大酒店党支部书记)

跋二　步履蹒跚

余闻婕

2018年6月，我接到学校通知，问我有没有兴趣去参加中英数学教师交流项目的遴选，作为我国第一个由发达国家资助、与发达国家之间的中小学教师互派项目，中英数学交流项目已经开展多轮，双方互派教师进行交流和学习，对于这个项目我早有耳闻，对于我能有机会真正参与其中，到英国实地感受当地的小学数学教育，交流和学习，我既紧张又跃跃欲试。在通过了选拔之后，紧接着的暑期就开始了培训，同年11月，学校接待了来自英国的几位老师，英国教师深入上海的数学课堂，沉浸式地感受上海数学教学模式，终于在2019年1月12日，我正式踏上了前往英国的交流之路。

86位上海中小学数学教师深入英国43所中小学，进行为期两周的教学，我被分配到的学校是在英国的康沃尔，位于英国最西南边的小镇，我见到了之前在中国接待过的英国搭档，来到她的学校，学校的每个老师学生都热情地用中文"你好"来和我们打招呼，而在英国搭档包班的教室里，我看到了许多来自上海数学的影子，用比身高的方式增进学生对于大于小于等于号的符号理解、学生课前用英语背诵乘法口诀表等，充分体现出英国老师将他们从上海学习到的方法都运用到了自己的教学中，这也让我在陌生的异国他乡，找到了熟悉的感觉。

通过沟通，我知道自己要在英国教两位数的减法，在上海我已经教过两轮一年级，对于这个内容还是比较得心应手的，出发前，在备课组也讨论交流过，原本是信心满满的我，但却在英国的第一堂课就遭遇滑铁卢。

第一堂课我设计的是《两位数减整十数》，这个内容比较简单，只要理解十位相减，个位不变，但是英国的学生第一次接触横式的计算表达方式，一些孩子知道答案,能直接给出答案,但是要把横式步骤写下来,对于学生来说具有一定的难度,英国的课堂一节课有1小时,明明比上海的35分钟一节课多出25分钟,可是我的教学内容还是没有上完,推进得十分困难,课后我和英国搭档进行了交流,分析原因,发现英国学生的计算基础并没有像上海孩子那样扎实,尤其是20以内的加减法,无法非常快地口算出答案,他们需要借助于大量的教具来帮助计算。

如果说在上海教学时,一堂课可以用"如履平地"来形容,那么在英国上课,就只能说是"步履蹒跚"了,一节课中我觉得十分简单的教学内容,却常常会遇到卡壳,但是我想这都是学生最真实的反映,他们不理解的地方,作为老师如何去化解,通过前后知识的勾连,哪里需要放缓脚步仔细讲,如何通过丰富的教具,建立减法横式表达模式,都是我每天课前必须要思考的。

鉴于英国学生的学情,我推翻了之前的教案设计,全部重新来过,由于时差的作用,几乎每天睡到凌晨2点,就会自动醒过来,于是开始备课,我把数字全部都改小,使得计算更加简单,让英国学生能够从简单的题目开始,增强信心。两位数减法最重要的就是理解退位,当个位不够减时,需要向十位退一作十。上海的教材中是使用计算条和小圆片帮助学生理解,英国的教具资源十分丰富,他们也有计算条和小圆片,但是结合他们的情况,我决定使用10根一捆的小棒,更加具象,而当个位不够减,就把一捆小棒拆散,变成10根小棒的操作过程,让英国学生把向十位退一作十的概念理解得十分透彻。又通过大量的数学语言训练,让学生把横式的步骤说出来,终于大部分的孩子能够把退位减法的横式步骤理解了。在最后两天的大课展示时,周围的10多所学校接近100个老师来观摩《两位数减两位数(退位)》这节课,通过大量运用的小棒的实际操作到ppt每一步的图像动画,我希望能在英国学生的脑海中建立这个图像模式,以后就可以逐渐在脑中想象,脱离教具。但是这需要日积月累的训练,并非短短两周、几节课就能达成的效果,虽然课上最后的效果并不能达到像在上海上课时那样出彩,但是我确实看到学生们都在努力去尝试,进步了很多。课后听课的英国的老师也是各抒己见,他们对于小棒的运用,给予了充分的肯定,听到好多老师都在说他们也要大量去购买小棒。英国老师自己也说到这种从实际操作到图像显示到脑内想象的模式很好,从具体到抽象的过程需要循序渐进,在学习20以内加减法时就打下坚实的基础。通过这几节两位数减法的教学课,我的备课设计也让英国老师感受到更多的教学多样性,对于上海教材的编写,他们越来越理解和赞同,深深感受到加减法之间的联系是多么重要,更体会到打好计算的基础对于学生之后的数学能力的发展是多么的重要,以前他们并没有觉得 10 以内数的分与合对于学生有多么重要,感觉学生不用教都已经会了,甚至觉得他们都会了,还要浪费时间去学 10 以内数的分与合有点多此一举,现在他们体会到层层递进的科学性和小步前进的重要性。

在英国上的每节课,都会有英国老师来观摩,课后,他们也借鉴了我们的教学研讨模式,通过和英国教师的交流,发现他们特别喜欢上海老师采用他们称之为"乒乓"的课堂问答方式,快节奏的师生之间的互动问答,非常有助于刺激学生的思维,深化他们的认知。对于某些题目的解题步骤,上海教师会编制朗朗上口的步骤方法,以对仗的童谣、歌词等各种方式帮助学生去记忆和理解,并且非常注重学生的口头表达,会不停地让学生用规范的数学语言回答题目。例如在教授两位数减法时,我会采用"个减个,十减十,最后合起来"的小口诀,让学生记住解题步骤。当然这一切都要在学生理解的基础上,而不是死记硬背。

作为上海的老师,我感到十分幸福,有系统的知识结构,课程设计连贯,教材引领教学,有大量的教师教研活动,而且在设计教学时有丰富的资源分享库(百度文库,网盘,微课)等一系列资源,可以让好的课分享给更多的老师,提供备课思路,而不是闭门造车。英国老师非常赞赏,用我的英国搭档老师的话说是"open their eyes"。这些都是我们上海教学的优势,而在英国的两周时间里,也让我感受到英国的学校在环境氛围、组织管理方面的长处,他们的教室都是包班制,这使得每个教室的布置都富有不同的个性特征,就算是相同的主题内容都有不同的体现方式,非常多样化,他们的教室让墙壁会说话,老师把各种学科知识都布置出来,让学生沉浸在这个学科氛围。而因为是包班制,同一个主题教学,可能会涵盖不同的学科,跨学科融合非常好,这非常值得我们借鉴,让不同的学科串联起一个主题内容。这样学生也不会感觉是为了学而学,而是学的知识是真的可以解决实际生活中的问题的。英国一所小学的人数不是特别多,老师基本上都能叫出大部分孩子们的名字,知道他们的年级,使得学生特别有归属感,不会有出了教室,其他人都和我无关的感受。英国教师的责任感很强,任何学生遇到问题都可以向任何老师求助,氛围非常友爱,英国学生也非常善于倾听和合作,爱思考爱提问,这些都是他们的可取之处。

相比英国的低年段的孩子,我觉得上海的学生可能压力会大些,英国小学生除了学校的课堂内容,他们的父母可能不会再给他们布置更多的学科作业。这也让我在反思,也许上海教学模式下,学生的数学能力日益提升离不开背后助力的家长,很多家长是提前把知识教给学生,或者机构补习班提前学过一遍,学生已经不再是一张白纸,已经有了丰富的底色,才有在课堂上教学时老师教学过程的"如履平地",而英国孩子则更多的是一张白纸,零基础,老师组织教学的模式,使用教学的语言,可能是他们获取数学知识的信息源头,也许以后我也会接触到越来越多零基础的"白纸"学生,而这两周的中英交流给我最大的收获就是即使将来的课上,我会从"如履平地"到"步履蹒跚",我也不会再害怕,我会事无巨细地想好每一个教学环节,预设到每一个问题的回答情况,不断调整自己的教学策略,继续发挥上海教学模式的优势,取长补短,用更多的耐心和爱心来对待每一个学生、未来的每一堂课。

离别总是让人不舍,在告别之际,同学们用歌声,用图画,用文字写下感谢,甚至高年级学生自己网上搜索,用拼音写了一封感谢信给我,让我非常感动,原来我的到来,不仅教给他们知识,也让他们对中国,对上海多了一分了解,也更多了一分好奇,中英交流项目的意义深远,不仅让两国数学教师互相取长补短,教学相长,增进友谊,也让文化影响力跨越国界,推动了两国文明交流互鉴,希望以后我还能有机会继续参加这个项目,和英国老师分享彼此的想法和专业经验,共同成长。

(作者单位:上海市高安路第一小学)

跋三 大医徐迎佳

翁黠懋

2019年1月26日,经课外德育老师王泠一博士的引荐,我有幸按约来采访上海市第五人民医院心内科主任徐迎佳博士,徐博士平易亲和,采访过程很快乐!

徐迎佳:医学博士,美国哥伦比亚大学博士后。复旦大学附属上海市第五人民医院心内科主任,复旦大学硕士研究生导师。她还是中华医学会全国女性心脏健康学组委员、中国医师协会心血管介入分会委员、国内主要心血管疾病大会的主席团成员、《医心评论》等杂志编委等。她的出诊的上海市第五人民医院周一上午专家门诊、周四下午特需门诊,和上海闵行区吴泾医院周一下午专家门诊。

一、必须一直学习才能不断进步

采访从徐主任自我介绍说起:大学毕业我分配在上海市胸科医院,并在胸科医院工作20多年,其间出国5年,归国后成为上海第五人民医院引进学科带头人,第一次来五院面试时是第一次来这么远的地方,现在每天开车上下班要40分钟左右,还不包括堵车时间,每天往返要50多千米,我从一个市级三甲专科医院来到远郊的区域医疗中心——上海市第五人民医院。我们五院的优势在于可以很好地承上启下,我师弟也来过,一起同台做手术,一起交流,不同的师傅能够学到不同的技艺,博采众家之长,我们五院和中山医院、瑞金医院,以及经常和同行的医院专家们一起交流,一起做手术,通过交流可以更加深刻地了解行业的动态,使自己的知识不停地更新。各行业都差不多,医学指南、药物基本三到五年就会全部更新了,医生一直在考试,从住院医师考到主治医师,主治医师考到副主任医师,副主任医师再考到主任医师,当了主任医师后还得不停地学习和考试,不学习不行,医疗行业的水平不断在发展和进步,医学方案和器械药物等都在不断地更新和进步,必须一直学习才能不断地进步!

二、为什么国家经济发展了,重病重症也在发展?

徐主任:国家发展了,我们各方面的条件都得到了改善,以前大锅饭,粗茶淡饭,以前没有电梯和轿车,出行基本靠走,以前上下班规律,现代人的生活节奏快,竞争激烈,加班很平常,工作压力大了再喝咖啡、吸烟,现在快速进餐的饮食,工作应酬多、喝酒多、吃甜品多,现在虽然吃、住、行都便利了,但运动量和运动时间也少了,体型越来越肥胖了,经济发展快,PM2.5也严重了,生态环境也比以前差,工作、学习压力大了,人们长期处在高压高速运转的状态,造成很多身体和心理上问题,疾病谱发生改变,疾病谱前移了,以前心梗病发病平均年龄在70岁,现在至少提前了10年,现在很多才20来岁就开始有心脏病了,病人发病时间提前了很多。我们以前认为这些疾病都是富贵病,现在变成了普通大众病,因为这些综合因素导致重症可能越来越多,工作、学习、生活越忙碌,就忽视了自己的身体健康,人们就医的时间越晚,也就容易把轻症拖成了重病。

三、核心理念:360度无死角捍卫心脏健康

徐主任:五院胸痛中心核心理念是:360°无死角地去守卫居民心脏健康。大家想到胸痛中心时通常是两个"120",一是急性心梗救治120分钟的黄金救治时间,二是胸痛就呼救"120"。实际上五院不局限这两个"120"。从疾病的早期,我们就要宣教给患者,让他们能够形成一种防范和保护自己健康的意识,当然万一遇到身体报警不要延误,应立即进入医院就医流程;有两个极端例子,一个心梗大病后立即进入工作中,再像以前一样拼命地工作,结果不适再来就医;另一个心梗病出院后两个月了还在家里休息,不敢

回到正常工作状态。所以对术后病人也要给他们一些指导,两个"120"的目的最终还是为了要让病人恢复到生病前的工作、生活中去,并且要把握好如何正常地工作和生活。五院每隔3个月左右,就会安排一次病友会,我们病友会来的客人很多,也包括病友身边的亲朋好友一起过来参与,所以我们的理念就是要360°没有死角地去守护我们的居民健康。

我老单位是上海市胸科医院,美国胸痛协会认证的中国第一家胸痛中心,到目前为止。上海已有30家胸痛中心,实施标准管理和流程化治疗服务。胸痛中心是个很大的概念,胸痛也不仅是心梗,还包括很多的病症,为什么把心梗放在第一位呢?因为心梗是最容易夺人生命的。有的胸痛并不是那么紧急,可以慢慢治疗处理,病人只能简单陈述我胸痛,但胸痛背后的原因有30~50种之多,医生要去把它挑出来,怎么挑,按重要程度排序一个一个排查。有胸痛中心牌子的医院,都有胸痛诊室,胸痛病人可以直接来胸痛中心诊室,可以先诊断治疗后补挂号补缴费用。目前病人可以走捷径、享受VIP待遇的,就是胸痛中心。心痛病比较特殊,比如早搏心慌,挂号排队等再到做心电图时可能已经不心慌了,就延误了最佳诊疗时间。如果第一时间去到导医服务台,就会第一时间带病人来到胸痛诊室,就会第一时间做心电图,把心脏最重要的血先抽取化验,最后再补挂号补付费!

四、团队:30分钟就可战斗般地投入手术

徐主任:从五院胸痛中心团队来说,我们有一个365天24小时全天候为大家健康服务的急诊、医护团队,大家非常辛苦。前段时间曾出现过一个晚上3位胸痛急诊病人来就医,还好我们心内科的团队大多居住在五院为中心的2千米范围内,这就比大医院好,万一周末堵车,遇到急诊,他们就是跑步来五院,也很快可以到岗!因为我们的急诊团队是一个快速启动团队,整个胸痛中心的要求是30分钟启动,就是如果要手术了,全部医护人员从接到电话通知开始计时,必须在30分钟之内到位手术室,包括所有的术前准备工作,30分钟就可进行手术。这个就是我们一个非常辛苦的急诊医护团队,我们只有两组人对班,每周进行轮换,像某周有近10台的急诊、有一天就做了3次急诊手术,就这么来来回回,我们的团队经常处在一种高效、高压而没有

休息的工作状态！另一个团队成员就是一位专家助理、随访专员张静,她是学计算机出身,医疗知识也被我们培训得很好,帮我们打回访电话。我们整理维护数据库,她建微信公众号,维护官方微信,自己建群,对老病人她会建立自己的微信群,并根据不同的疾病进行分群,患者就先通过专家助理进行初步筛选,工作量很大。对内科来说预防和管控来得更有效,除了医生之外,张助理是最忙碌的,两个手机不断轮换,沟通交流能力很强,还有好多工作要处理,我随身带的都是张静的名片,很多人都在我面前称赞和表扬她。

五、科普工作就是要潜移默化和通俗易懂

徐主任：医生做科普是很辛苦的,因为这个是独立于我临床医、教、研的一些专业工作之外的工作,什么叫科普呀？就是用大众能够听得懂的语言告诉大家医疗知识。因为专业医学的术语、概念、名称一般都不好理解,那么医学知识科普就是要用大家都能明白、通俗的语言,告诉大家一些医疗上的进展,科普就是要潜移默化,我们科里有4台电视机,3个电子屏,分布在我们医院的各个地方。我曾在SMG上海电视台做了《名医大会诊》《名医话养生》等节目,其中有些内容我也直接出镜。也有一些我们认为比较好的节目,如有一个系列节目叫《心脏专列》,我们觉得节目非常好,就将这一套节目全下载下来,在本院电子屏幕上进行循环播放,还包括我们要举行的病友会活动预告、我们科室的活动、科室的介绍等,这些电子动态视听宣传资料绿色环保,也便于更新。还有一项我们做得非常辛苦的科普工作就是张静在维护的我们五院胸痛中心的一个官方的微信,我们在这里随时同步推送科普文章,有些人只是关注公众号,一旦有问题,就可以网上提问,我们在120分钟之内回复病人的问题。只要是在每周工作日的时候,我都会发一篇我们的科普文章。

六、五院温度就是细致入微的人文关怀

徐主任：我的感觉是区域医疗中心,看病有一个依从性,一要离得近,二

要方便。我为什么决定从市中心三甲医院来到五院呢？一是当时我过来的时候觉得五院周围离市区较远且交通不便，居住小区又很密集，周边居民就医就不方便，这部分群体就是我们需要关注的群体，五院的温度就是体现在对周边居民的人文关怀上！

大家对公立医院的认识是什么？灰白色？很冷冰冰的色调？而五院胸痛中心，包括我们的 logo 设计、电子屏、诊室内部的布置、颜色的搭配等，都是自己独立设计的。如五院胸痛中心格局中加入紫色，显得高档又有亲和力；我们整个胸痛中心的布置还包括蓝色，蓝色是我们五院 logo 的色调，我又加入一种粉蓝，一个是比较镇定、安静的感觉，即用胸痛中心的软装布置来影响到病人的情绪。我们胸痛中心的 logo 也设计成 3 个圆环连环组合，寓义环环相扣，整体给人一种大气、高档、亲和、安静的感觉。装修上我们所有的东西都是圆润而不尖锐的。通过这些给大家传输的是一种人文的关怀，除了我们医生的严谨之外，我又是一位女主任，更希望让大家感受到一种亲人般的关爱。连我们的宣传资料都不仿制，不抄袭别人的，设计和色调的搭配全都由我自己设计，而且全是原创，我们和别人不一样，包括专家组来审核的时候也感慨我们做到了细致入微！

内科医生和外科的不同，为什么有很多患者跟了我 20 多年，来看病时已经不需要说病史了，因为我可能比患者自己更了解他的病情。为了更好地工作，我们还特地编了个小品，"半夜 11 点有病人给专家助理张静打电话说心慌不舒服，张助理说您把药吃完好好休息第二天就好了，结果第二天凌晨五点钟又打来电话不说心慌了，说现在变黑眼圈了，张助理说，你昨晚那么晚没睡，这么早就起床，肯定有黑眼圈，我们主任一有压力也这样！"内科疾病不仅仅在于用药这一个治疗手段，更在于服务的意识。尤其是心脏科与心理科是不能完全分开的，而且在缺少心理咨询师的情况下，我们心内科承担了大量的心理咨询。例如，有些病人在诊室里哭诉，讲着一个个离奇的故事，其实没病，只是要找个人疏解。心理上长期压抑，慢慢就会真的引起病变，有些忧郁症病人，开始心脏都是好的，无法疏解达到一定程度，慢慢真的会从功能性变成体质性，身体只能承担一定的负荷，超过的时候就会出现故障。我微信上就写过：心态好，心就好！

七、患者好，才是我们职业最大的满足

徐主任说："学医是个非常慢长的成长的过程，我光读书就用了近25年，同届搞金融的同学都买车、买房时，我都还在骑自行车租房子，当年的工资收入仅为金融类同学的1/3，要能够甘于贫穷、甘于寂寞和孤独，才能慢慢成长，像我20世纪90年代读医科大学的，现在一个小班里基本一半以上都不做医生了，坚持不下来。孩子小的时候，一直租房住，连摆玩具的地方都没有；后来下决心就是贷款也要买房子，不为自己，孩子也要有个空间。每个职业都有它的艰辛、工作压力；大多数人看病都比较难，能拖则拖，医院分科也越来越细，时常没有全面解决问题，有的通过网上查阅进行自行诊断，往往错误诊断而且影响最佳治疗时间。"

作为心内科主任，徐医生还告诉我："现在得天天备班以解决科室里的任何问题。有特殊情况就得及时赶到医院来，不同级别的医生会有不同级别的烦恼！但是365天都要备班，365天手机不能关机，晚上最怕听到电话铃声。从年纪轻的时候就一直值班，早年值班用CALL机，CALL机响了，你要么回电话，要么去看病人。值班医生一个晚上起来十几次是很平常的，训练到可以开灯睡觉，值班室的电灯开关不一定就在手边，为了随时快速地投入工作中去，便免去了开灯的环节。另外值班时将电话机拉根线，拖到值班室床头边上，做到可以随时看CALL机、接电话，解决完问题后再睡觉。现在变成在家里睡觉也得开着床头灯才能睡着，值班手机响，也方便及时接听、处理工作。除极端问题需要立即思考处理方案外，电话一放下又接着睡，不然就会影响到第二天的工作状态。一般人调整不好，很容易神经衰弱的。每个职业有每个职业的辛苦，我们面对的不能像是卖错货的，可以退换货，医生面对的就是生命，当然大家不允许你出错。当然我们也是人，不可能完全不出错，有时候医患之间就得相互理解，包括医生面对的风险和挑战。家里没有人做医生的对此就很难理解，像我父母就很能理解，因为我们家里有两位医生。其实我们作为医生，是最真心最希望患者健康起来的，患者好了才是我们职业最大的满足。"

（作者单位：上海市高安路第一小学五年级六班"《新民周刊》班"）

图书在版编目(CIP)数据

2019年上海民生发展报告 / 王泠一主编. —上海：上海社会科学院出版社，2019
ISBN 978-7-5520-2722-8

Ⅰ.①2… Ⅱ.①王… Ⅲ.①社会保障-研究报告-上海-2019 Ⅳ.①D632.1

中国版本图书馆CIP数据核字(2019)第056553号

2019年上海民生发展报告

主　　编：	王泠一
责任编辑：	杨　国
封面设计：	陆红强
出版发行：	上海社会科学院出版社
	上海顺昌路622号　邮编200025
	电话总机 021-63315900　销售热线 021-53063735
	http://www.sassp.org.cn　E-mail: sassp@sass.org.cn
照　　排：	南京前锦排版服务有限公司
印　　刷：	上海龙腾印务有限公司
开　　本：	710×1010毫米　1/16开
印　　张：	23.75
插　　页：	1
字　　数：	360千字
版　　次：	2019年4月第1版　2019年4月第1次印刷

ISBN 978-7-5520-2722-8/D·536　　　定价：79.80元

版权所有　翻印必究